【最新版】

究極の勝率を約束する
売買テクニック大公開!

デイトレードは「5分足チャート」で完勝だ!

小山 哲［著］

Subarusya

はじめに

あなたは「デイトレ」に興味を持っているでしょうか。あるいはすでにデイトレをやっているでしょうか。果たして……勝率はどうでしょうか。

もしイマイチならば、売買の確率を高める超短期の株価チャートである「5分足」をマスターしてください。

株価の動きはめまぐるしく〝一寸先は闇〟といっても過言ではありません。この先、株価がどのような動きをするのかを、完全に読みきることは至難の業です。しかし、株式投資で成功するためには、株価の動きを確率のうえから分析し、「こうなったら、こう考える」という先読みの方法を身につけることがどうしても必要です。

チャートは、その最大の手立てだといえます。多くの投資家が投資効率を高めるために活用しています。株式投資では信用取引をすることで、株価が上げていても下げていても、やり方次第で儲けることは可能です。とくにデイトレでは、うまく株価の動きを読むことで、儲けの確率を飛躍的に高めることができます。

本書では、デイトレを行なっている人を対象に、超短期の株価の動きを示す5分足について解説しました。これは、日足・週足・月足といった一般的に使われているローソク足の組み合わせによる解析と基本は変わりません。しかしデイトレでは、瞬時の株価変動の読み方が必要になってきます。

秒刻み・分刻みの判断で売買を行なうのがデイトレ。ですので、そのときの株価の次の展開をいかに読めるかどうかが成功の分かれ目になります。

本書では、「5分間」という短時間のローソク足の組み合わせで、売りと買いでそれぞれ判断の決め手となるさまざまなシグナルをできるだけ多く列挙しました。これは短期の利幅取りに大いに役立ちますので、頭にしっかり叩き込んでください。

デイトレは理論よりも勘で行なうことが多いので、「上げ・下げ」のシグナルをいかに多く知るかが成功の鍵となります。

さらに日足と関連させて、その日の5分足を正確に読む方法についても解説しました。

5分足は文字通り、株価の動きを5分間で区切ってローソク足に示したものです。「たった5分間で何がわかる」と思ってはいけません。5分間の株価の動きも、ローソク足ではそのときの相場の流れを見事に表しています。

たとえば、株価が急騰し、そのあとで「上ヒゲ」が出ると、株価はその日の株価の天井を表します。

一方、急落したあとでの「下ヒゲ」は「下値限界」を表しているのです。これは週足の読み方となんら変わりません。さらに、天井圏での「窓開け」の下げは株価の急落を示し、「売り優先」を表しています。

このように5分間の株価の連続の動きについても読み方がわかれば、瞬間での素早い売買のタイミングを知るうえで大いに役立ちます。

本書では、一般的にいわれているチャート分析に加え、確率的に予測できるさまざまなローソク足の動きを例に出して、株価の先読みの方法を解説しています。これは、あくまでも個人投資家が儲けを手にするための手法で、一般的なチャートの本とは一味も二味も違った内容になっています。

5分足はインターネットの証券会社のホームページで見ることができます。なかには、もっと短い3分足を表示しているところもあります。デイトレや短期売買をする投資家の増加で、チャートは週足・日足に加え、分刻みのチャートを必要とする人が増えてきているからです。

これまでは、「短期の株価の読み方はあり得ない」と考えられていましたが、私が毎日、株価の5分間隔の動きを追っていった結果、一定の法則が存在することがわかりました。

株価はさまざまな状況や要因を背景に動きます。さらに投資家の心理も大きく関与しています。それが買いと売りの力くらべとして現れてくるのです。

1本、1本のローソク足にその変化がきちんと反映されるのです。ときには、「理外の理」といわれるように、株価は理論を無視して動くときもあります。しかし、それも株価です。この株価の動きのセオリーや習性を知っておくことが肝要です。「こう動いたら、こうなることが多い」という結論は、投資作戦に非常に役立ちます。

本書が、あなたの株式投資に大いに活かされ、投資効率が飛躍的に上がることを願ってやみません。

2013年5月

小山 哲

目次

プロローグ　デイトレはこんなにおいしい

PART1 まずは「ローソク足」をとことん知り尽くせ

PART2　5分足の特徴を掴んでおこう

PART3　5分足で判断する「買い」32のタイミング

PART4　5分足で判断する「売り」27のタイミング

PART5 「日足」と「5分足」の両方を駆使しよう

※本書は、著者の売買体験に基づいた投資テクニックを解説したものです。個人の投資結果を保証するものではありません

プロローグ

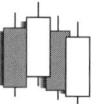

デイトレはこんなにおいしい

1 デイトレ大流行にはこんなわけがあった！

株式の売買をその日のうちに「買って売る」「信用で売って買い戻す」という「デイトレード（日計り商い）」が、今や個人投資家のなかで主流となっています。

これには以下のようなメリットがあります。

①チャンスを即座に活かして利益確定ができる。②明日の株価変動への不安を残さない。③その日の平均株価の動きに合わせて株価を予測できる。④たった2～3円の動きでも売買株数を増やすことで大きな利益が得られ、リスクも少ない。⑤株価の動きで「信用の売り建て（株券を借りて売ること）」を行ない、さらに下がったら買い戻して差益を得ることができる。⑥毎日、成果が出るので楽しい。⑦うまくいかない日は様子見して明日にかければよい。⑧長期の株価は読みにくいが、その日だけならば気配値やローソク足を見ることで、株価の方向性がわかりやすい。⑨パソコンの画面でいくつかの銘柄の動きから共通の動きがわかる。⑩手数料が安いので簡単に利幅が取れる――。

では、読み方についてはたっぷり後ほど解説していきましょう。

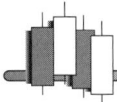

デイトレードはこんな人に向いている

①すぐに結果が欲しい

②株の保有でストレスをためたくない

③パソコンを駆使してマネーゲームをしたい

④手早いトレードがワクワクする

⑤明日やそれ以上先のことは不透明と思う

⑥プロを相手に株の世界で勝負したい

⑦毎日収入をきちんと欲しい

⑧チャートを上手に活用していきたい

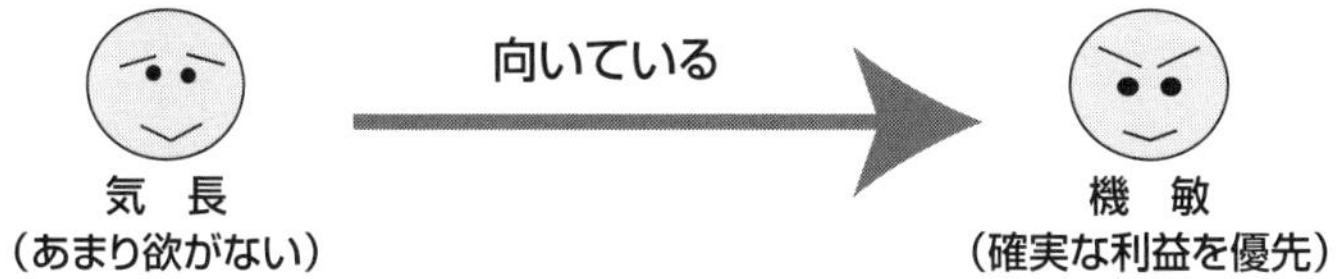

2 パソコンを増台してデイトレの環境を整える

デイトレは「情報戦」といっても過言ではありません。

株式投資で勝率を高めるためには、「気配値」「全体の株価の動き」「個々の銘柄の株価の動き」などを同時に見ていくことが大切です。しかも取引では瞬時に売買する判断力が求められます。そのためには、複数台のパソコンを用意することをお勧めします。ＡＤＳＬや光ファイバーでの環境であれば、オンライン取引や複数の情報収集が容易になります。

デイトレでは複数の銘柄を瞬時の判断で売買することが多くなります。そのためには株価の動きを俊敏に予測できる「5分足」をしっかりと見ていくことが大切です。でなければ儲けのチャンスを掴むことはできません。

株価は一つの方向に向かい始めると、しばらくはその勢いに押されるので、チャンスが来たら、すかさず「買う」「売る」という入力の行動ができなければなりません。1分1秒を争いますから、取引を行なっている間は全エネルギーを集中させてください。そして成果が出たら、その日は終わりにしましょう。くれぐれも深追いは禁物です。

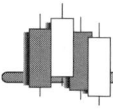

理想的なデイトレの環境

必要な情報を必要なときに素早く的確に得るためには
パソコンは複数台用意

▼

必要な情報を入手することで、より正確により早く売買の
判断ができる

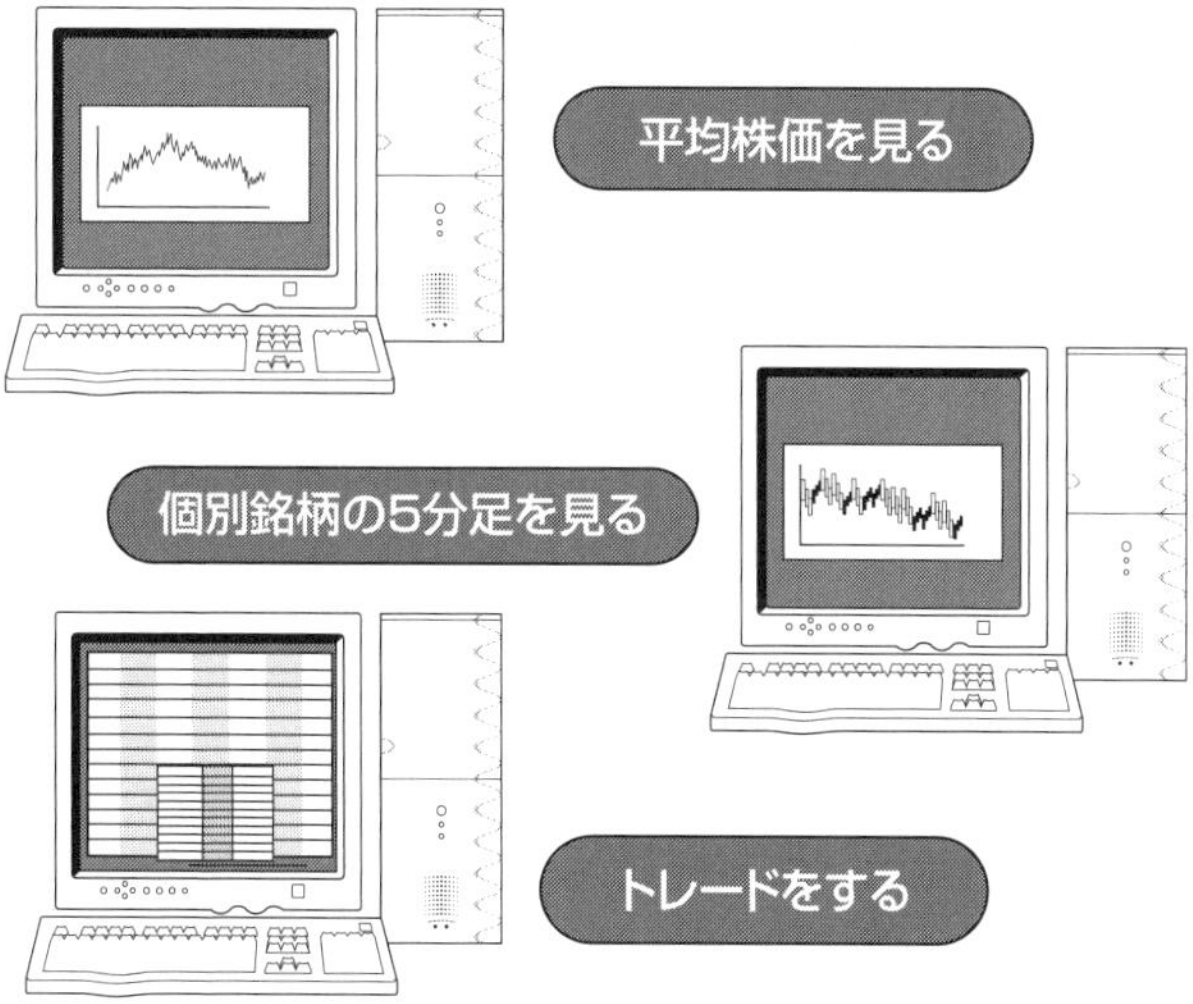

- スピードが命!
- 光ファイバーや ADSL の環境が望ましい
- 証券会社は2社くらいがよい
- パソコンの故障に備えて代替があればなおよい

3 5分足を活用する——日立製作所で検証

ここでは5分足の活用例として、一つの銘柄の動きを追いながら、売買のチャンスがどれだけあるのかを検証してみましょう。

左ページは、2013年5月24日の日経平均株価と日立製作所の5分足です。私が活用している口座のホームページへログインすると、前日の大幅な下げから一転、寄り付きで日経225平均株価が大きく上がっています。ただし、このまま株価が上昇を続けるのか、それとも利益確定の売りが出て下げるのかを注視する必要があります。とくにこの日は金曜日なので、できれば翌日に持ち越すことなく、当日の売買で利益を確定させたいところです。

前場はいきなり高値で始まりましたが、5分足間隔のローソク足のシグナルでは、目先の1万5000円を境にして上値が重い展開です。そこで相場全体に連動しがちな日立はひとまず信用で売ります。やがて、下げのあとに持ち合いがあるので、リスク回避の「買い戻し」で利益を確定します。後場に入ると日立の株価は急落しますが、下値近辺で大陽線が現れ、そのあとに株価は一気に反発します。ここは絶好のチャンス。日経平均株価も下落したあとに急騰しているので、この銘柄の動きがほぼ読めるはずです。

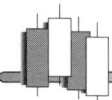

検証! 日経平均と日立製作所(6501)

●日経平均株価の5分足

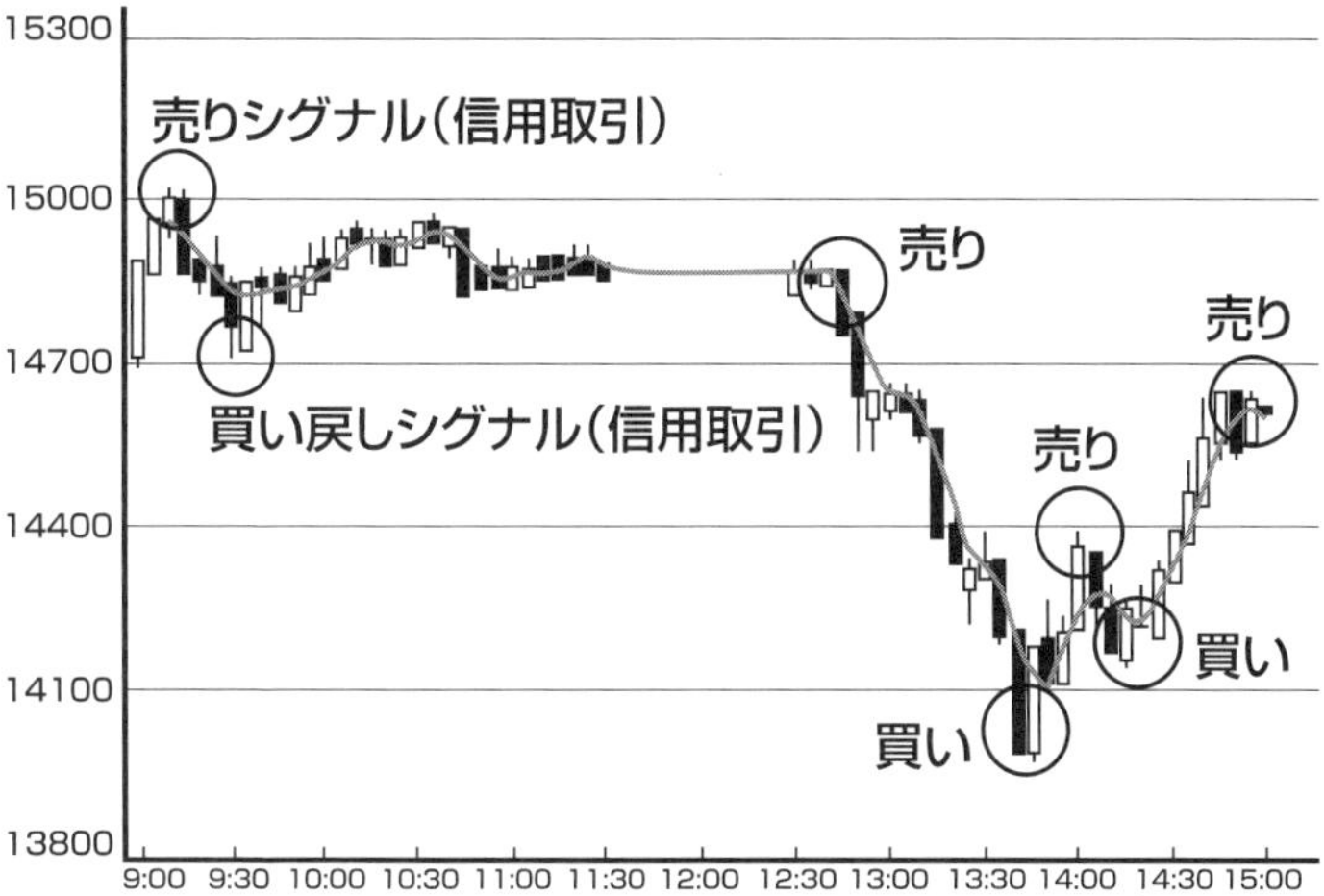

●日立製作所の5分足

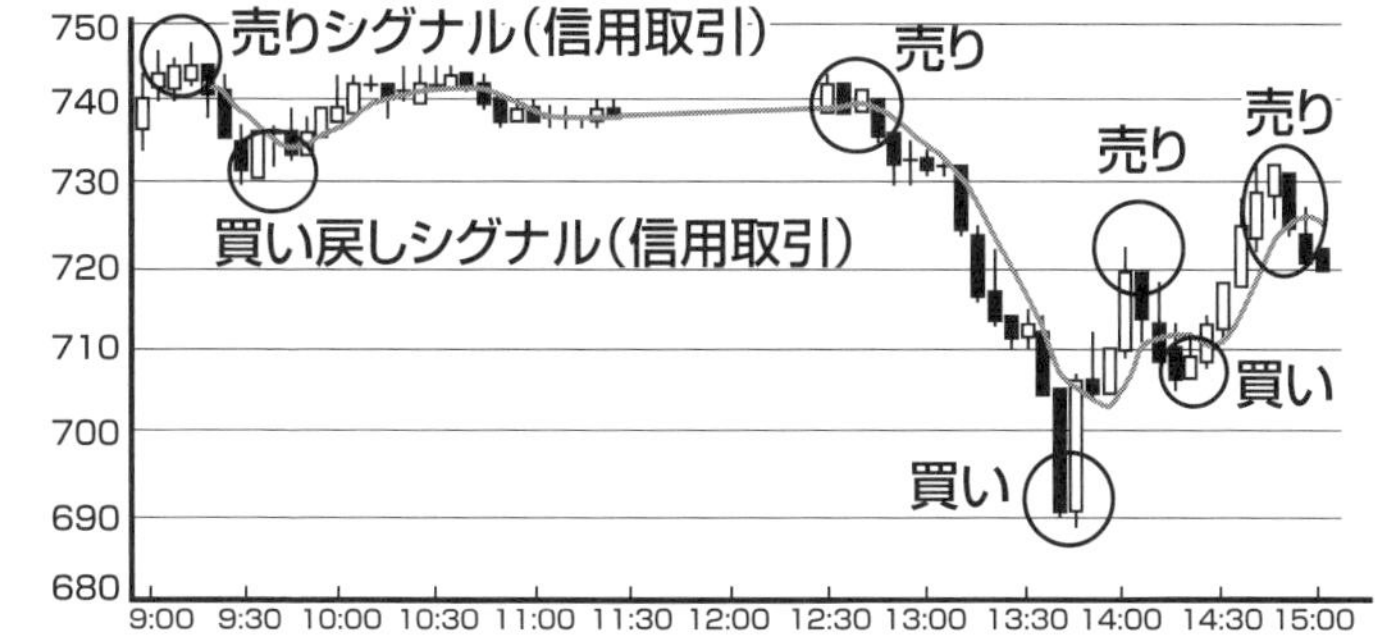

4 三つの銘柄を比べて売買をしてみる

今度は三つの銘柄について、それぞれ5分足をパソコンに表示させながら、売買する方法を紹介しましょう。このとき、業種の異なるものを選びます。株価の変動が異なったほうがわかりやすいためです。

前場だけに限って、相場の動きを追ってみました。これは２０１３年5月22日のものです。ガンホー・オンライン・エンターテイメントの株価を追っていくと、下値持ち合いで上がっているので即刻、買い。上値で持ち合いになったところが売り場です。この銘柄はもう１回売買のタイミングがあり、おいしい動きです（ただし現物取引では1回の取引に限定）。

三井不動産はどうでしょうか。下ヒゲが出て上値を追ったところが買い、上ヒゲのあとの大陰線で売りになります。１０００株単位で買っていれば、少しくらいタイミングがずれても利益は得られるはずです。

ダイキン工業は、朝の上ヒゲで「信用の売り（株券を借りて売ること）」を入れます。そのあとの下ヒゲ陰線が買い戻しのタイミングです。

できれば慣れた銘柄で売買を行なうことをお勧めします。株価変動の癖がわかるからです。

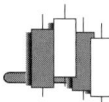

3つの銘柄——前場だけでも十分儲けられる!

●ガンホー・オンライン・エンターテイメント(3765)

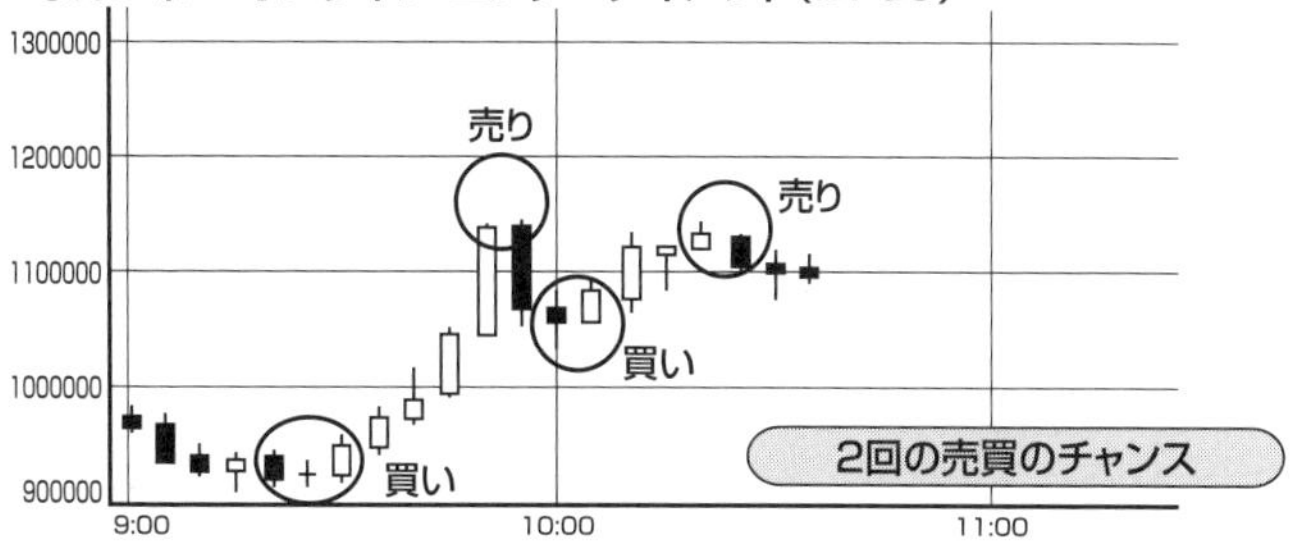

●三井不動産(8801)

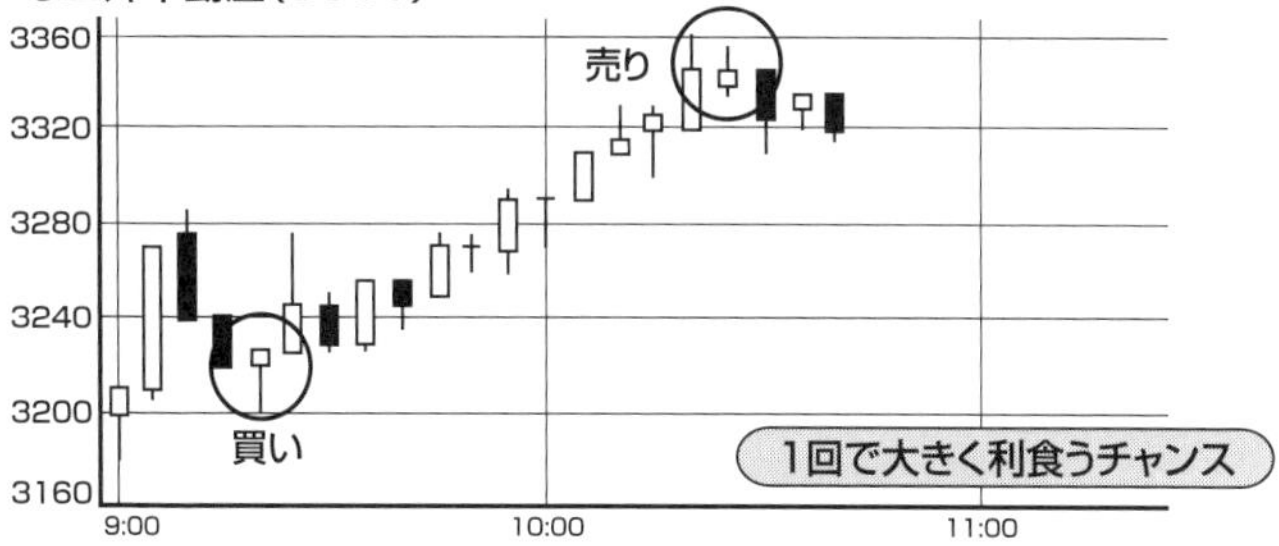

●ダイキン工業(6367)

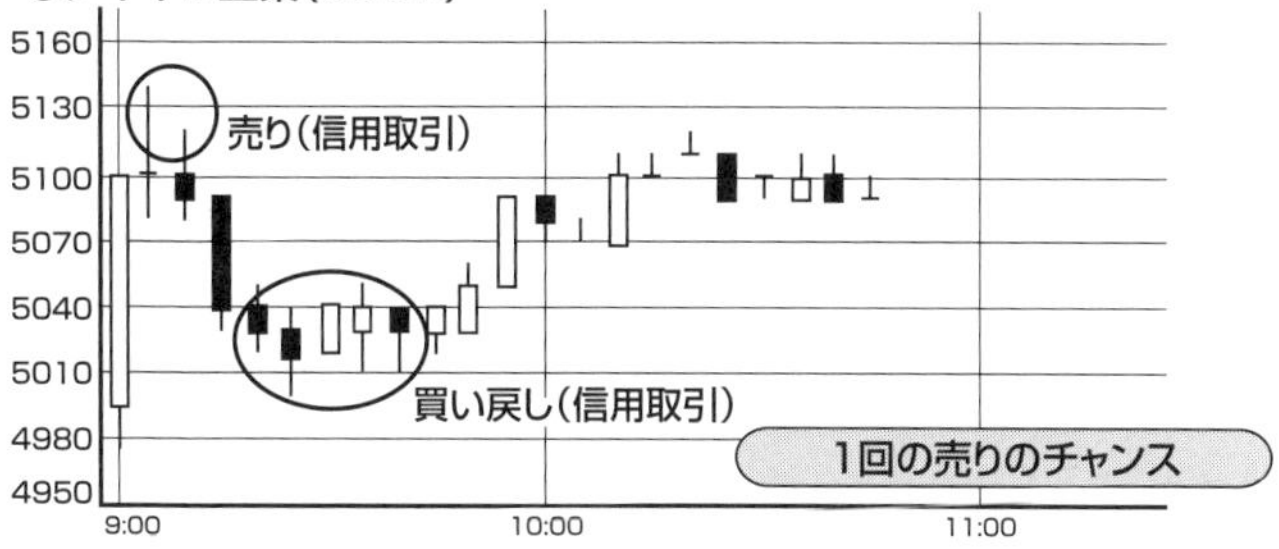

こんなにおいしいデイトレ実例①

●三井住友フィナンシャルグループ(8316)

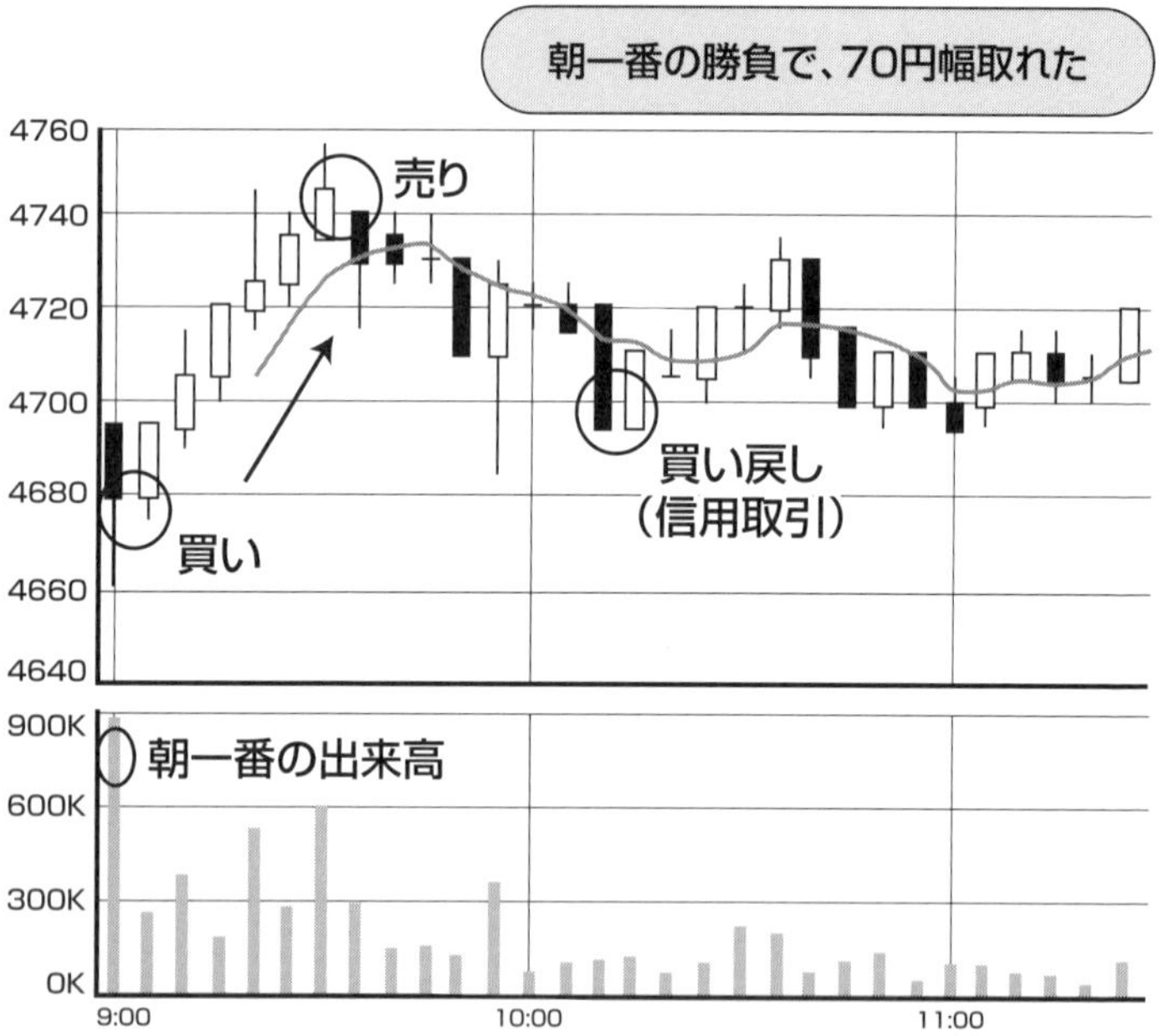

「下ヒゲ」で始まっているので買いシグナル。しばらく陽線が続くが、上値での上ヒゲを見て売り逃げる。70円近い利幅を取れたので十分。すかさず「売り」を仕掛けて下値を探る。下げのあとの持ち合いになったところで買い戻し、早めに利益確定をさせる。

こんなにおいしいデイトレ実例②

●サンリオ（8136）

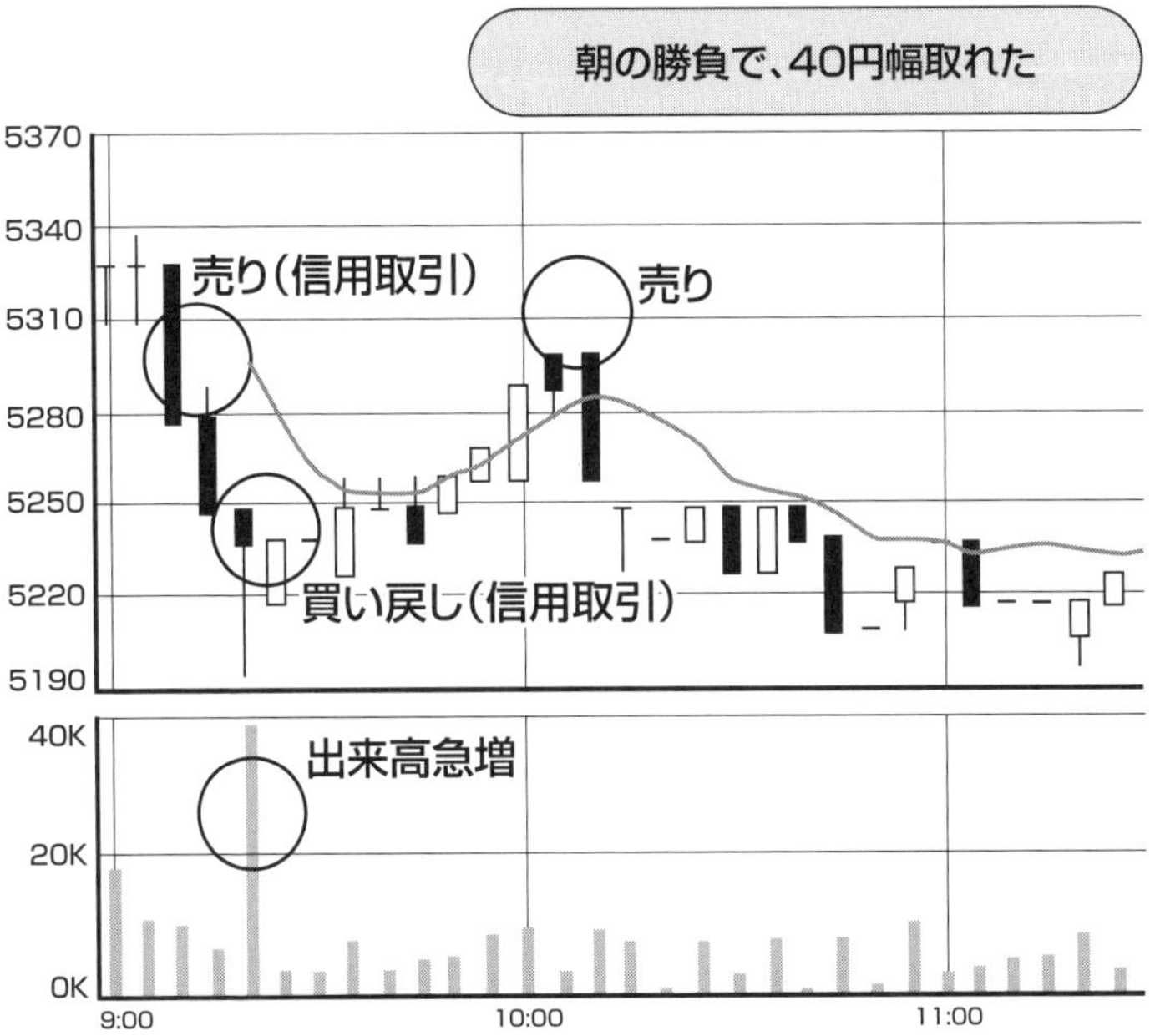

朝一番から寄引同時線が現れ、どちらに株価が動くかを注視していたところに大陰線が出現！　そこで「売り」を仕掛ける。その後、長い下ヒゲが出たので、すぐに買い戻す。これで 40 円幅をゲット。さらに「買い」注文を入れて、上昇幅を狙う。

こんなにおいしいデイトレ実例③

●オイシックス(3182)

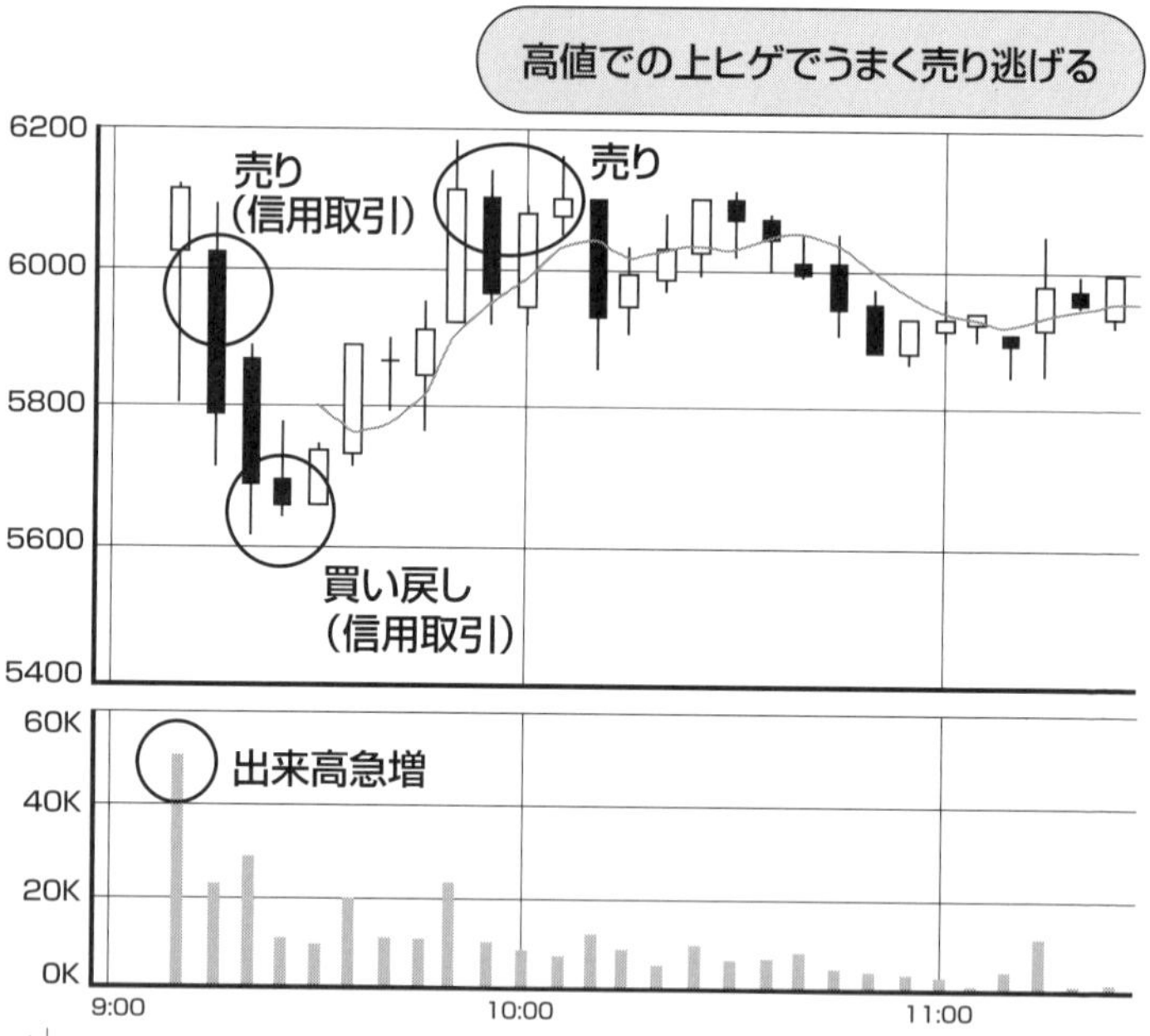

最近の新興市場で売り場を探していたところ、陽線のあとにそれを打ち消す陰線が現れたので、売り場と判断。下値で持ち合い陽線が出たところで買い戻す。と同時に買い注文を入れ、高値での上ヒゲで売り逃げる。この売買で 400 円幅を取れたが、その後も売買チャンスが出現。

こんなにおいしいデイトレ実例④

●三晃金属工業（1972）

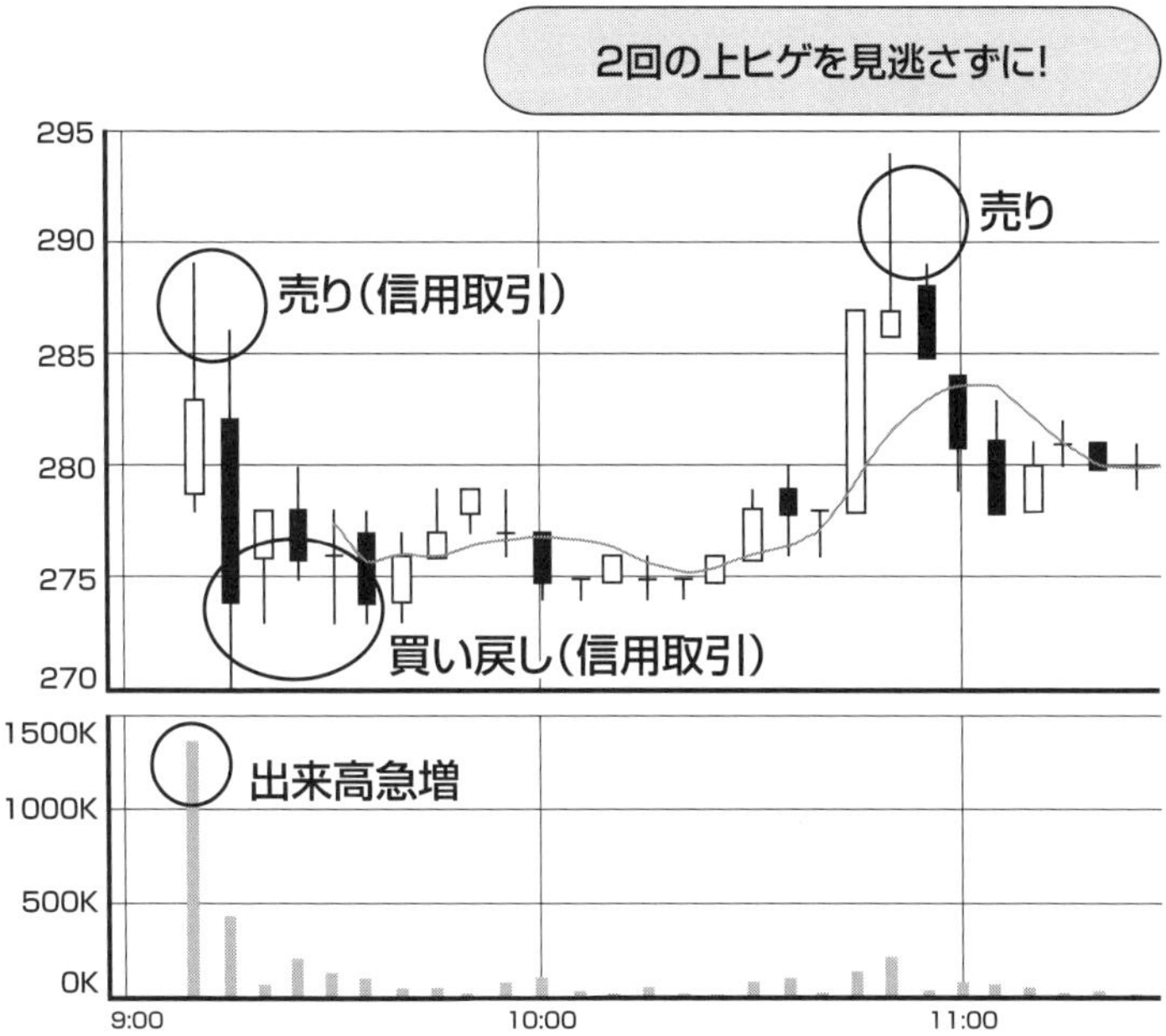

さえない株価の動きだが、デイトレは変動にチャンスがある。朝一番で上ヒゲが出たので「売り」を行なう。下値でもみ合いになったので買い戻し、すかさず買い建てる。横ばいのあとに反発して長い上ヒゲが出たので、即効売り逃げ!　デイトレは「瞬時に判断する」姿勢が何より大切だ!

プロローグのまとめ

◎デイトレは、確実に利益を取っていくには一番賢明な手法である

◎デイトレではローソク足、なかでも5分足を活用することで売買のタイミングの取り方が飛躍的にアップする

◎5分足を見ていくと、気配値の見方がより的確なものになっていく

◎個々の銘柄で見ると、5分足の動きで買いと売りのチャンスが必ずあることがわかる

◎そのためには、5分足チャートの動きの特徴を頭に入れておくことが大切

◎デイトレは、1日1回の利益確定をしたら終わりにしよう

◎前場で儲けたらやめたほうがよい

PART 1

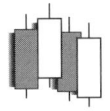

DAY TRADE

まずは「ローソク足」をとことん知り尽くせ

1 ローソク足は株価の動きの記録である

株の売買で必要なチャートを読むには、ローソク足についての知識は欠かせません。

まずは入門の人を対象に、ローソク足について説明していきましょう。すでに株価チャートを日常的に活用している人は、この項目は読み飛ばしてください。

ローソク足はそれを作成する期間によって「月足」「週足」「日足」、さらに目先の「5分足」「3分足」などがあります。また、「1分足」とさらに超短期のものもあります。

いずれのローソク足も株価の「始値」「終値」「高値」「安値」の四つのデータを表します。古くは米《こめ》相場の時代にできた日本独特の相場の動きを表現したものをルーツとし、相場環境や強弱感[※1]、投資家心理[※2]を反映しています。

ローソク足には、さまざまな形のものがあり、その形自体に相場の強弱感が余すところなく込められています。「たかがローソク足」とは思わないでください。

陽線・陰線(次項から説明)・同時(事)線など、それぞれに極めて重要な意味があります。相場の動きはある意味では理論的ですが、ときにはパニック状態になり、行き過ぎが生じます。人間がやっているのが相場であり、そこにおもしろみもあるのです。

ローソク足が示す株価の意味

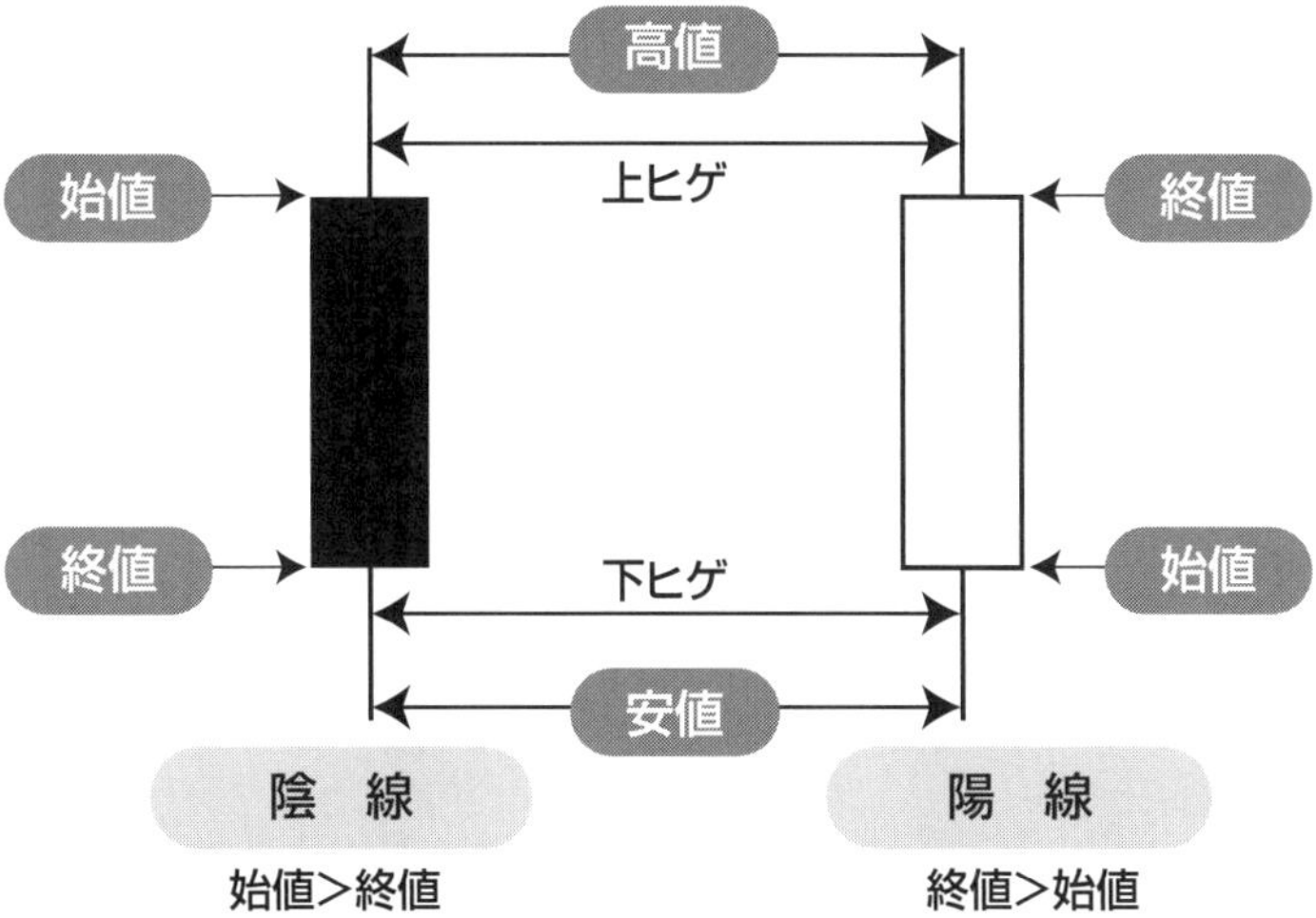

Point!

・ローソク足が示すのは株価の過去の記録
・ローソク足は投資判断の大きな材料になる

※1株価に対する強気や弱気の考え方で、双方対立で株価が形成される
※2投資家の期待や思惑、腹のさぐり合いが株価形成に影響する

2 株価の上げを示す陽線は相場展開でどう読むか

ある期間の株価が始値よりも終値が高い場合のローソク足を「陽線」といいます。

これは、株価の「上げ」を示しますが、その長さによって上がり具合や相場の変動の状況を掴むことができます。大きな（長い）陽線は明らかな上げを示しますが、小さな（短い）陽線は「持ち合い」[※1]「迷い」[※2]を示します。

大切なのは、陽線が「どこで」「どのように」出たかです。底値でいきなり陽線が出れば、株価の上げの始めを示すので、買い有利となります。

上値で出れば、最後の「踏み上げ」[※3]となるのです。また、下値や中段で小さな陽線が続けば、持ち合い、ないしは穏やかな上げ基調を示します。

持ち合いのシグナルが出たときは、そのあとの株価については十分に観察していかなければなりません。このとき先入観は持たないでください。

陽線は株価の上げを示すので、プラスの意識を持つことができます。ただし、陰線との兼ね合いで考えると、ときに陽線は「騙し」[※4]になることもあります。そのシグナルを的確に把握できるかどうかが、株式投資で成功する鍵となるのです。

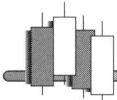

陽線の長さは何を表すか

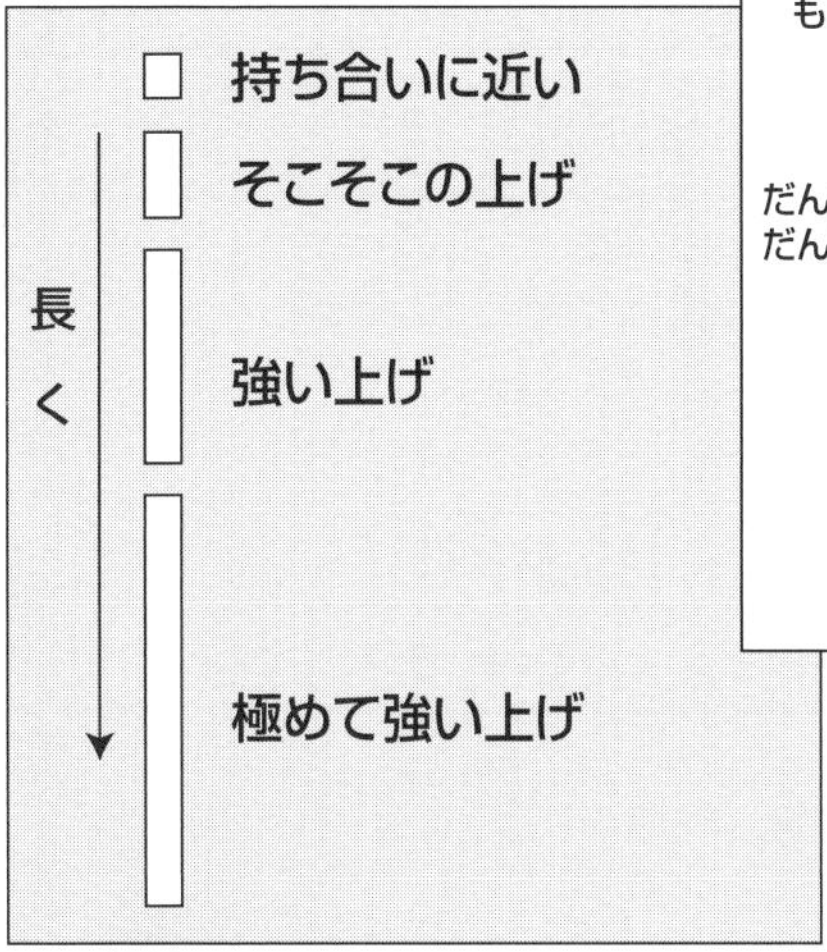

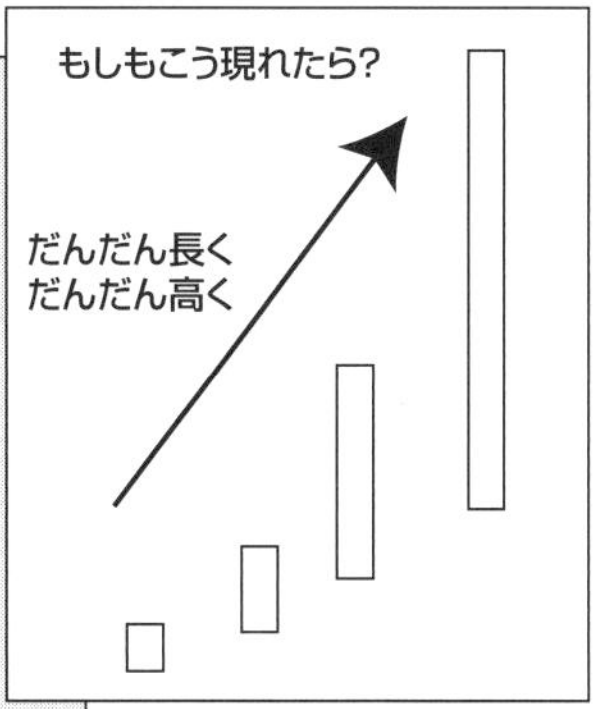

相場……大幅高
投資家…上昇期待

Point!

・陽線はその長さで勢いが違ってくる
・その長さに投資家の心理が働く

※1売買の量が拮抗して株価が小動きで上下にあまり動かないこと
※2上にも下にも行けない状態
※3信用の売りに対して買い方が大量に株を買って買い上げ、最終的に売値よりも高く買い戻させること
※4株価の動きに影響するようなニセの「買い玉」「売り玉」を出すこと

3 陰線は投資家の微妙な心理の反映だ！

陰線は、ある期間の株価が始値より終値のほうが低い場合のローソク足で、長いものから、短いものまでさまざまな形があります。長いものは「天井圏からの下げ」[※1]「明らかな下げのシグナル」「パニック的な下げ」[※2]などを示します。

長い陰線がどこに出ても、株価としては一相場終わったか、明らかな下げのシグナルなので、利益確定や[※4]「信用での売り」[※5]は急がなければなりません。「そのうち戻すだろう」という理由なき楽観論はデイトレでは禁物です。[※3]

陰線はその長さで、強弱感が違ってきます。小さな陰線であれば、相場がこう着状態になっていることを示します。陽線との組み合わせでは、売りと買いの綱引き状態になることが多く、明らかな持ち合い状態になります。

このシグナルは、出た位置やその後の相場の展開によって株価の先行きの予想が変わってくるので、注意深く見ていかなければなりません。陰線は投資家の微妙な心理の反映であるといえます。

陰線の長さは何を表すか

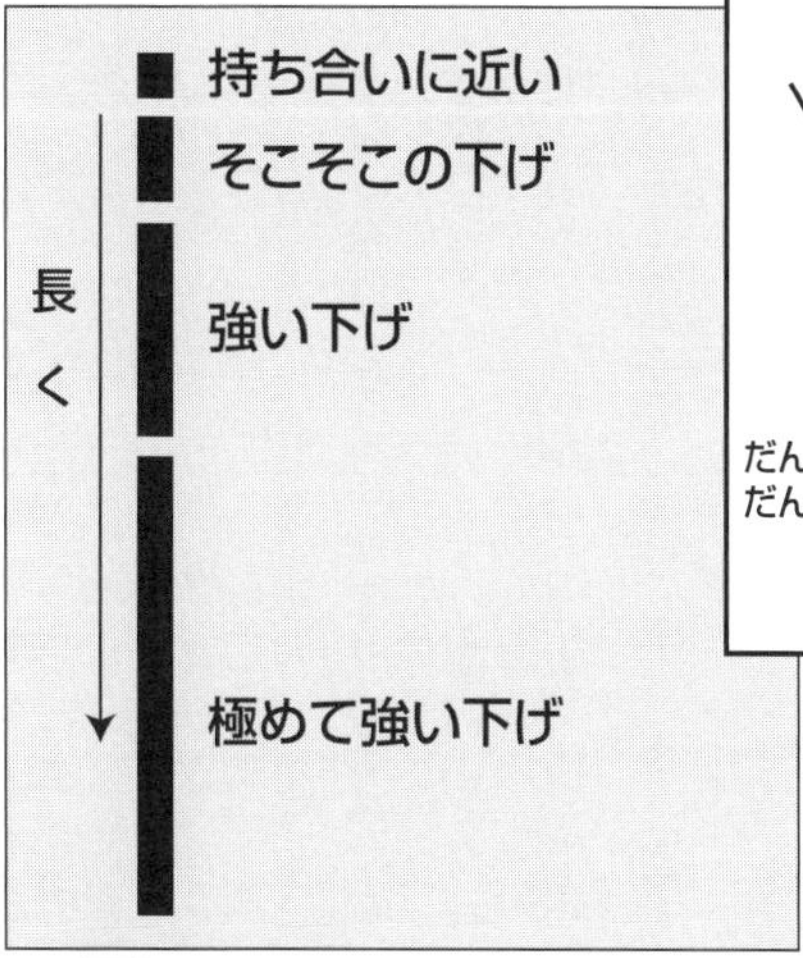

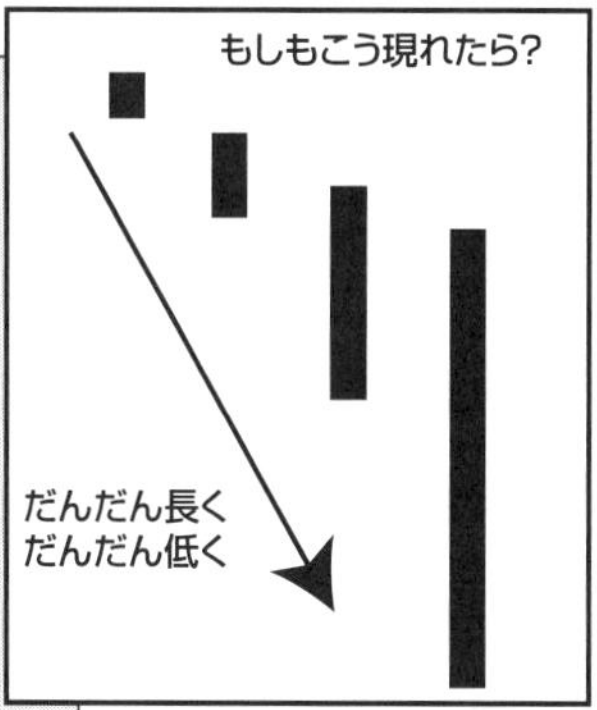

相場……大幅安
投資家…失望

Point!

- 陰線はその長さによって、表しているシグナルが違ってくる
- 投資家心理を強く反映し、また影響を及ぼす

※1株価がある位置で上げ方が重くなると一気に利益確定の動きになり、結果的に「天井→下げ」となる

※2悪材料に過剰に反応して「ストップ安」をつけたりすること

※3株価の上昇の勢いが終わること

※4一定の利幅が取れたので売りで差益額を決めること

※5信用取引では、株券がなくても証券会社から借りて売りができる。それは後日買い戻さなければならなくなる

4 「下ヒゲ」「上ヒゲ」の出現には重要な意味がある

「チャートはアテにできない」と考えている人も稀にいますが、「ヒゲ」のシグナルだけは無視できないはずです。

下ヒゲが出たら、株価がある程度売り込まれたが、その下の株価には「待ち伏せの買い」[※1]が存在することを明確に示しています。また上ヒゲは、利益確定が優先になるので「上値限界」[※2]を示し、株価はそれ以上の高値には進みにくい状況になります。

この二つのポイントを覚えておくだけでも、株式投資での成功の確率を極めて高く保つことができます。

ただ、このシグナルは株価の動きのなかで、どの位置に出たか、長いか短いかが、大切な判断材料になります。この点についての詳しい解説は後述しますが、相場反発、買いと売りのタイミングをキャッチするうえで極めて重要な意味を持つことを知っておいてください。

ヒゲが出ると相場の展開は変わってくる

■下ヒゲが出たら

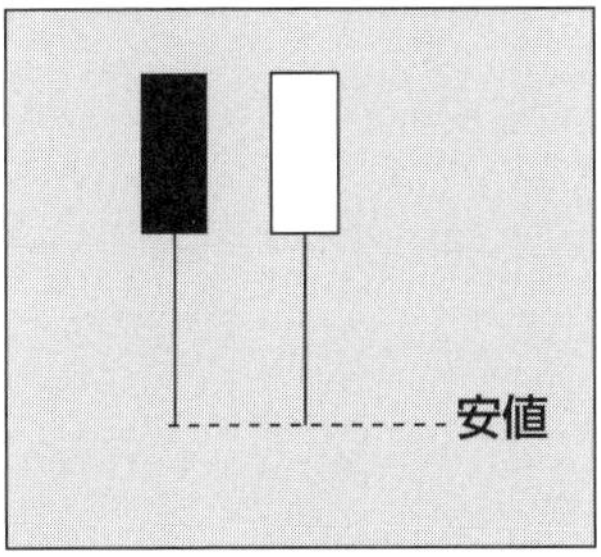

下ヒゲ……下値での買いが多いことを表している

■上ヒゲが出たら

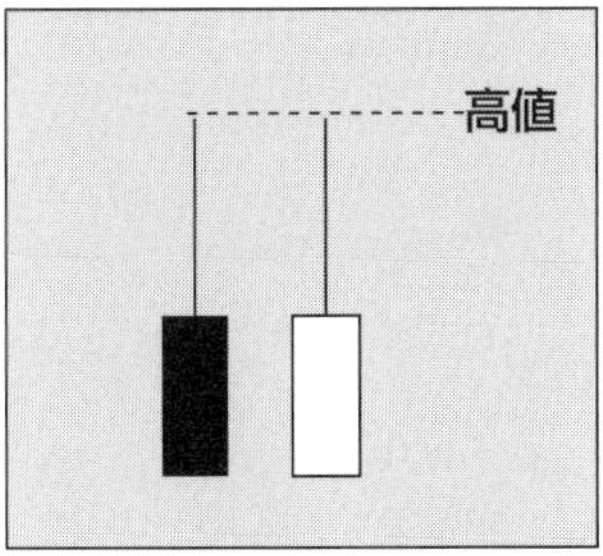

上ヒゲ……上値では利益確定の売りが多いことを表している

Point!

ヒゲが出たことは株価形成では大きな意味があるので見逃せない

※1株価が一定以下に下げると「値ごろ」感からの買いが入ること

※2その銘柄の株価の業績などから、ある一定の株価の位置に達したと見られること

5 小さなローソク足は集合することで意味を成す

ローソク足は1本だけでも大きな意味がありますが、何本か集まることで株価の方向性がより明確になってきます。

小さなローソク足は、株価の変動が上下わずかしかなかったという意味なので、「迷い[※1]」「綱[※2]引き」「閑散[※3]」と考えられるのが一般的です。これらは相場の転換点に多々出やすく、下値・上値・中段での株価の綱引きになっている場合もあります。

小さなローソク足だからといって無視できません。小さいこと自体が株価の方向性を暗示することがあるからです。そのタイミングは、動き自体ではなく、次の場面の展開を待たなければなりません。いわば準備段階の動きになります。

足踏み状態が続けば、エネルギーがたまって上昇することもありますが、痺れを切らして売りが突然出ることもあり得ます。そのため、次の展開への行動を機敏に取れるようにすることが、投資で損をしないためのポイントです。

「コマ」は強弱感の対立なので、次の動きには要注意。株価の転換点になりやすいのです。

小さなローソク足が持つ意味

□	小陽線	始値<終値で、その差が小さい	買い手と売り手が拮抗
■	小陰線	始値>終値で、その差が小さい	
□	陽のコマ	上下のヒゲが短い	相場の転換点が近い
■	陰のコマ	上下のヒゲが短い	相場の転換点が近い
□	下影陽線	下ヒゲが長い陽線	上昇
■	下影陰線	下ヒゲが長い陰線	下落止まり。安値圏では反発
□	上影陽線	上ヒゲが長い陽線	高値の展開が微妙に
■	上影陰線	上ヒゲが長い陰線	下落

Point!

いずれも株価の気迷い[※4]を表し、大きく動けない相場観対立の様相を反映している

※1 買うか売るか、投資家が迷うこと
※2 売りと買いが同時になり、株価があまり動かないこと
※3 相場の動きに旨味がなくなり、売買量が減ること
※4 相場観に迷うこと

6 究極の持ち合いを示す「寄引同時線」※1

株価がこう着状態にある場合、始値と終値が同じ状態を「往《い》ってこい」といいますが、まさに、どちらにもいかない動きを示します。

出来高が極めて少ないときにこのような「寄引同時線（同事線ともいう）」のローソク足が出やすいのですが、ある程度の出来高ができて出現すると、次は「爆発」※2の株価の動きになりやすいのです。このなかで「十字線」※3は株価が上下に動いたが、売買のバランスのうえで、結果的に始値と終値が同一になったことを示します。

その背景には「この株価は安い」という感覚の人と、「もう高い」という人が同じ数だけ存在することが考えられます。つまり、売りと買いが拮抗している状態です。しかし、この売りと買いの対立はいつまでも続くものではありません。

チャートを見ても、このような寄引同時線が出るのはあまり頻繁ではありませんが、このシグナルのあとでは、株価が上向くのか、あるいは下がるのかの判断が重要になってきます。株価転換のポイントだからです。

さまざまな寄引同時線とその特徴

ー	一本線	ヒゲがない。始値=終値
⊥	トウバ	上ヒゲが長く、下ヒゲはない
⊤	トンカチ	上ヒゲはなく、下ヒゲは長い
†	トンボ（十字線）	短い上ヒゲと長い下ヒゲ
┼	足長クロス（十字線）	上ヒゲと下ヒゲが長い

Point!

株価の動きがほとんどない状態で、気迷いを表している。ただし、長さに注意!

※1寄り付きと大引けが同じ値

※2買いが大量に入り、急騰すること

※3株価は動いたが、結果的に始値と終値が同じになること

7 上げ下げが同じ形になったときの対応は?

大型の銘柄では、左図のような「往《い》ってこい（株価が上昇・下落し、水準が変わらないこと）」の形を見ることもあります。これは株価の上限・下限を示しているのですが、株価の上値と下値が固まってしまっているときに生じます。

このような場合では、「下値買い」[※1]「上値売り」[※2]を売買の株数を増やして勝負するしかありません。そうでないと大型の銘柄は手がけにくくなってしまうからです。

ただ、この動きが一日中続くわけではありません。売買が進んでくると、買い気配や売り気配は一段上の株価、あるいは一段下の株価が表示され、気配の株数も多くなるので、今度は位置を変えての「往《い》ってこい」を繰り返します。

デイトレでは、この動きに敏感についていくことが肝要で、今までの株価の動きを頭のなかにひきずっていると、プラスマイナスゼロの成果か、マイナスの結果になってしまいます。

株価の動きは投資家の心理を反映しているので、心理の変化を素早く捉えて対応しなくてはなりません。固定観念は株式投資では最もよくない結果を招きます。

ローソク足の組み合わせ：「強弱の対立」

Q 同じ長さの陰線、陽線が出たときは？

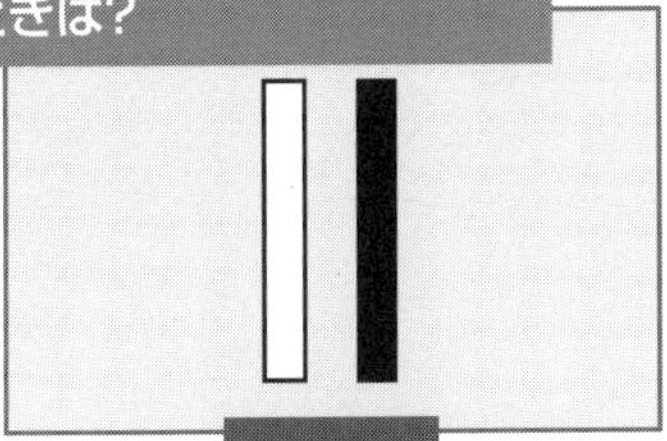

ローソク足は投資家の心理や強弱感を如実に表す

A 株価は完全な持ち合いであり、上にも下にも行きにくいので、いたずらな強気、弱気は持ってはならない

Point!

株価が強弱のぶつかり合いになっているときは、その範囲で売買するしかない

※1株価が割安になったと見られるところで買いが入ること

※2割高と思う人が増えて売りが多くなること

8 いきなり大陽線が出たときの対応は？

ローソク足は1本よりも複数のほうが、株価の動きの方向性がより見えてきます。左図のように小さな陽線のあとに強烈な長い陽線が出ると、誰の目にも明らかに上げとわかります。

これがどのタイミングで出るかによって、その後の株価の方向もわかりますが、このローソク足が出るときは、当然ながら出来高も急増しています。

明らかに、売りが引っ込んで買いが勝った状態を示しているのです。しかし、このタイミングでは買ってよいのか売ってよいのかで迷うところです。うっかり飛び乗って[※1]、株価が反転すると大きな損を抱えることになります。

逆に高くなり過ぎだとばかりに、信用での売りを仕掛けると、株価がさらに高くなってしまい、「踏み上げ」の状態になる可能性もあるので注意してください。

この組み合わせでは、「株価の勢いが強い」[※2]ことだけは明らかですが、次の作戦は立てにくいのが実情です。飛び乗りを行ないたいところですが、できれば冷静に次の動きを見ておきましょう。慌てての投資判断は決してよい結果にはつながらないからです。

ローソク足の組み合わせ：「急騰」

Q いきなり大陽線が出たときはどうすべきか?

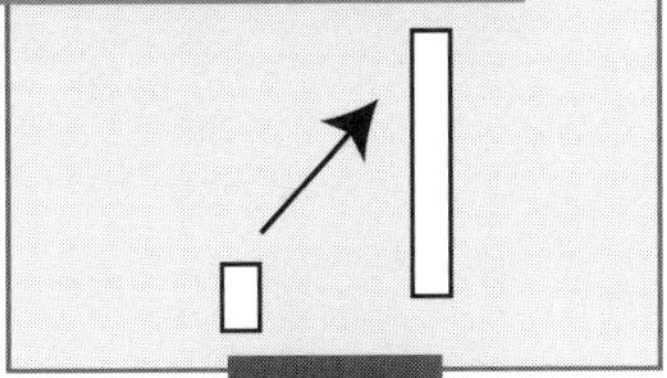

A

・株価の動きが少ないなかでの大きな陽線は強い株価を表す
・上に対して強烈に向いている
・慌てて動いてはいけない

Point!

いきなりの大陽線は、株価の方向性は上げの傾向が極めて強いことが認識できる

※1株価の急騰に「成り行き」の買いで参入すること
※2上昇の勢いが強いこと

9 いきなり大陰線が出たときの対応は？

上値圏であれ、中段であれ、株価がいきなり下落し、大きな陰線が現れたときは、相場に対する弱気が台頭し、売りが買いを大きく上回ったことを示しています。

左図のようなローソク足が出たときは、「相場の先が弱い」と考えなければなりません。もちろん、下げ過ぎに対しての戻しはありますが、全体としては「上値取り」[※1]に行くような段階ではないと捉えるのが無難です。

ローソク足は、その銘柄や市場全体のムードを如実に表し、上がる雰囲気ではないときには「売りきめ」[※2]「売り崩し」[※3]の勢力の動きが目立ってきます。

このようなときには、「安値に買い向かう」[※4]という考え方もありますが、できれば大勢を見極める余裕が必要です。「値惚れ買い」[※5]「突っ込み買い」[※6]の考え方もありますが、方向感がわからない段階での売買はリスクがあまりにも大きくなります。

株価が一つの方向性を明確にしているときには、変動幅が大きいリスクは避け、収まったところで動くのが賢明です。

ローソク足の組み合わせ：「急落」

Q いきなり大陰線が出たときはどうすべきか？

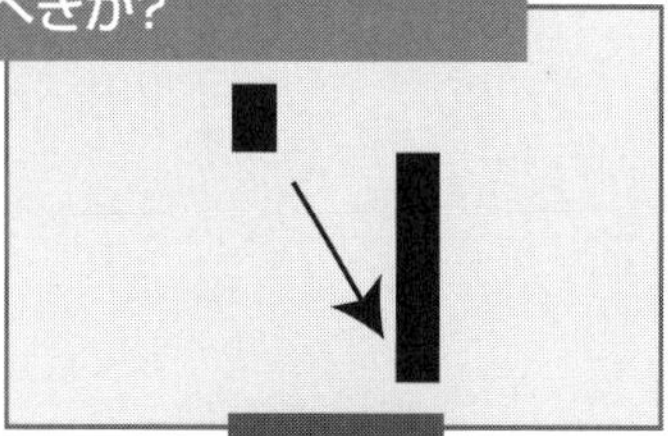

A
・いきなりの大陰線は、明らかに下げに向かったことを示している
・小さなローソク足のあとの大きな陰線は無視できない

Point!

いきなりの大陰線は、株価の方向性は下げの傾向が極めて強いことを示す

※1下げが反転して上昇すること
※2大勢の相場観に対して、逆の考え方の人たちが売ってくること
※3買い方に打撃を与えるために大量の売りを出すこと
※4下げて安くなったところを買うこと
※5自分の買値よりも大きく下げたので魅力に思って買うこと
※6一時的に下げたところを買うこと

10 二つのローソク足で株価の方向感を掴め

二つのローソク足、陽線と陰線の組み合わせを見る場合は、株価の動きの勢いはどちらにあるかを考えます。とくに陰線が出たあとにいきなり、この株価を抜き去って株価が上がったときには、先の下げに勝る買いの勢いがあることになります。

このような組み合わせのあとでは、株価はおおむね上げの方向ではないかと考えられます。株価の方向を示す重要なポイントになるので見逃せません。

一方、上げていた株価に対して、それにかぶせかけるような株価の下落があれば、「今までの上げは限界にきたのではないか」と考えられます。

陽線を無視するかのような強い下げの動きは「売りきめ」「売り崩し」の動きが見られるので、このサインは素早く察知しなければなりません。

株式投資では、[※1]「株価の方向感」を明確に掴むことが大切です。その意味では、上げに対してそれを帳消しにするかのような下げには用心してください。

二つのローソク足の組み合わせだけでは、株価の動きの先行きを明確に掴むことは難しい面があります。ですが、大切なサインであることは間違いありません。

ローソク足の組み合わせ：「交差」

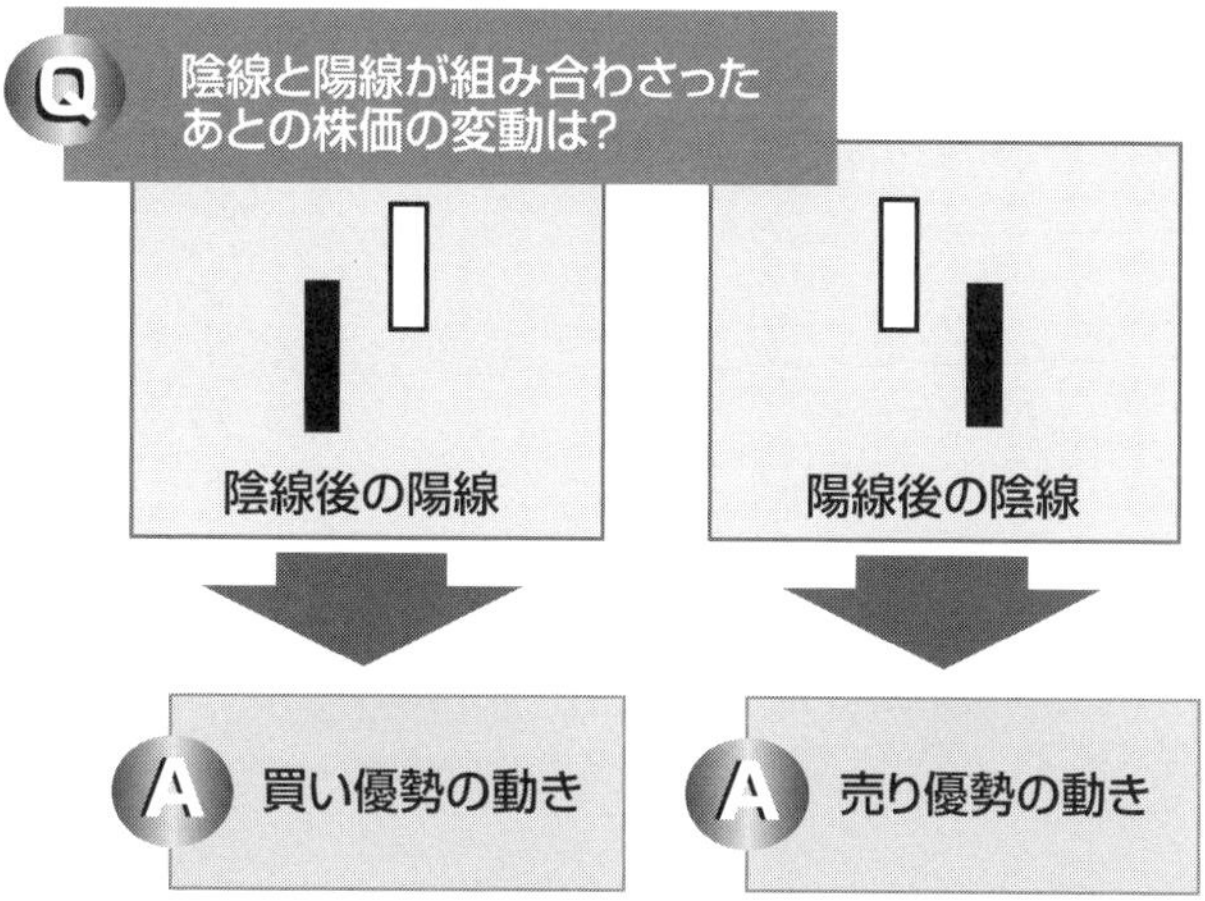
Q
陰線と陽線が組み合わさった
あとの株価の変動は?
陰線後の陽線
陽線後の陰線
A
買い優勢の動き
A
売り優勢の動き

Point!

・上げていた株価が急落したり、下げていた株価が急騰した場合はそのサインを見逃すな！
・ローソク足の組み合わせで株価の方向感を掴め！

※1上昇途中なのか、下降しているのかの大局を掴むこと

11 「窓開け」[※1]は強烈なシグナルである

二つのローソク足がその間隔を開けて上に放れる、下に放れるという現象を「窓開け」といいます。これは今後の株価の方向性を掴むうえで、より強烈なシグナルになることを知っておかなければなりません。

陽線が窓を開けて上に放れたときは、株価の上げの勢いが極めて強いことを意味します。出来高も急激に増えてきます。この様子を見れば、当然売る人も少なくなるので、一層買い優勢となり、株価は飛びやすくなってくるのです。

一方、陰線が窓を開けて株価が下に放れたときは、買いが少なくなり、売りが極端に多くなってきたことを示すので、株価は明らかに下げの方向に向いていると予測できます。この場面では出来高が増えることもありますが、買いが少ないので、少しの売りでも株価が急落する可能性が高いでしょう。

方向性としては、株価が下を向いていることが明確になるので、買いは待たなければなりません。また、手持ちの銘柄は利益確定、さらに「損切り」[※2]が必要になってきます。

ローソク足の組み合わせ：「窓開け」

Q ローソク足が離れて出ると
株価の動きはどうなる?

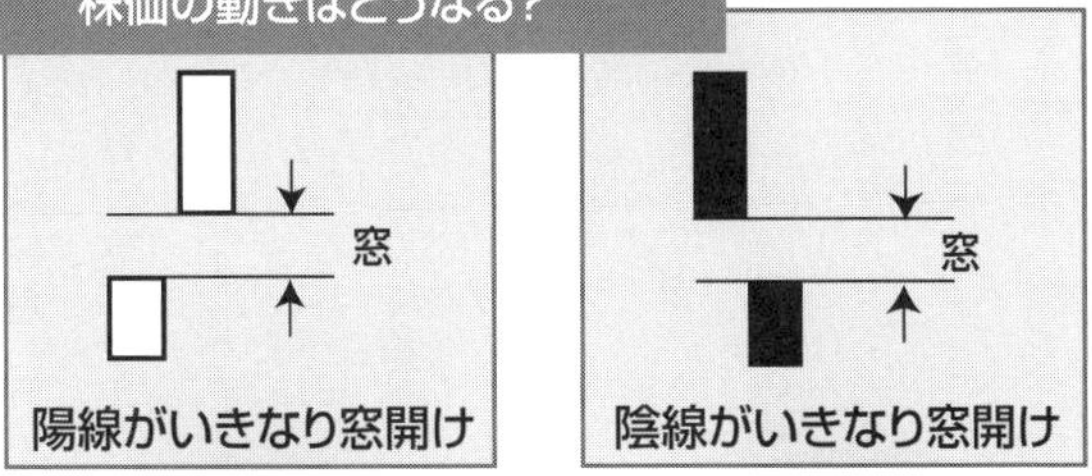

A 株価は上がる

A 株価は下がる

Point!

2つのローソク足が離れて出るということは
その方向へ強烈に動き出す

※1ローソク足の間が開いて上昇・下落すること
※2大きな損害を避けるために、買値より安くても売って逃げること

12 小さな変動でも動きの位置が変わったときは？

大型の銘柄になると、5分足のローソク足の動きは1円刻みで変動します。動きとしては1円上げ、1円下げの繰り返しです。

このような動きでは、「何だ儲からないな」と考えてしまいがちですが、いきなり高い株価に移動することもあります。

逆に、一段下がったところに移動することもあるのです。

この変動は突然発生しますので、一定の範囲での上げ下げを固定的に考えていてはいけません。株価は予想外の動きをしてきますので、どのような変動があっても対応できる姿勢が必要です。

ただ、超大型※1の銘柄は発行株数も多いので急激な変化は少なく、「1～2円下がったら買い」「1～2円上がったら売る」という行為を株数をまとめて行なうことがデイトレでは有効で、リスクの少ない投資方法になるのです。銘柄の動きには、それぞれに特徴があるので、それをうまく掴んで投資を行なっていくことが大切です。

ローソク足の組み合わせ：「方向の変化」

Q 株価転換を示す動きは?

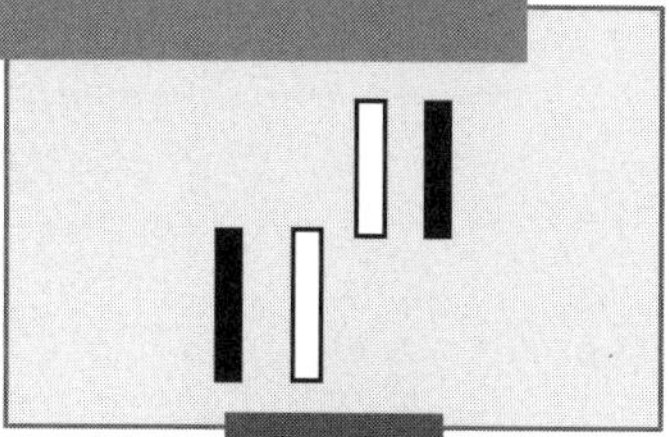

A 上に動きが転じたことを意味する

Point!

ある範囲の株価の動きは、次の段階で変わるので柔軟な考え方が要求される

※1鉄鋼など、国の基幹産業で資本の規模が極めて大きい銘柄のこと。大量の売買がないと株価が動きにくい

13 なかには下げ一方の銘柄もある

銘柄によっては、全体の株価の動きを表す「平均株価」「TOPIX」の動きに大きく左右されることがあります。そのために、平均株価が朝から下げっ放しのときには、結果的になかなか反発しないで、「寄り天」[※1]で終わる可能性も多々あります。

とくに日本時間で朝に終わるニューヨーク株式市場が軟調に推移しているときは、この傾向が強く見られます。外国人投資家の買い姿勢が弱まると、国内の投資家の動きも積極的ではなくなるからです。

結果的に「売り先行」[※2]「利益確定」の動きが大勢を占めるので、反発の機会がなくなってしまいます。このような相場では信用の売りを仕掛けるしかありません。

しかし、翌日はどんな材料が出てくるかはわかりません。ですので、売買はその日のうちに完了することがデイトレの鉄則。ニューヨーク株式市場が大幅な反発になれば、翌日の取引は買い戻しから始まりやすいので、朝はいきなり高値で始まる可能性があります。

下げ一方のチャートはこうなる

Q 下げ一方の銘柄はどうしたらよいか?

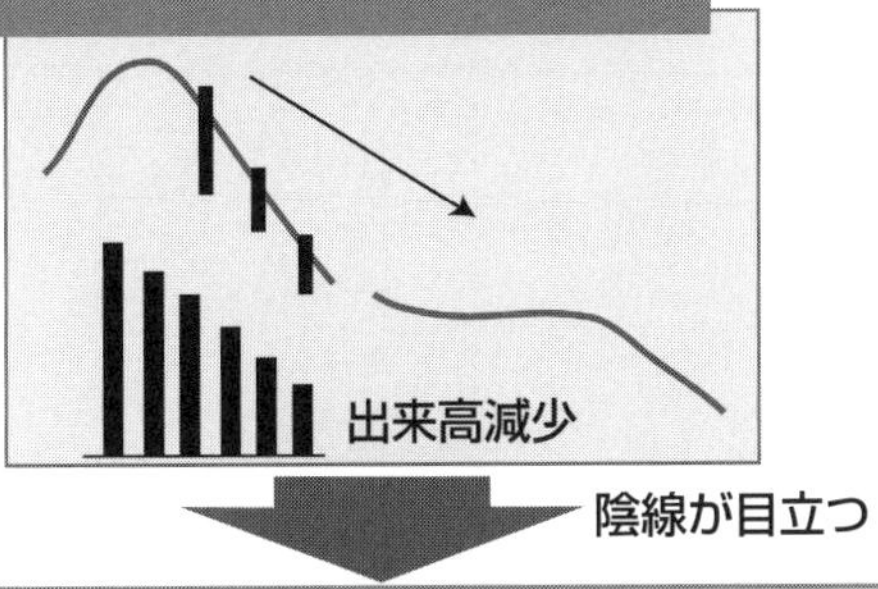

A
・その日のうちに売買を完了するデイトレには向かない
・信用の売りにはチャンス！

Point!

陰線が多く出るときは、株価の方向性はマイナスに向いている

※1寄り付きが一番高い
※2売りのほうが勝っていること

14 下げのあとの戻しにはチャンスアリ！

株価は下げで始まっても、「当面の底か」[※1]という観測が強まると、今度はいきなりの反発になります。このような下げのあとの戻しには素直についていくのが賢明です。

相場は売りと買いの綱引きであり、下げの局面では「弱気の売り」「株価崩しの売り」などが、外部環境の弱さに乗じて行なわれます。ただ、売る側も「いつ反発があるかわからない」という恐怖のなかでの勝負なので、反発が起きると、とたんに買い戻しが行なわれます。

その時点から買い優勢の動きになり、株価は上を向いてどんどん上がっていきます。この段階で抵抗して売りを仕掛けてもうまくはいきません。大きな損が出るだけです。

株価が上げているときは「順張り」で、株価の方向性に従うのが妥当でしょう。

もちろん際限なく上がるわけではなく、売買はその日のうちに手仕舞うのがデイトレの鉄則ですので、ほどほどの利幅で逃げなければなりません。

株式投資では、株価の上げ下げのリズムに、素直に、機敏に、乗っていくのが最も儲けの確率がよいわけで、「裏の裏を読む」というような売買スタンスは避けるべきです。

上げの方向はこうなる

■ある銘柄の1日の動き

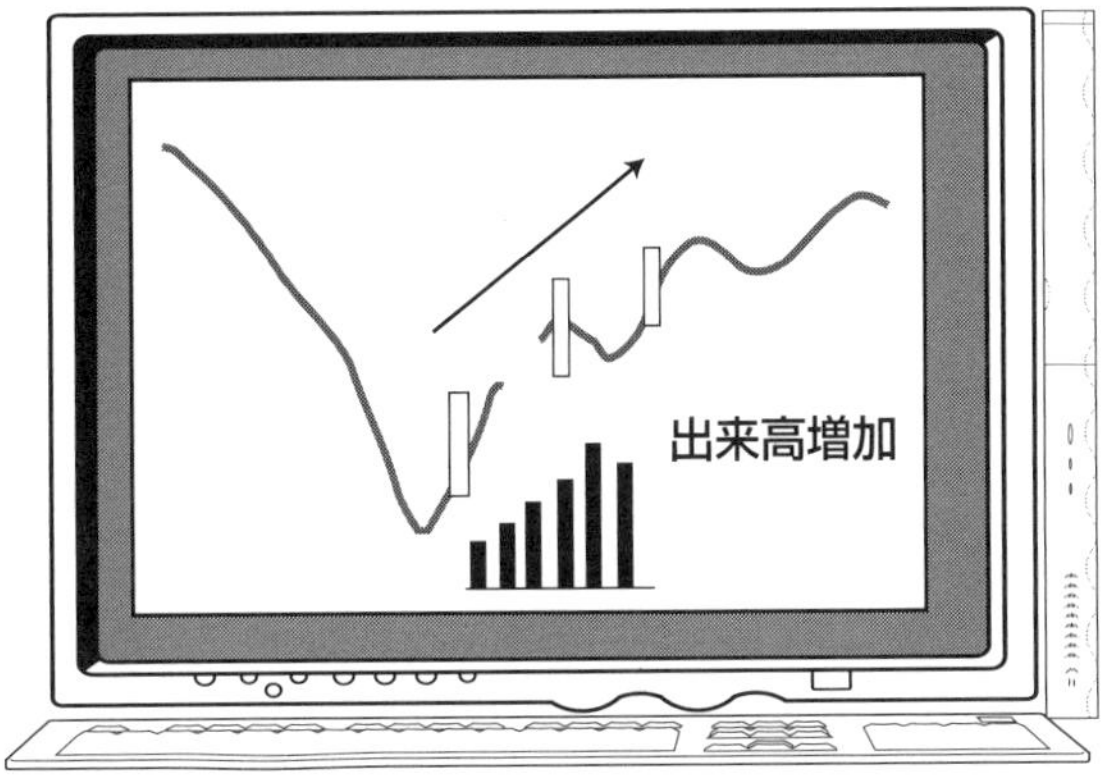

株価は上がり出すとその方向に行く

Point!

上げ基調になった株価は、しばらくはその方向に行くので、習性を活用する

※1　目先の「売り」が止まること

15 底値圏での持ち合い後の上げは好機！

株価には、底値圏での持ち合い、反発という動きがあります。株価は一方向に動くときもありますが、ある程度下がると割安感の魅力が出るので反発しやすいのです。

この動きを上手に活かすなら、下げのあとの持ち合いからの反発、つまり、持ち合い放れがチャンスです。週足でも日足でも、株価が下落したあとには、大概の銘柄が底をつけて反発に転じます。株式投資で確率がよいのは、このタイミングでの買いです。急騰に相乗りするよりも底を脱した銘柄のほうがリスクは少なく、倒産の危険性のない銘柄を選ぶならば極めて高い確率で株価は反発するので、利幅を取ることができます。

このような株価の動きをする銘柄は少なくありません。もし買いのタイミングで少し失敗しても、さらなる下値は知れているので、絶好の「狙い場」[※1]といえます。

ただ、中途半端な下げの局面で買いを入れれば、さらなる下値を見ることになる可能性が高いので、底値圏での動きはとくに注意深く読む必要があるでしょう。

下値では売り込みにくいいくつかのシグナルも出てくるので、そのタイミングも上手に計ることが求められます。例えば、「支持ライン」[※2]を割り込まないなどです。

持ち合い後の反発にうまく乗る

■下げのあとの持ち合いは上げの予兆

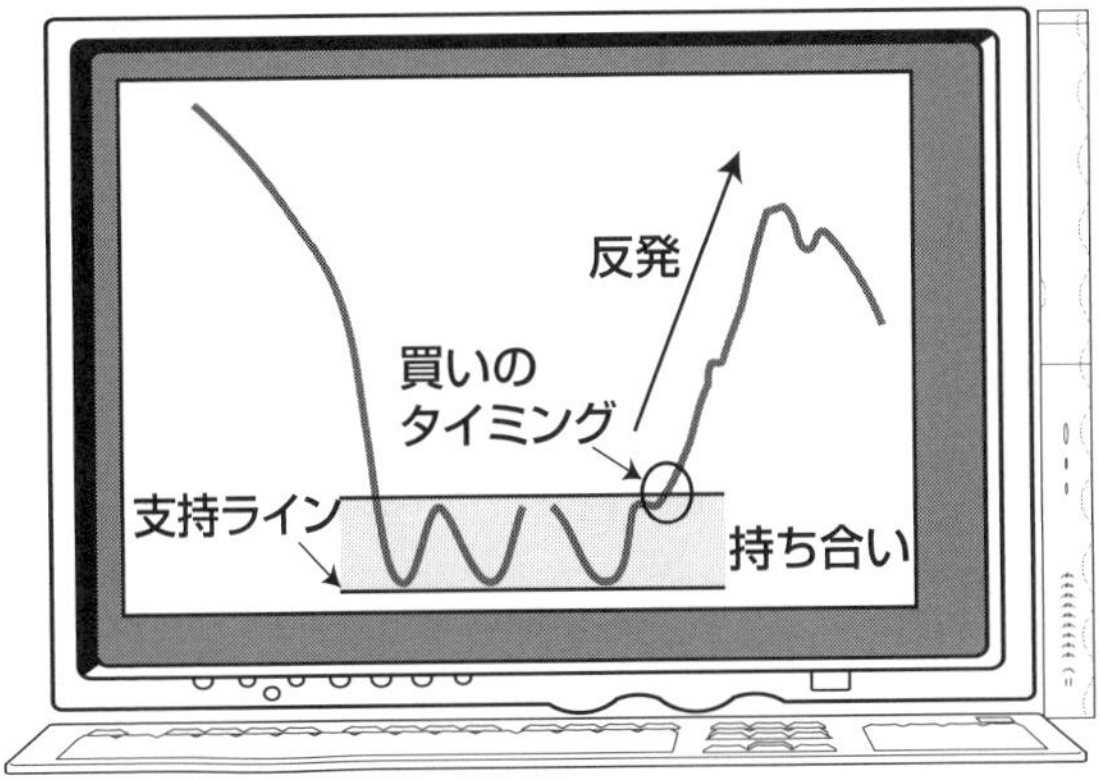

Point!

下げのあとの持ち合いは、底値の確認になりやすいので、その後の反発を狙う

※1 買うチャンスのこと
※2 これ以下に株価が下がらない株価水準のこと

PART1 のまとめ

◎ローソク足は、1本であっても、それ自体で大きな意味がある

◎とくに長いローソク足は、それだけ株価の強烈な方向性を示している

◎上にも下にも行かない十字線は株価の転換点だ！

◎ローソク足は2個以上組み合わせると、株価の方向性がよく見えてくる

◎株価の動きにはある方向のトレンドがあることを知っておこう

◎ローソク足は株式の売買に参加する投資家の心理を反映している

◎ローソク足から投資家心理を読み、素早く対応する

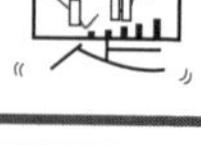

PART2

DAY TRADE

5分足の特徴を掴んでおこう

1 今やデイトレに5分足は欠かせない!

5分足とは、「5分間」という短い時間内における株価の動きをローソク足で表したものです。インターネットでの株式売買が盛んになったことで、証券会社が投資家向けのデータとして新たに提供しています。もっと細かい1分足もありますが、これは細か過ぎます。

これまでは、短期間のデータといえば「日中足」といって、一日の株価の動きを線で表すだけでした。そのために上げ基調や下げ基調はわかるのですが、デイトレのように分刻みで株価の動きを追って、俊敏に売買を行ない利幅を獲得するには不十分なデータでした。

ところが5分足ができたことで、その組み合わせ次第では、株価が上の方向に向いているのか、下の方向に向いているのか、勢いがあるのかないのかなどが読めるようになったのです。

このことで売買のタイミングが掴みやすくなりました。気配値の動きだけではわからないことが、ビジュアル面でのシグナルから読めるからです。

ローソク足は、過去の株価の動きの記録であり、先の株価をある程度は予測できますが、完全に株価の先を読むことはできません。しかし、5分足があるのとないのとでは大きな差があります。株価は一度動いたらその方向に行く習性を5分足は表してくれるからです。

5分足のメリット

●5分間における株価の動きを表す

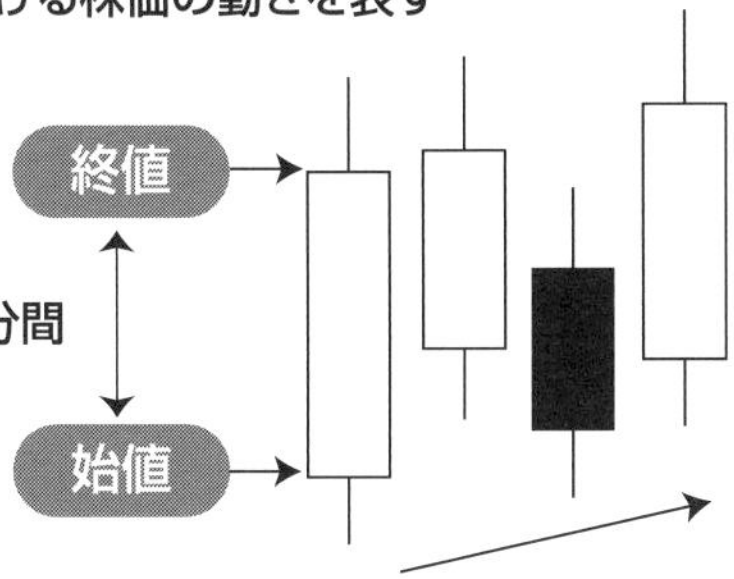

5分刻みで株価がわかる
追っていくと、動きの方向性が掴める
変動がすぐにわかる
売りや買いのシグナルが掴める

Point!

**気配値ではわかりにくい株価の動きが
ビジュアル化することでわかりやすくなる**

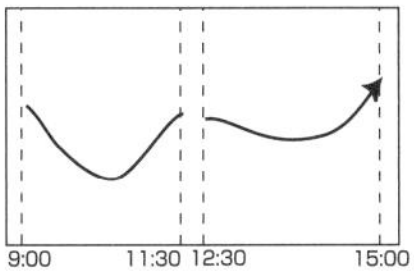

※日中足

2 チャートは目盛りの取り方に注意せよ

銘柄によって株価の動きの幅は大きく異なるので、チャートの目盛りの取り方には注意しなくてはいけません。一気に100円、200円の「ストップ高」[※1]をつけてくる銘柄は値動きが荒いので、それに応じた目盛りを取っています。

また、一日の株価の動きが5円くらいの銘柄では、株価の変動幅が狭いので、それに合わせた目盛りとなります。結果、ローソク足も大きくなり、1円の変動でも大げさな株価の動きに見えることもあります。大型の銘柄は1円、2円の動きですが、株価の高い銘柄では一日に100円、200円の動きがあります。これを5分足チャートで表すには、1メモリの割り当てが20円、50円のものも必要になるわけです。

このように銘柄によっては、チャートの目盛りの単位が異なるので、くれぐれも勘違いしないようにしてください。

一方、動きの割合からすれば100円の株価が5円上がるのと、1000円の株価が50円上がるのとは比率的には同じであることを心得ておきましょう。

値動きの大小によって目盛りの取り方が違う

値動きの少ない大型株などのときは
1円単位の目盛りでローソクの足は長い

Point!

1本のローソク足が長く見えるので値動きが荒いと考えてしまうが、実際はそうではない

※1株価によって一日の上昇の範囲が定められている
100円未満　30円
200円未満　50円
500円未満　80円
1000円未満　100円
5000円未満　500円

3 5分足の変動要因は日足・週足と似ている

「たった5分間で何がわかる」と考える人もいますが、デイトレではその5分間の動きこそバカにできないのです。ある期間についての動きを見ると、5分足でも、日足でも、週足でも、ほとんど似たようなテクニカル面での変動要因で動いています。

つまり、「このような動きの次は、このような動きになるだろう」という予想がしやすいのです。そのため、上げの強い動きになったときには、その方向を読みながら売買を行なえばいいのです。弱い動きになったときには、利益確定や信用での売りを仕掛けることができます。

チャートを読むうえで、週足などが最も効果的だと考えられていますが、5分足であれ、日足であれ、株価に及ぶ投資家心理や材料など、変動要因は大きく変わるものではありません。たとえば一週間でも、さまざまな内部・外部の要因が影響します。5分足ではそのときの相場、とくに「平均株価」[※1]などに大きく影響されます。

平均株価が大きく変動すれば、個々の銘柄はその動きに少なからず影響されます。そのために個々の5分足は、日経平均株価の動きを見ながら読んでいくことが大切です。

一般的な5分足はどのようなものか

■ある銘柄のある時期について見てみると

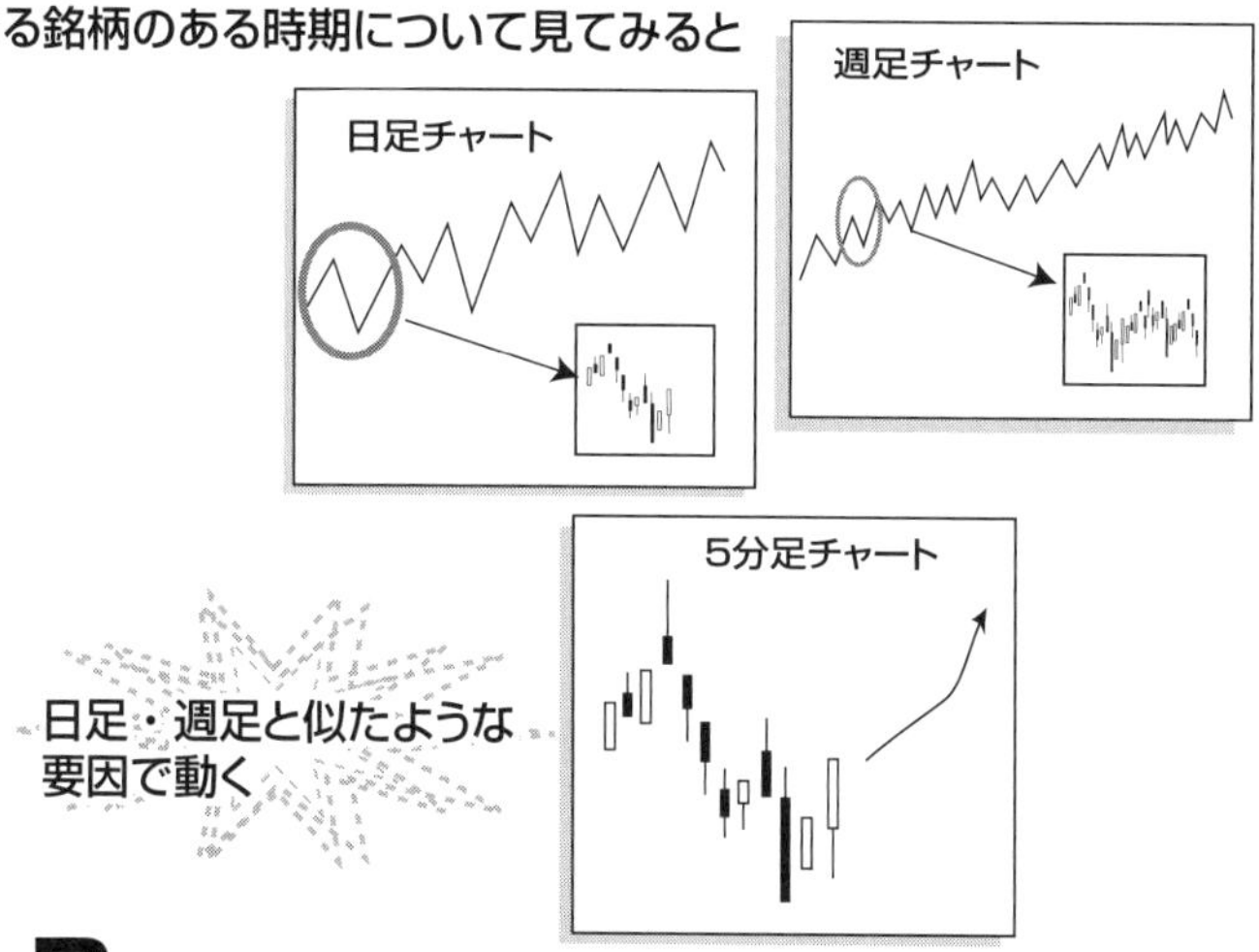

Point!

ローソク足ならば株価の動きが比較的読みやすいので、確率の高い投資戦略が立てられる

※1日経225平均株価のことで、東証一部の225銘柄の平均で株価を算出する。1985年10月1日を起点にして今の株価が計算されている

4 5分足と「移動平均線」※1でトレンドを読む

5分足ではあまりにも期間が短いので、株価の方向性を示す「移動平均線」が描けないのではないかと考える人も多いでしょう。確かに日足や週足の移動平均線というわけにはいきませんが、5分足でも何本か合わせることで移動平均線ができるのです。

移動平均線は、それなりの期間が違う要素を組み合わせれば、短い期間のなかでの長期・短期での移動平均線の組み合わせが可能になります。

たとえば、5分足を3本合わせて作った「3本移動平均線」と、12本を合わせて作った「12本移動平均線」があれば、今後のトレンドを見ることが可能になります。そのうえで5分足で描かれた株価の変動を加味すれば、今後の株価の方向性が読み取れるのです。

株価の変動を細かく表すローソク足と、ある期間の株価の変動を表す移動平均線との関係で「株価が強い」「株価が弱い」というういい方をします。

移動平均線が上向いているときには、株価は上向きの方向性を維持します。たとえ株価が一時的に下げてきても、移動平均線を下回らなければ、反発して再び上がる可能性が出てきます。この傾向を読み取ることが大切なのです。

5分足でも移動平均線ができる

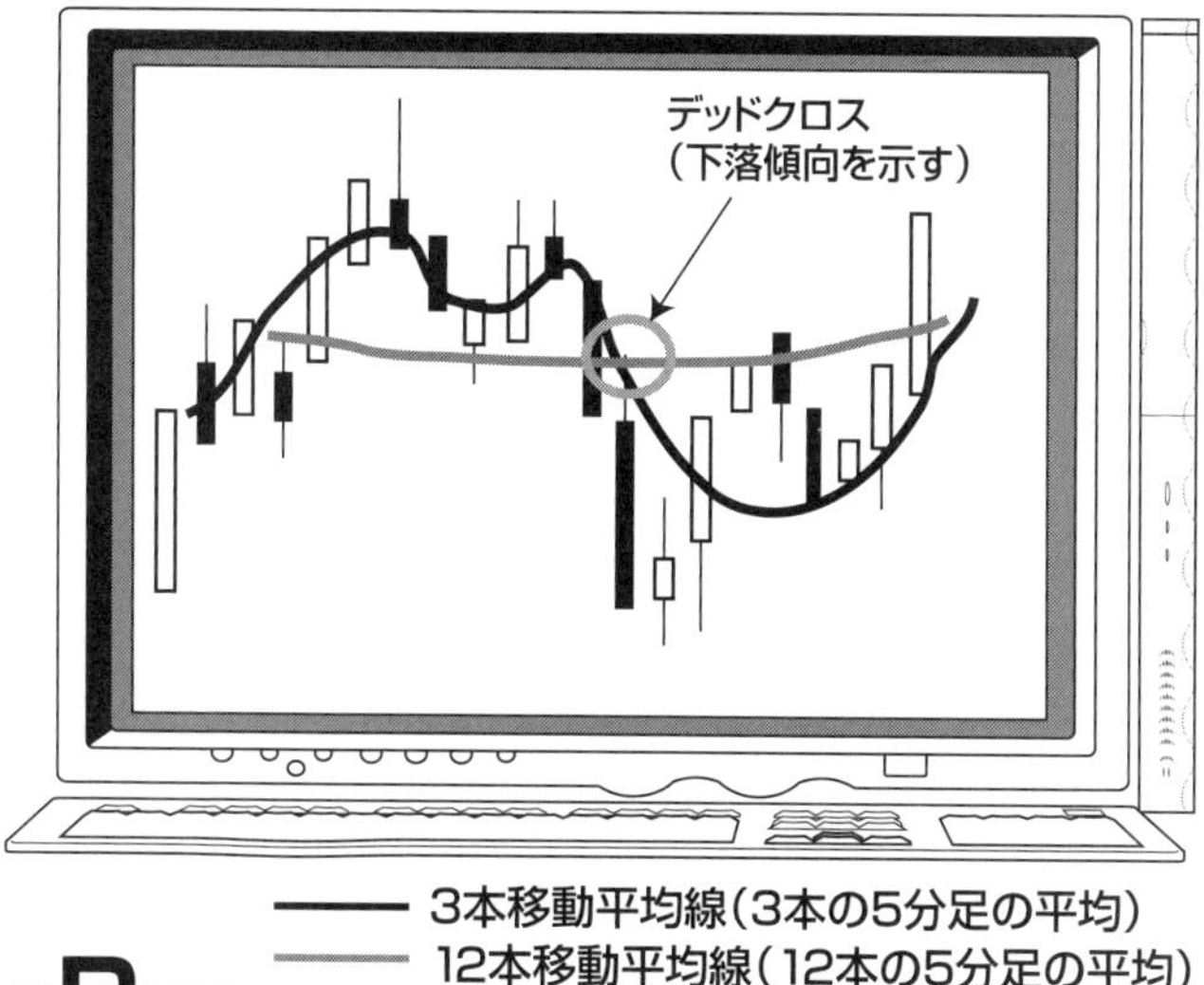

Point!

- ・5分足でも移動平均線の作成は可能
- ・移動平均線の交わり方で株価の方向性がわかる

※1アメリカ生まれのチャートの読み方で、一定期間の株価を平均して算出する。一番短いのが5分足の3本分の平均値である

5 5分足から具体的な方向性を掴む

株価は常に変動しています。その日の動きが小さな幅にとどまったか、激しく変動したかも、5分足なら如実に見ることができます。この変動の方向性を瞬間、瞬間であらかじめ予測できるかどうかが、デイトレで成功するための大切な要素となってきます。

株価は一定のリズムで動いています。たとえいきなりの急落で始まっても、その動きをじっくり見ていくと、あるところで下げ止まります。そしてその後の株価は、必ずといってよいほど反発、すなわち上げに転換していきます。

株価の動きには上げか下げのどちらかしかありませんので、儲ける確率はイーブン・イーブン。それでも5割の確率を確保するのは並大抵のことではありません。

大切なのは下げの過程で、上げのポイントをしっかり掴んでおくことです。そのためには、株価の下げの動きをよく見ることです。際限なく下げる株価は「倒産株」[※1]以外にはありません。

下げ始めたら目を離してはいけません。下げのあとには必ず上げがきますから、それを確実に拾ってください。

5分足で株価の動きの方向性が掴める

■ある日の平均株価

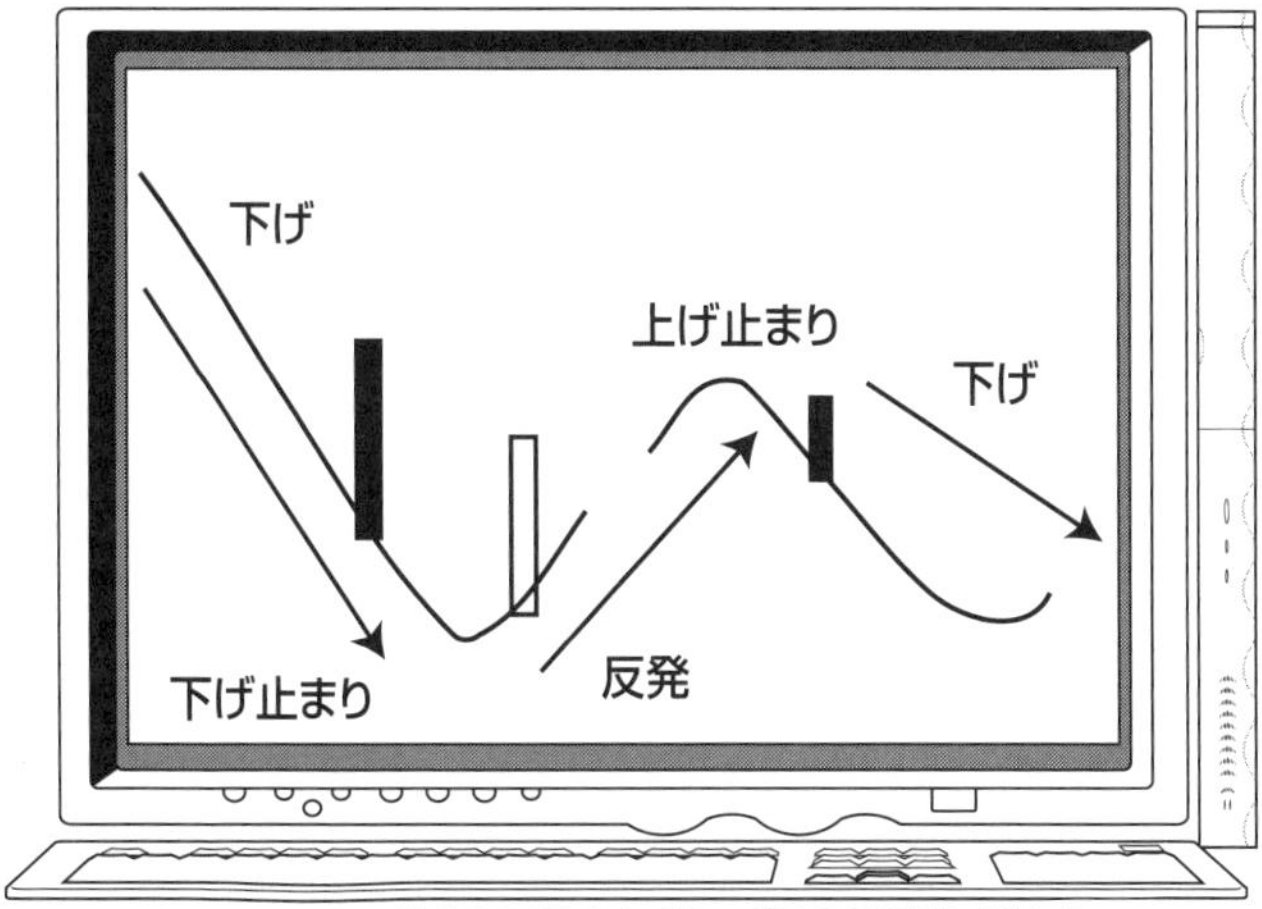

株価の動きには一定のリズムがあり、
5分足からでも読み取ることは可能!

Point!

株価の動きの方向性が読めれば、利益確定のチャンスはいくらでもある

※1株式には、「株主責任」というものがあり、会社が倒産すると手持ちの株券は価値がゼロになる

6 これは重要！ 日経平均株価を5分足で見る

それぞれの株価は、その日の相場環境に大きく影響を受けます。一部の銘柄は平均株価とは違う「逆行」の動きをしますが、ＩＴなどの主要な銘柄は日経平均株価やＴＯＰＩＸに反映されますので、「写真相場」[※1]になりやすいのです。つまり、株式指標に相場は連動しますので、日経平均株価が上がると思ったら買いのチャンスとなります。

この意味から、日経平均株価の動きを5分足で画面に出しておき、一方で、めぼしい個々の銘柄の5分足も出しておきます。さらに注文画面も出しておいて売買注文を行ないます。

そうなると、投資効率をよくするためにもパソコンは複数台が必要になります。1台でもできないことはありませんが、操作が煩雑になるうえに、素早い売買のタイミングやメモリにも問題が生じます。ＡＤＳＬや光ファイバーの環境で3回線以上のネット接続が可能になるようにしておけばベストです。

相場の動きを的確に掴むには、常に必要なデータを画面上にアップしておかなければなりません。パソコン1台で勝負している人もいますが、これではプロのディーラーには太刀打ちできないでしょう。

日経平均株価、TOPIXの動きと併せ見る

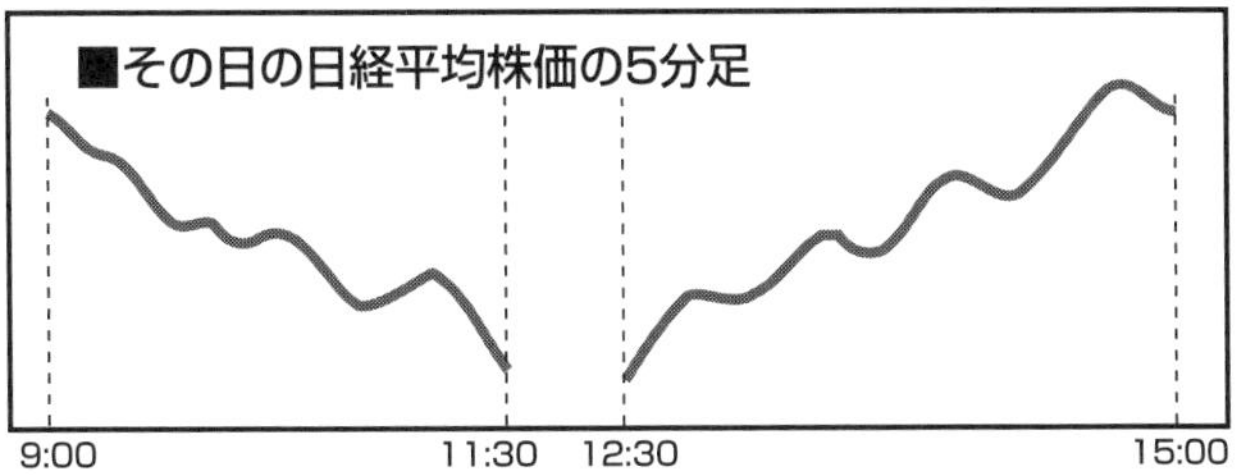

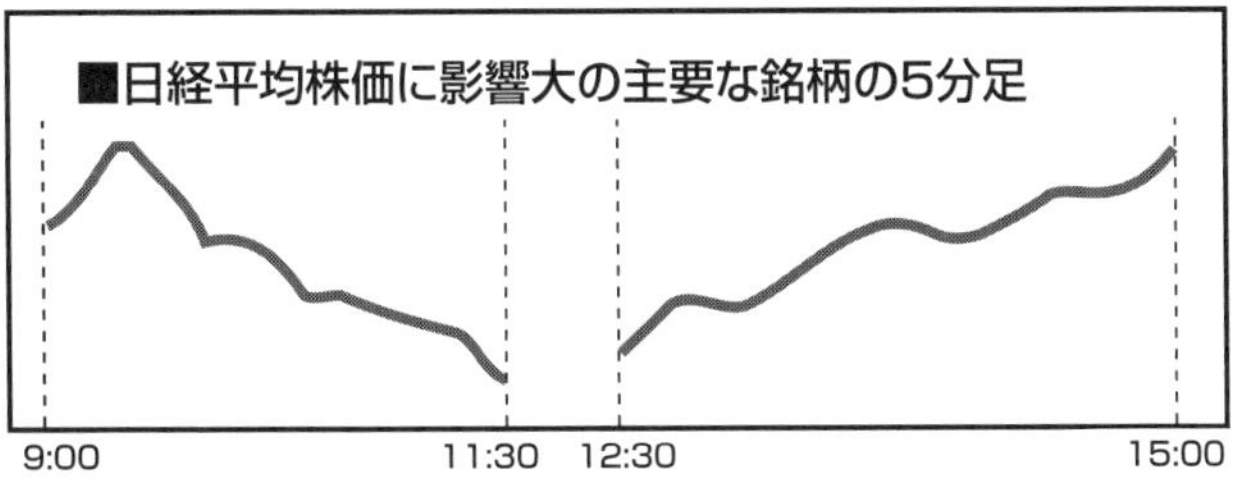

Point!

主要な銘柄の5分足は、日経平均株価と似た動きになりやすいので、双方を併せ見るのがよい

※1 似たような動きをする株価のこと。ニューヨーク株価と東京の株価でいわれる。日経平均株価と代表銘柄は似たような動きになる

7 デイトレの重要シグナルは「上ヒゲ」と「下ヒゲ」

ローソク足で最も確率の高いシグナルは、なんといっても「ヒゲ」です。「チャートは役に立たない」といい張る投資家やプロでも、これだけは無視できないはずです。もし無視していたら、投資効率は極めて悪くなります。

つまり、ほかのローソク足は無視しても、このヒゲのシグナルだけを活用するという一つだけの方法でも、投資はうまくいくことが多いのです。なにしろ、あらゆる銘柄で天井圏・底値圏に上ヒゲと下ヒゲが必ず出てきます。

そのために、「上ヒゲは売り」「下ヒゲは買い」という投資スタンス[※1]を実践するだけでも、極めて効率のよい成果が得られるはずです。このように書いている瞬間でも、ここで買える、売れるという銘柄がいくらでもあります。

ヒゲは、まさにデイトレの最大の味方であり、武器でもあるのです。

「上ヒゲ」で売り、「下ヒゲ」で買い

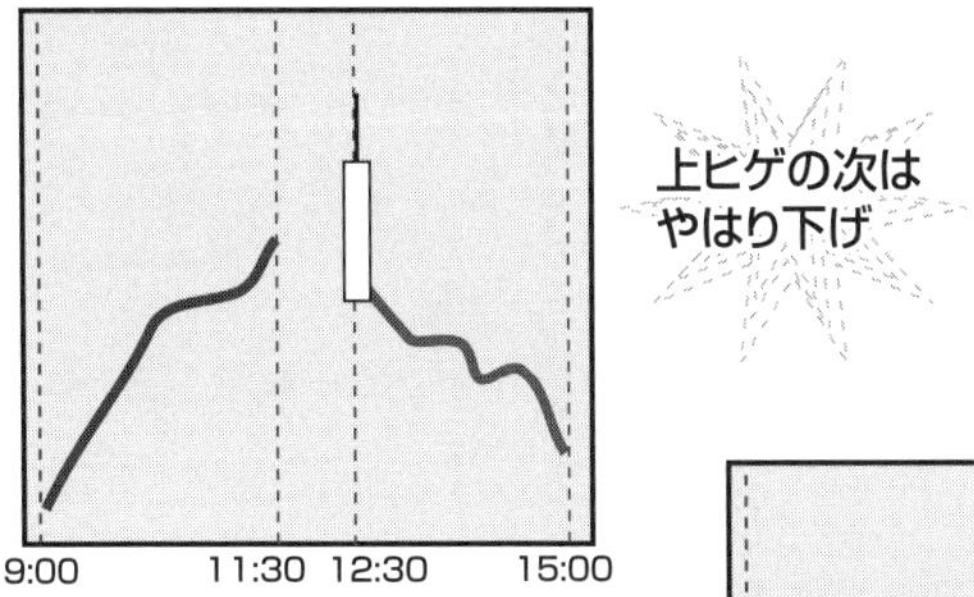

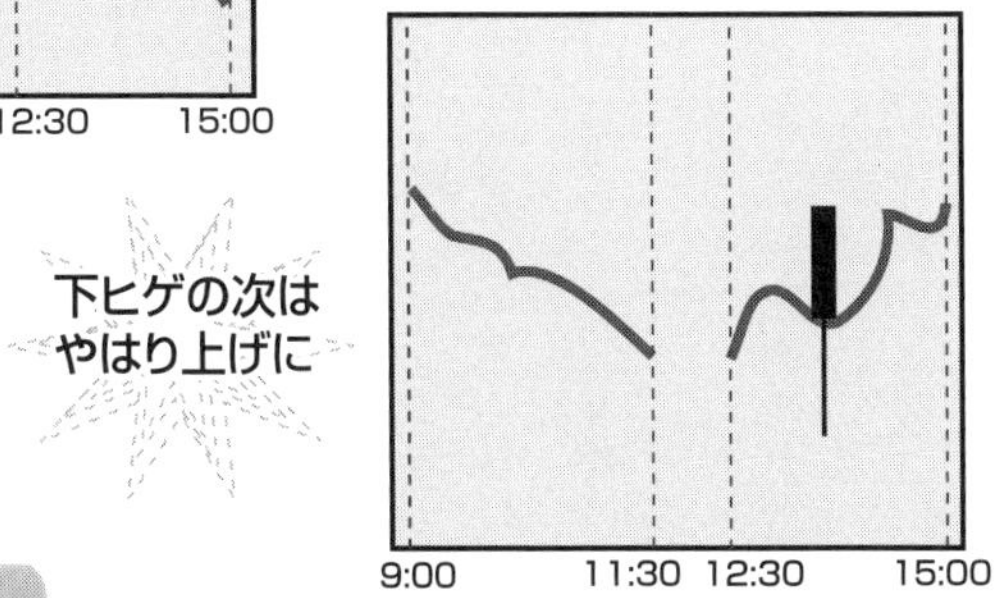

Point!

ヒゲが出たということは、「株価の方向が変わる」という大きなシグナルだ!

※1 株式投資にあたっての基本的な考え方

8 5分足なら日足ではわからない変化が読める

一日の株価の動きを記録した「日足」は、その日の始値・高値・安値・終値の四つのデータが表されているだけで、株価がどのように動いたかを知ることはできません。

ただ、シンプルに強い線か、弱い線かはわかります。短期の投資ならばそれだけで十分かもしれませんが、超短期のデイトレにはもの足りません。最終的には陽線であっても、一日の間で株価がどのように変動しているかが大切なのです。

一日の株価の変動のなかで売買のチャンスは何度かあります。下げから上げへの転換、上げから下げへの転換、これらが繰り返されるごとに売買の注文が可能になってきます。

安値で買い、大引け近辺で上げていれば、その日の安値を買った人は「引け値」での売りで成功を収めることができるのです。しかし中途半端な売買を行なっていると、損切りで手仕舞うことになります。

デイトレでは、売買のための技術とリアルタイムでの株価変動への対応が求められます。

そして情報の鮮度がよければよいほど、チャンスを多く掴むことができるのです。

日足ではたくさんの変化を見落としてしまう

■ある銘柄のある時間について5分足で見てみると

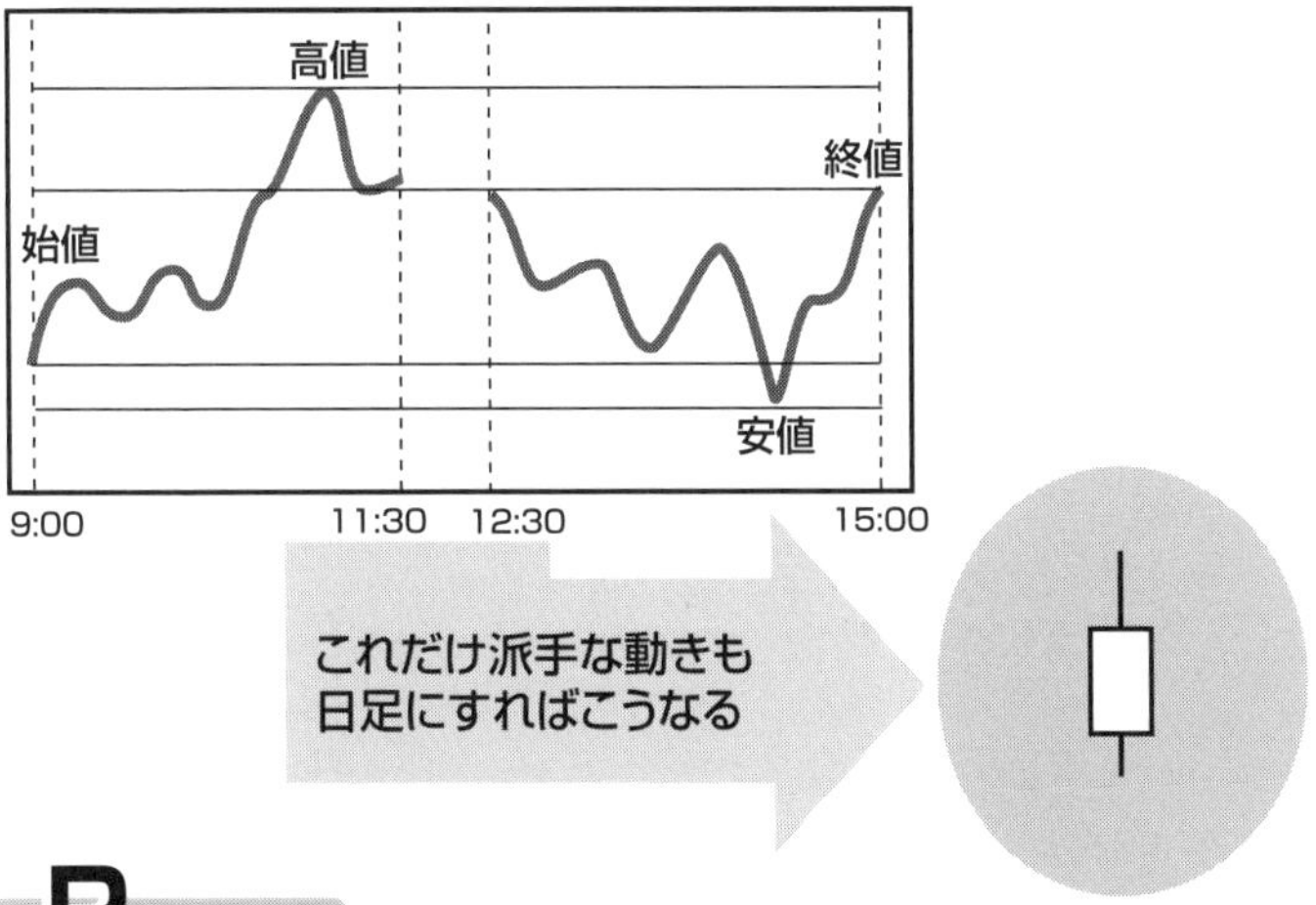

Point!

日足は短期売買のためのローソク足。超短期のデイトレでは5分足のほうが重要!

9 5分足と「気配値」※1を並行してチェック！

デイトレを行なうには、リアルタイムで「気配値」を見ていきます。刻々と変わる気配値と「出来高」※2で、「今は上がっている。買いが強い」「今は下がり出した。売りが多い」ということを読んでいきます。しかし数値だけで、実際に株価の動きを読むことは困難です。

数値だけでは、株価の方向性についての認識がしにくいのです。

数値のみの動きでは、相場観について今一つ方向性を見い出すことはできません。そこで役立つのが5分足です。ローソク足は、株価が上に向いているのか、下に向いているのかを視覚的に明らかにします。そのうえで、数値で表している気配値と並行して見ることで、より高い精度で相場の動きを読み取れるのです。

株式の売買は人間が行なうことですから、できるだけ有利な環境で行なうほうが的確な判断が可能になり、注文のスピードも上がります。

ただでさえプロに比べると不利な立場にある個人投資家は、情報の環境を最善にすることで儲けの確率を上げていくことが大切です。

5分足と気配値の併用で確率アップ

売数量	気配値	買数量
10,000	503	
3,000	502	
5,000	501	
	500	6,000
	499	3,000
	498	8,000

株価は500円 vs 501円の攻防

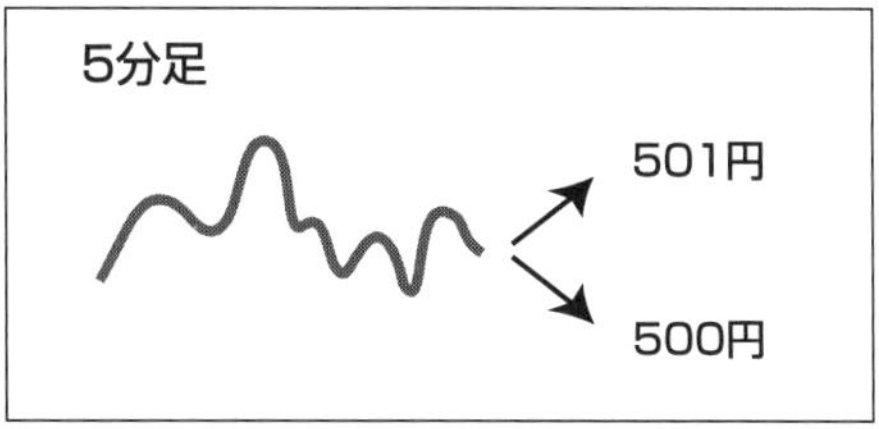

Point!

気配値と5分足の双方を念入りにチェックして的確な判断をせよ

※1それぞれの株価にどのくらいの売り、買いが入っているのかが証券会社のホームページに表示される

※2ある銘柄の売買出来高のこと。5分間、一日間というように期間で表示される

10 5分足の集合体を作ってみるのも良策だ

5分足は5分間の株価の動きを表すローソク足です。ほかにも10分足や30分足も作れます。さらには60分足、120分足なども作ることが可能です。

これらを作ることで、5分足ではわからない株価の動きを読むことができます。

たとえば、左図のように、10分足で見ると二つの5分足が「下ヒゲ陰線」になっています。これは「下値限界」のシグナルなのですが、このように2本の5分足を組み合わせれば、わかりにくい面が鮮明に読めてきます。ただ陰線のあとに陽線が出てきていますから、これは下に向いた株価が反転して上げてきたということで、「株価の動きは下値限界かな」くらいのことはわからなければなりません。

左下の図は、6本の5分足を組み合わせて30分足にしたものです。上下に長いヒゲの陰線となりました。つまり、株価への迷いがあると読み取れます。

それぞれの組み合わせには、株価の動きに対する予測の材料が込められているので、これをもとに売買作戦[※1]を立てるのもよいでしょう。

複数の5分足を組み合わせてみる

2本の5分足で10分足を作る

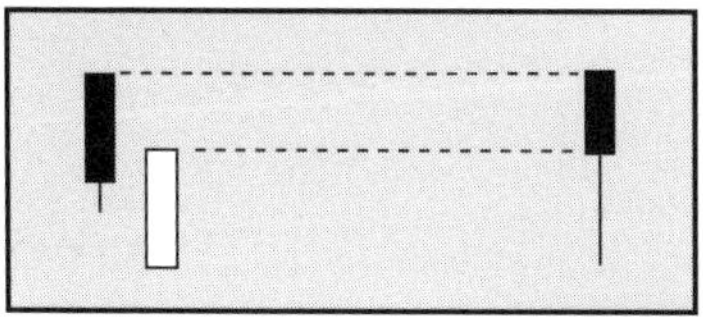

下げの過程に見えるが、下値での買いが強いことがわかる

6本の5分足で30分足を作る

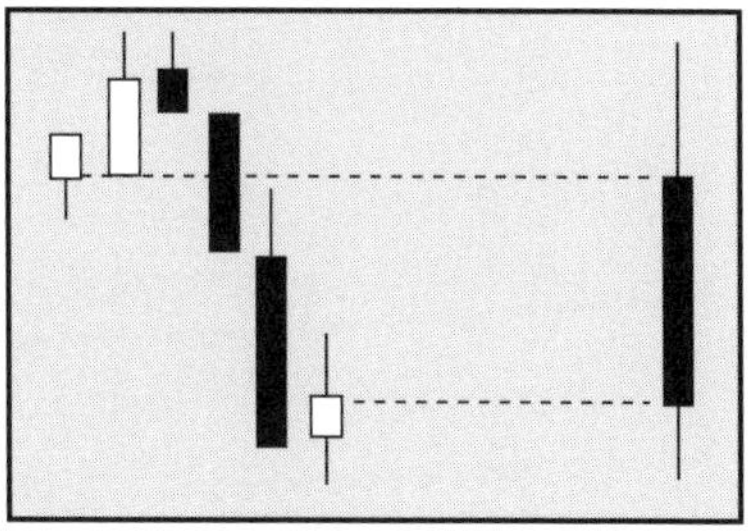

上ヒゲ、下ヒゲが長く出ているので、大陰線に迷いが見られる

Point!

複数の5分足を合わせて簡素化してみるのも売買判断に効果アリ!

※1どの銘柄をいくらで買い、いくらで売るかを考えること

PART2 のまとめ

◎デイトレをやるなら、５分足を使わないと成功の確率が格段に低くなる

◎５分足だからといって意味が少ないことはなく、日足・週足と同じように株価の先読みに活用できる

◎５分足にも２本の移動平均線ができ、株価の方向性が読める

◎気配値や出来高という数値だけではなく、視覚に訴える５分足の売買判断に及ぼす効果は極めて大きい

◎人間がやることなので、数値のみではなく、視覚で株価の動きを見ることも必要である

◎日経平均の５分足と個別銘柄の５分足を併せて見ると効用アップ！

◎株価の動きを予測するためには、できるだけ多くの情報を得るのがよい

PART3

DAY TRADE

5分足で判断する「買い」32のタイミング

1 下ヒゲは高い確率で買いのチャンス

ローソク足に出る下ヒゲほど、投資家にとっておいしいシグナルはありません。銘柄によっては一日のうちに何度も出るときがありますが、そのほとんどは株価が下値に届き、反発の場面で出ることが多いのです。

このシグナルを確認したら、直ちに買いを入れましょう。素早い買いがその後の株価の戻しや反発の場面で利益を確保できる可能性を高めます。

株式投資では「どこで買うか」が重要なポイントです。ところが「ここが買いかな」と考えても躊躇してしまいがちです。予測が必ずしも当たるとは限らないからです。つまり、完全に予測できるデータがないのです。

しかし株価が下落したときに下ヒゲが出ると、極めて高い確率で株価の上げが予測できますので、買いのタイミングとしては最大のチャンス到来です。

なぜなら株価が当面の底値をつけるという形になっていて、「あとは上げしかない」という株価の動きを暗示しているからです。ここでの買いの成功率は極めて高いことになります。

下ヒゲは買いのチャンス到来のシグナル

■住友電気工業（5802）の日中足

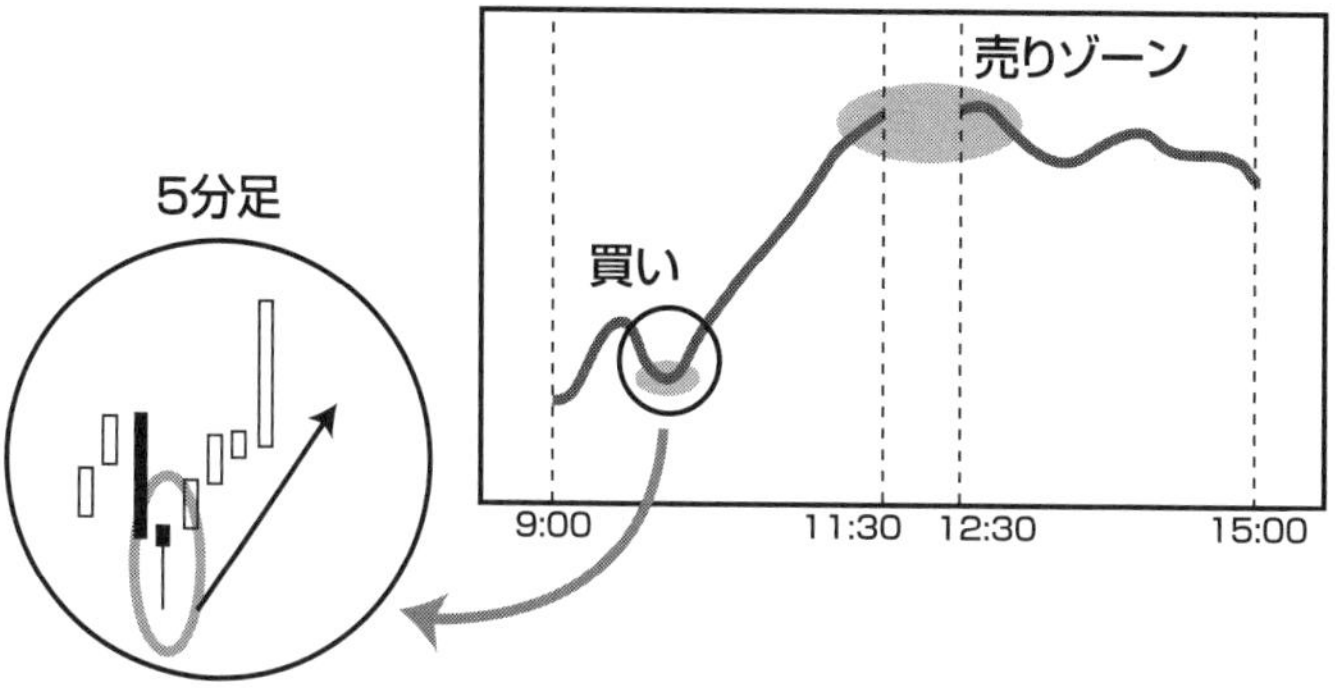

Point!

下ヒゲが出たら直ちに買いを入れる。それによってその後の株価の上昇で利幅が取れる

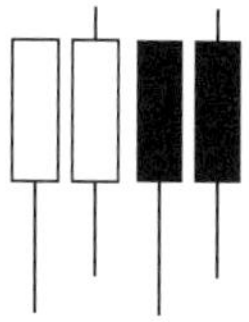
※買いのシグナル「下ヒゲ」
下ヒゲは長いほど信頼できる

2「下ヒゲの駄目押し」なら即買い

下ヒゲのタイミングで買いを入れてもまた下がり、再び下ヒゲが出る。こういうケースもときにはあります。このシグナルを「下ヒゲの駄目押し」といいます。

売りの勢力が売っても売っても買いが入り株価を戻すので、下ヒゲとなるのです。この形になると、投資家は「この下の株価はないな」と判断するようになります。そのために、たとえいかなる売りがあっても買いが多くなり陽線が出てきます。それが「買い安心」につながります。すると株価は買い一色になり、急反発します。

2本の下ヒゲ、あるいは下ヒゲのあとに陰線が出たときは、下値の強烈な確認になるので、買いを入れなければなりません。それも「即時」に行ないます。早ければ早いほど株価の上昇の幅が大きく取れるので、もたもたしていてはいけません。

上げ始めても、際限なく上がるのではなく、やがては持ち合いに入ります。そこで「売り逃げ」[※1]をします。この機会を逃すと今度は不利な「売り急ぎ」[※2]になってしまいます。タイミングを逃さないように注意しなければなりません。

「下ヒゲの駄目押し」を見逃すな!

■日産自動車(7201)の日中足

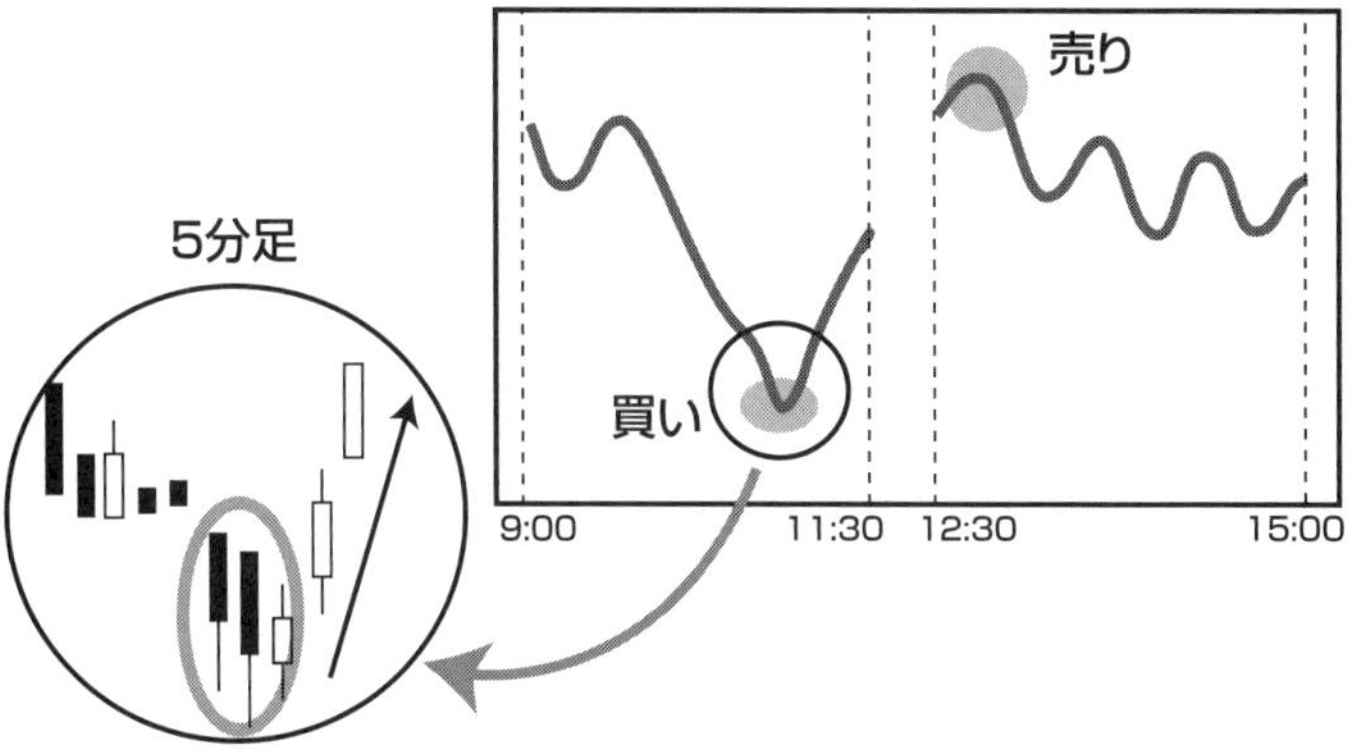

Point!

まわりに余分な足があっても、下ヒゲのあとの陽線は買いを入れる絶好のチャンス!

※1売って利益確定をすること
※2慌てて売ること

※下ヒゲの陰線

「下げの駄目押し」になり、反発しやすい

3 下値に出る「三角持ち合い放れ」は有望！

株価が朝から下値近辺で小刻みに上下しているときには、その動きをしっかりと追いかけていく必要があります。

下値のままで終わり、さえない株価になるときもありますが、それは日経平均株価がさえない日だったからです。日経平均株価が上がっているときは、その銘柄の需給関係でたまたま一時的に持ち合いに入っているだけなので、株価の方向は上に向いてもおかしくはありません。

しかも、株価の上げ下げの振幅が次第に小さくなる「三角持ち合い」では、次の瞬間の陽線が上げのサインになります。したがってここで買いを入れてください。今まで売っていた人が様子見に入るので買いが優勢になり、株価は上に向いていきます。買った株はたちまち含み益が発生し、利益確定のチャンスが生まれます。

株式投資では、上値に飛びつくのではなく、いかに下値からの立ち上がりの局面で買えるかが勝負になります。このシグナルは、三角持ち合いのあとに陽線を確認するまでは慎重さを要求されますが、勝利の確率が高いので、是非実践してみてください。

底辺の三角持ち合い放れは買い

■日本電気(6701)の日中足

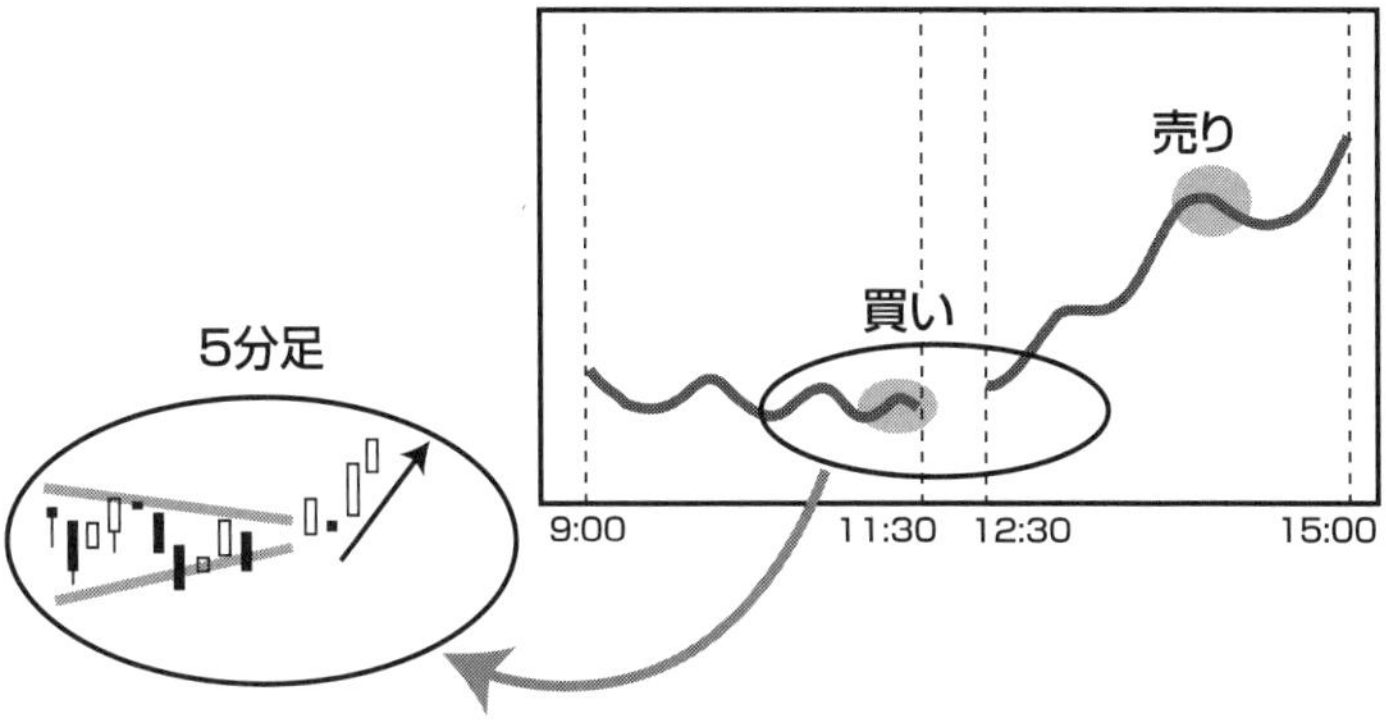

Point!

下値での三角持ち合い放れは、株価急騰のきっかけになることが多い

※三角持ち合いのあと、陰線が出たら下落する可能性があるので注意

※三角持ち合いでは、株価のエネルギーが蓄積されている

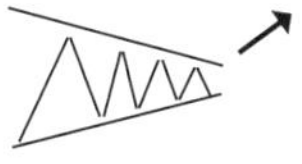

4 株価急落後の下放れの「同時線」は買い

朝から株価が急落していても、「今日は駄目か」などと考えてはいけません。下げは次なる上げのチャンスと捉えてください。

そのようなとき、チャートでは陰線続きのあとで下放れして、「寄引同時線[※1]（同事線ともいう）」が出たら転換点です。次には陽線が出て上値を追う気配になりますから、ここではすかさず「成り行きの買い」を入れます。これは下ヒゲの長い同時線で、下値でのせめぎ合いを示していますので、株価反転の可能性があります。このサインを見逃さないことです。

そのあとで反発がやってきますが、上値はどこまであるかわからないので、日経平均株価の勢いも見つつ、あまりさえないようであれば、「下げの反動高[※2]」の場面で逃げてしまいましょう。

それだけでも利益は確保できるはずです。デイトレではわずかな株価の変動で利益を出していかなければなりません。株価の急落場面は、「株価の仕込みのチャンスが近い」ことを感じ取るべきです。上げに乗るのではなく、下げの反発に乗ることが大切なのであって、この時点での株価の下放れはまたとないチャンスだといえます。

下落の底で出る「寄引同時線」に注目

■不動テトラ(1813)の日中足

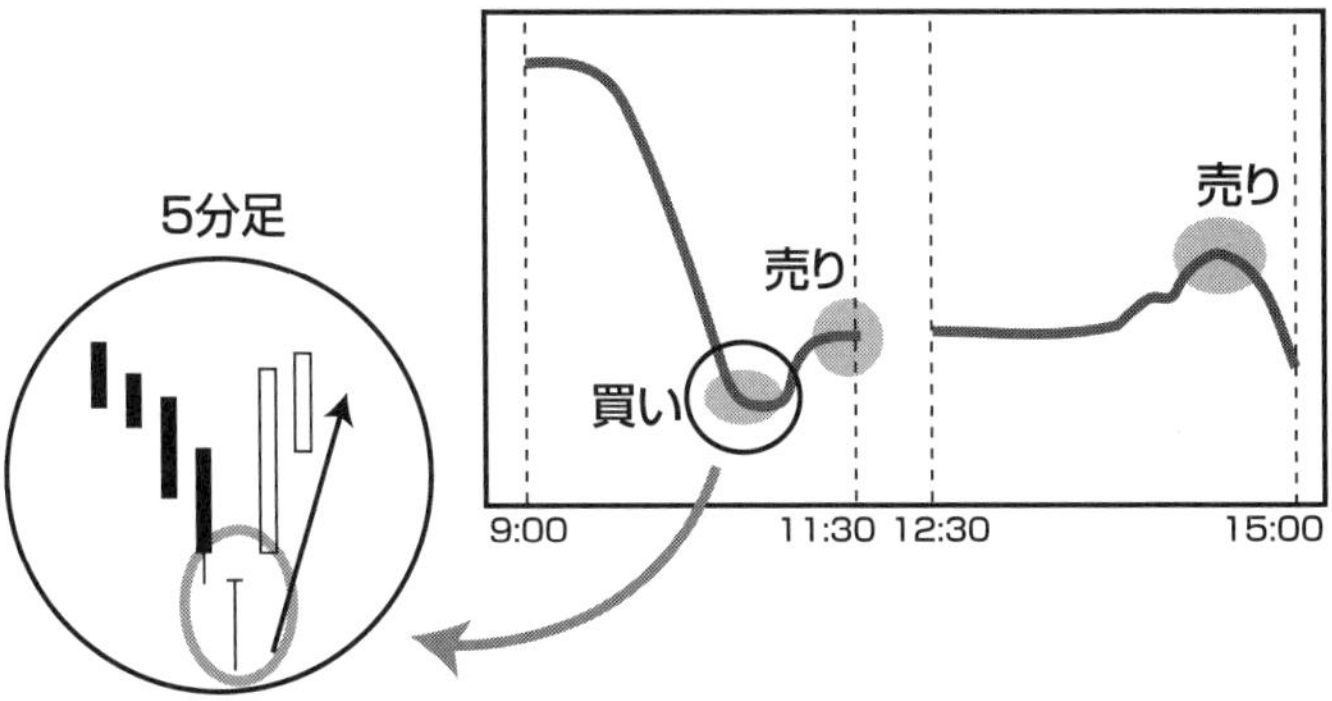

Point!

株価の下降局面で下に放れた寄引同時線が出れば、そこが買い場になる

※1寄り付きと大引けが同じ値

※2下げのあとで株価が上がること

※相場の転換点となる寄引同時線

5 下値での十字線は「下げの駄目押し」

下値のシグナルは、明確であればあるほど、賢い投資家は「次は上げに入るはずだ」という意識を強く持ちます。

そのとき、下値に達した段階でどのようなローソク足が出るかということがポイントになります。左図のチャートのように、二つの「迷い」というべき十字線（「寄せ線」ともいう）のローソク足が出ていると、タイミングがわかりやすくなります。

この十字線は「売りのクライマックス」となる可能性が高いのですが、次の段階で株価が上に行けば、明らかな上値取りの動きになりますので、これは見逃してはいけません。すぐさま買いを入れます。十字線が下放れしていればなおさら、テクニカル分析に長けた人は「ここは買いだ」という判断をして積極的な買いを入れるでしょう。

そうなると、この銘柄のような「指標株」[※1]は市場全体の注目の的になるので、さらに買いが集まってきます。早い者勝ちになるのです。上がってから気がついて乗ったのでは「遅い」といわざるを得ません。このようなローソク足の習性を頭に入れている人は、買いも早いので利益確定のタイミングも取りやすいのです。

「ダブルの十字線」は明確な買いシグナル

■三菱UFJフィナンシャル・グループ(8306)の日中足

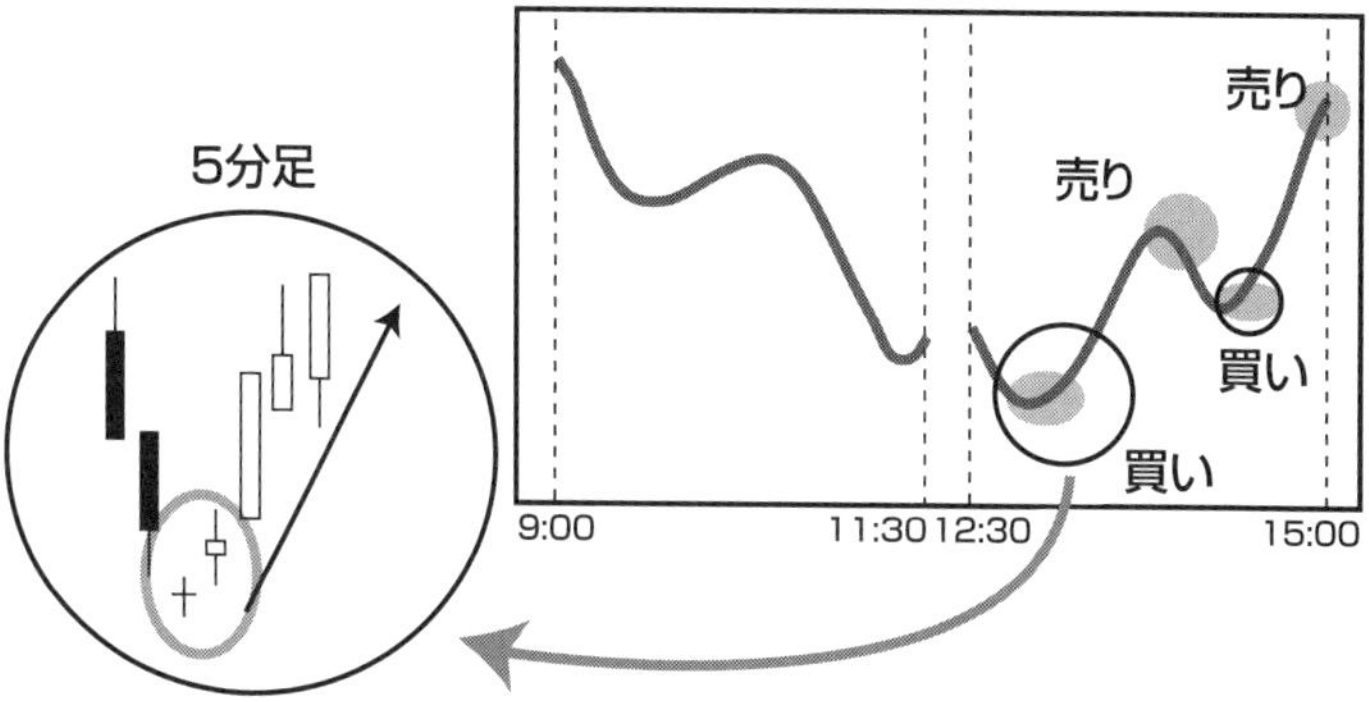

Point!

下放れして出た十字線のあとの上げは、成功率の高い買いチャンスだ!

※1日経平均に採用されているような銘柄

※下値での十字線は、売りに追随する人が多いことを示す

6 反発が期待できる「やぐら底」の下値

朝から株価が下げてきたときは、すでに述べたように「どこで下げ止まるか」のタイミングを見極めることが重要です。倒産株でない限りは、下げ一方ということはありません。株価は必ず上昇・下落を繰り返します。

なかには「朝高の引け安」[※1]となる銘柄も見られますが、そのような銘柄は売買の対象からははずすことになります。

一般的に、一日の株価の動きでは、下げのあとには必ずといってよいくらい上げがやってきます。左図のチャートでも下げの最終局面で大きな陰線が出て、そのあとで持ち合いになっています。ここが注目点で、「やぐら」のような形で株価が底をつけて反発に転じるような気配が見えたとき、次の瞬間に陽線が出て反発に向かっています。

デイトレでは、この瞬間を見逃してはいけません。下げたあとの反発が唯一の仕込みのタイミングです。デイトレではわずかな株価の変動でも見逃さないで、しっかり差益を取らなければ勝ち目はありません。下げからの反発こそが絶好のタイミングです。

底値圏で「やぐらで持ち合い」なら即買い!

■数多くの銘柄に出る日中足

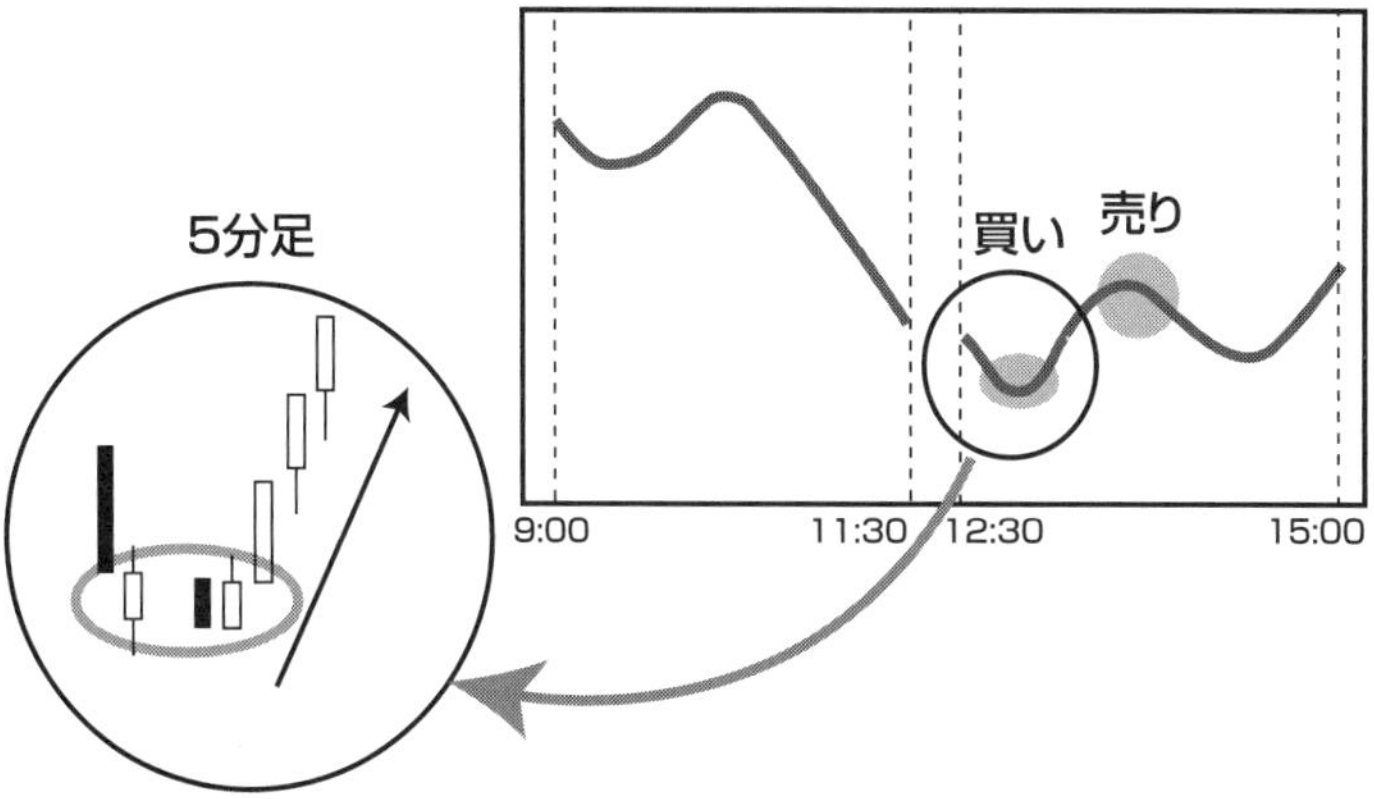

Point!

相場が下がってきた時点で大きな陰線のあとに持ち合いの足が続き、上げ始めたら買い

※1朝に高く始まったが、大引けで安くなること

※底値での持ち合いは、ときが過ぎると反発しやすい

7 「三手大陰線」の大幅下落に怯えるな！

株価の下落が長く続き、底値圏になると多くの弱気筋の投げや損切りが目立ちます。これが3本連続の大陰線などになるのです。大陰線での大幅な下落では、たいていの投資家は焦り、落胆します。しかし、ここで同じ行動は禁物です。「闇が深ければ暁は近い」といわれるように、これは総弱気のあとの「売り尽くし」[※1]の状態だからです。

そのあとには、買い戻しや底値買いの行動が目立ってきますから、まずはこの動きを虎視眈々と待ち構えます。そして陽線が出たらすかさず買いましょう。そのあとは、のんびりしていないで逃げる態勢に入ります。

「買ったらすぐ逃げる」――。このタイミングこそがデイトレで勝つための鉄則。

上がっているうちに逃げなければ、次の瞬間には利益確定の売りが出て下がるのは見え見えなのですから、遅れてはいけません。左ページの銘柄の場合、「三手大陰線」を見極めて、3本目の大陰線か、次の陽線で買った人は大きなチャンスを得たことになります。

「三手大陰線」が出たら買い

■三越伊勢丹ホールディングス（3099）の日中足

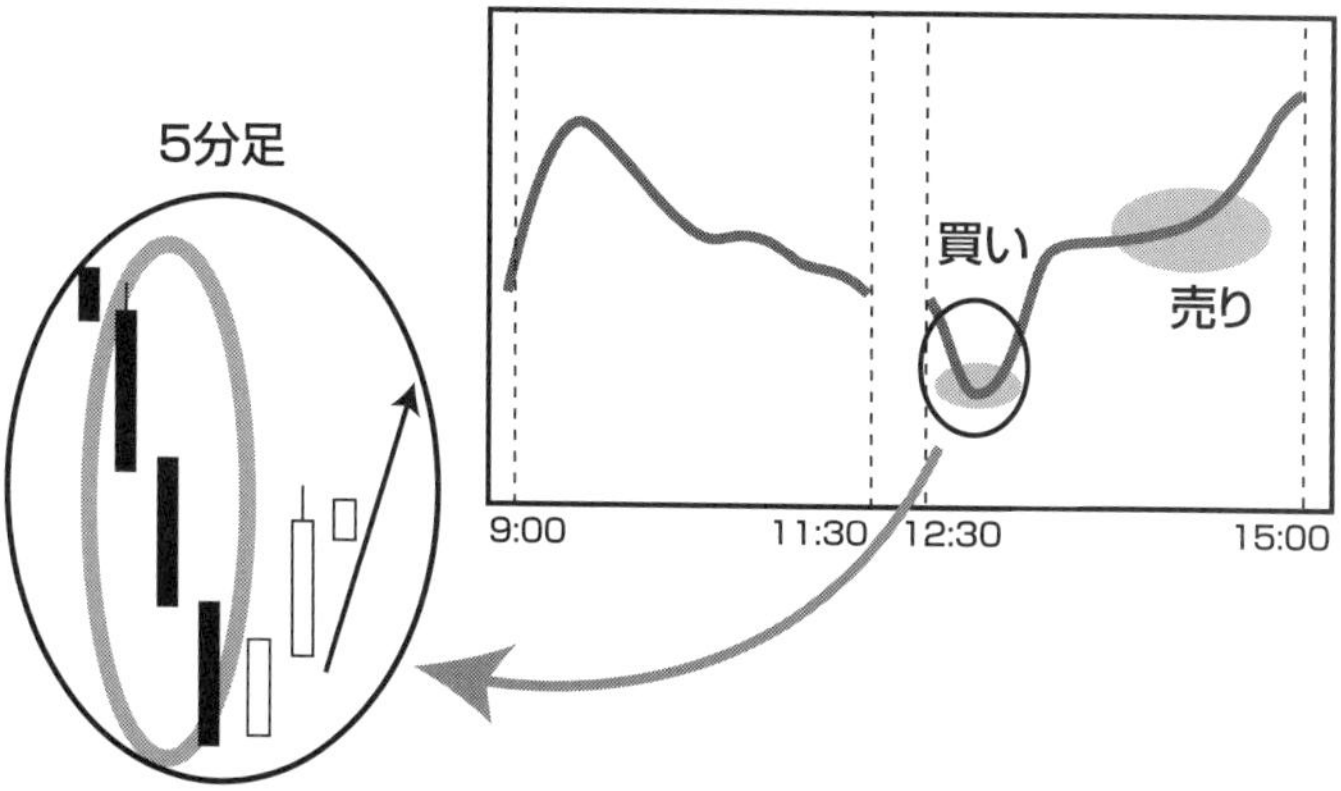

Point!

長い下げのあとで、急落の大きな陰線が3本出たあとは、急騰する可能性が高い

※1弱気筋の売りが途絶えること

※陰線続きは反発のチャンス待ちになる

8 底値圏でキラ星「逆襲の陽線」を見逃すな！

ローソク足の形は、相場の投資家心理を如実に表します。陰線が出れば「弱気」であり、陽線が出れば「強気」が相場を支配します。

左図のホギメディカルを見てみると、下落が続くなか、弱気の陰線が出たあとで、一段下がった位置から買い戻しの動きが強くなり、窓を開けて陽線が出現しています。結果的に弱気から強気への転換点になっています。この底値で現れた陽線が「逆襲の陽線」です。

ひとたび強気が支配すると、投資家は先を争って買いに走るようになりますから、素早く買いを入れます。少しの遅れも許されません。そして利が乗ったら売ります。同じような考えで売買を行なっているネット投資家がどんどん利益確定の売りを出してきますので、その段階で逃げておかなければなりません。

買いのタイミングのあとには、すかさず次なる売りのタイミングがやってきます。だからこそデイトレでは俊敏さが必要なのです。「逆指値」といって、「いくらになったら売り」という行動は理論的にはあっても必ずしも成功するとは限りません。

いくらであろうと、利が乗ったら売る――。これしかありません。

「逆襲の陽線」は素早く買いを入れる

■ホギメディカル(3593)の日中足

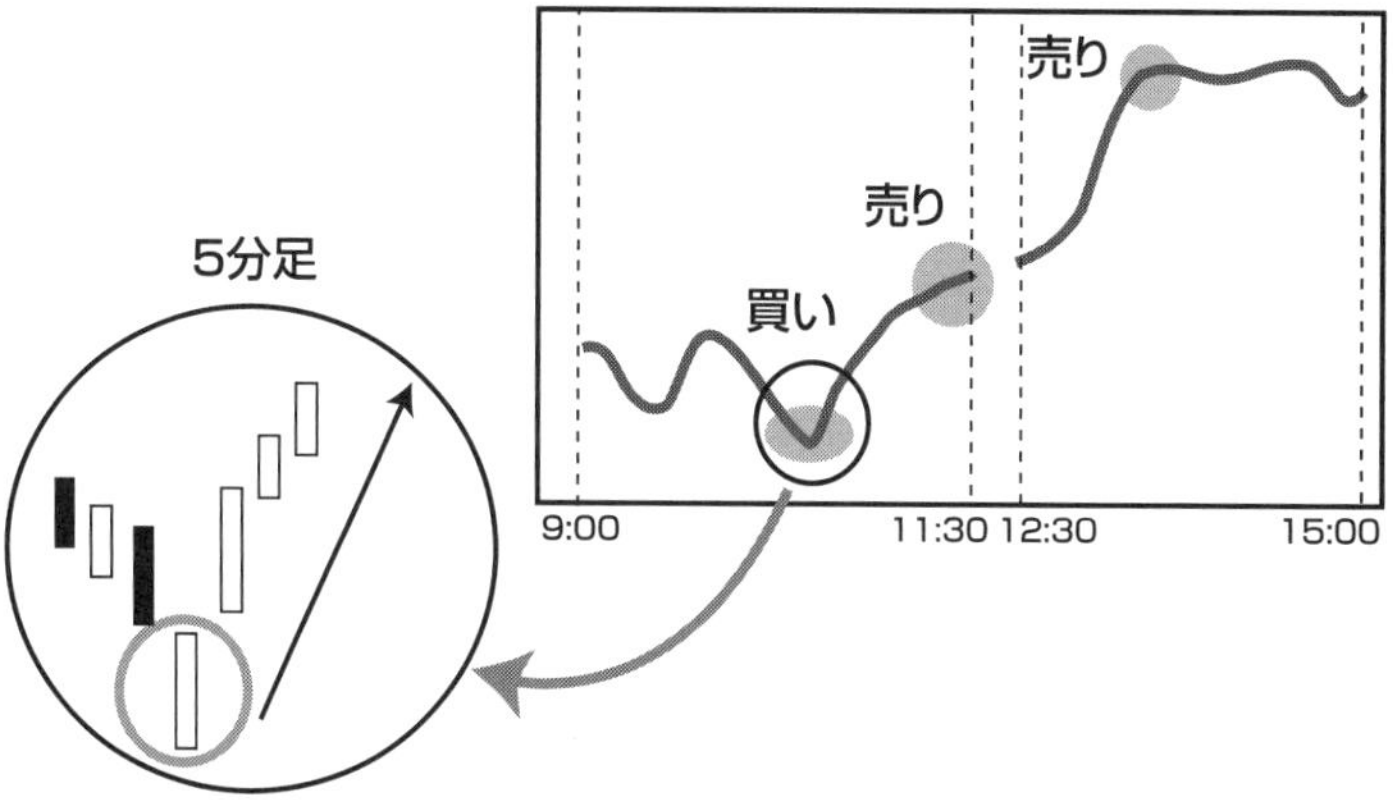

Point!

陰線が底値圏で出たが、それを下から上に強く上げる陽線が出たら買い

※陰線と陽線は売りと買いの力関係になる

9 上げ過程での「包み線」で上げを確信

株価が底値圏を脱して上げ始めても、素直に上がるとは限りません。「やれやれの売り[※1]」が出やすいのです。これはいわゆる「押し目[※2]」ですが、次の段階で陰線を大きく包む陽線（「陽の包み線」「抱き線」ともいう）が出れば、株価は上に向いていく可能性が高くなります。そうなれば、「相乗り[※3]」が成功の鍵になります。

左図の日本ファルコムでは、包み線の出現のあと上値が大きく、利幅を取れるチャンスがしっかりとやってきています。

結果的にこのようにうまくいくときもありますが、いつもそうなるとは限りません。

前日のニューヨーク市場が高く終わったときは、日経平均株価も個々の銘柄も上げることが多いので、もし1万株を仕込んだら、何回かに小分けにして売り上がり[※4]ましょう。

結果的に下げの局面の前ですべてを売りつくす作戦を取ることで、利益確保はうまくいくはずです。一発勝負で高値の幅を取ることを望みがちですが、大きなリスクを負うことも十分にあり得ます。したがって、小刻みに売り上がる戦法が望ましいでしょう。

この買いのサインはややもすれば見逃しがちですが、重要な上げの始まりを示しています。

「陽の包み線」は上げの始まり

■日本ファルコム(3723)の日中足

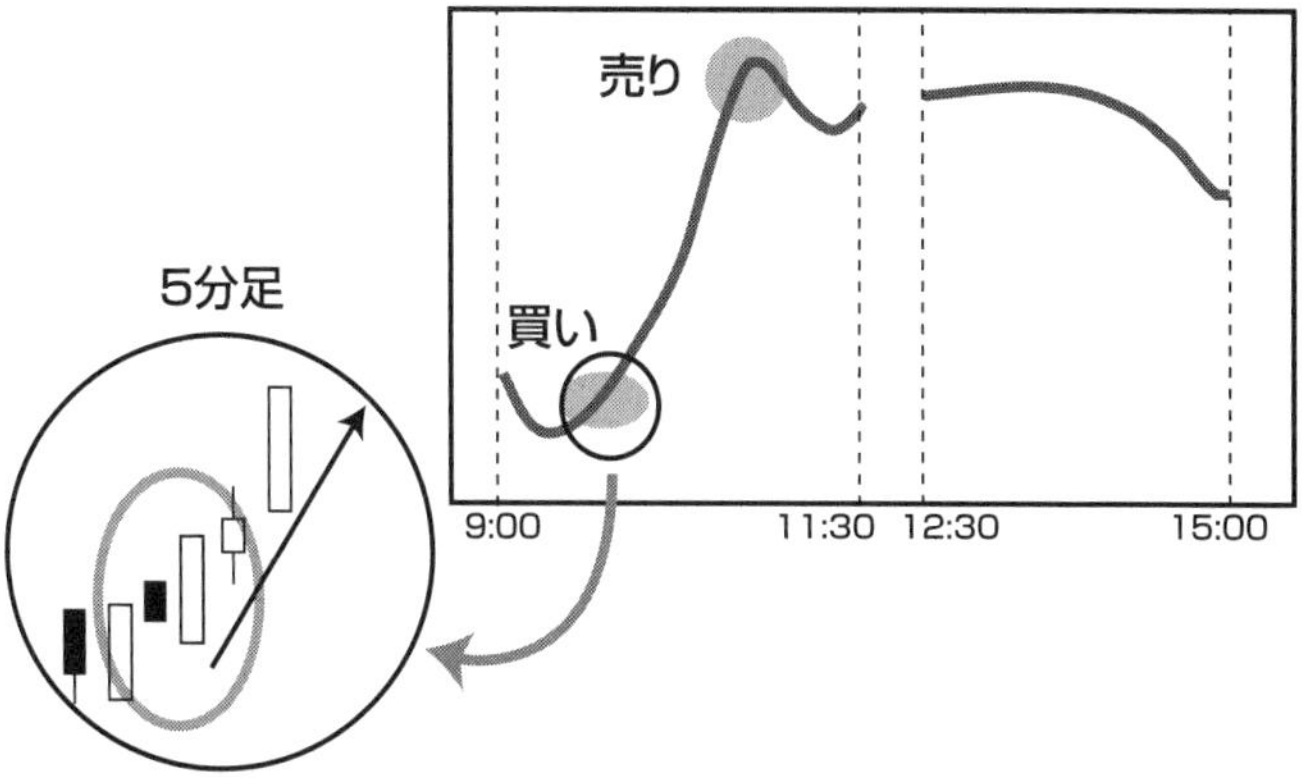

Point!

安値圏で長い陽線が陰線を包むように出ると、株価が上がるサインである

※1上昇過程で損をしている人が売ること
※2上昇途中の下げ
※3便乗して買うこと
※4利益確定を何回かに分けて行なうこと

※陽線続きのなかの陰線は仕込みのチャンス

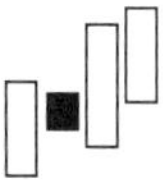

10 一時的な下げの演出「差し込み線」はチャンス

株式の売買では、売買の気配の「騙し」は日常茶飯事です。いかに他人を騙し、脅かし、それに乗じて「安く買う」という手法は、プロの投資家が実践する戦略です。

とくに上げ過程では、多くの株数を仕込みたいので、売り浴びせて[※1]、「相場を冷やし[※2]」ながらの株価操作が見られます。

気配値に大きな売りを出しておき、それを見た投資家が「早く逃げなければ」という気になれば思うツボです。なぜなら慌てて出てきた売りを吸収することができるからです。左図の5分足ではそのような動きを見せています。

しかし小手先のやり方は見破られやすく、一時的な下げであった株価は大きく値上がりしだし、陰線が出ても次の段階ではそれに立ち向かう陽線が出てきます。この「差し込み線（陰線）」が買いシグナルになるので、下値でうろついていた株価は急に上がり始めます。チャンスを見逃さずに買いを入れた人は、すぐに利益確定の売り場がやってくるので、すかさず売り逃げるのが得策です。

欲を出して高値を狙っていると結局は損をします。そこそこの成果を望みましょう。

上げ過程の「差し込み線」は買い

■住友ベークライト（4203）の日中足

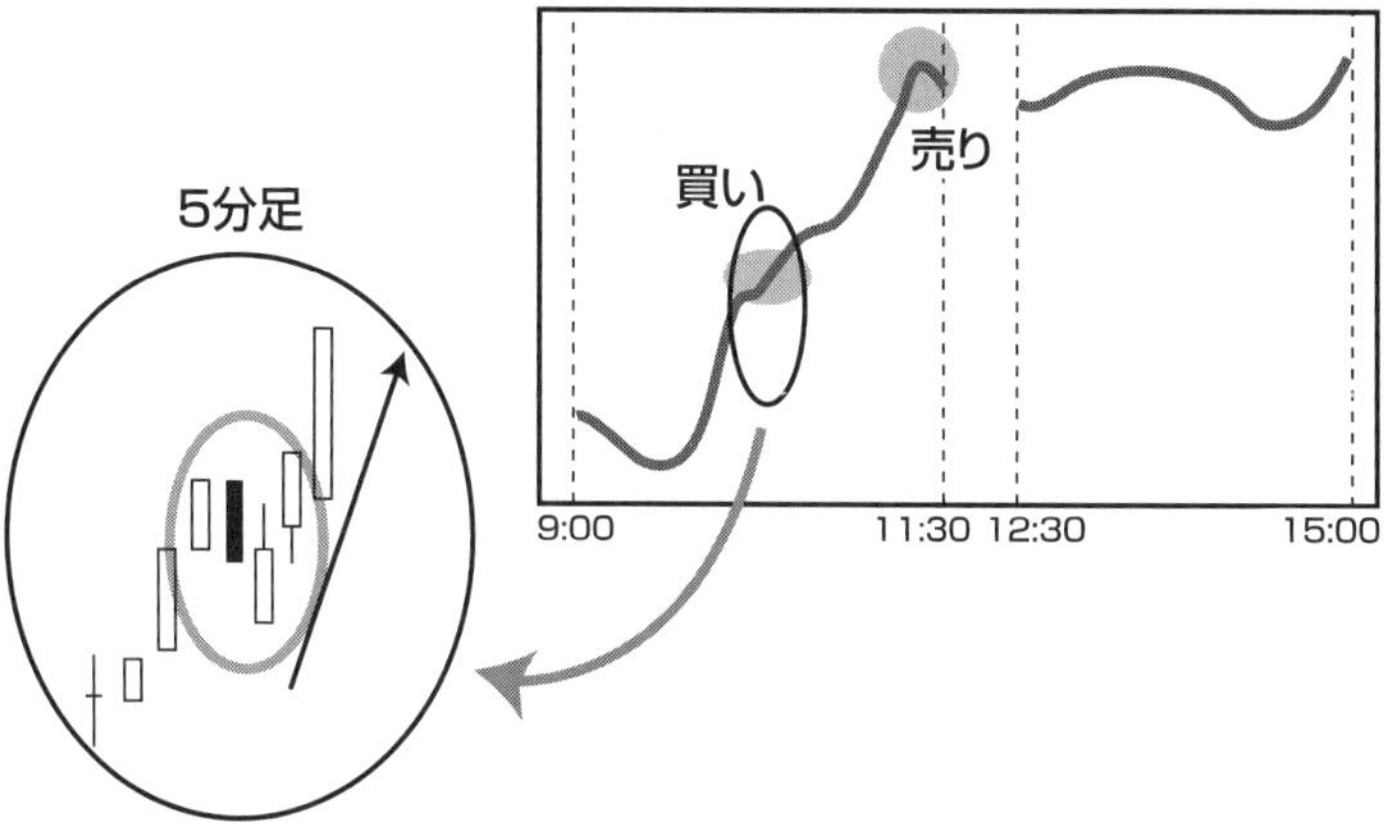

Point!

差し込み線は「目先筋の振るい落とし」[※3]を狙ったもので、その後、上げが加速する

※1意図的に売りを出すこと

※2加熱した株価の上昇を抑えること

※3仕手筋が相乗りの買いの人を慌てさせて売らせること

※上昇トレンドでは、株価が上がると必ず売りが出るので、株集めのチャンスとなる

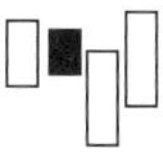

11 下落後の「下値での持ち合い放れ」には乗れ！

その日の全体の「相場ツキ」[※1]に個々の銘柄の株価は大きく影響されます。それでも、業績のよい銘柄や好材料のある銘柄は反発の場面があるので、その動きを見逃してはいけません。

左図の積水化学工業は、朝は売りに押されましたが、前引け直前[※2]に下値での持ち合い場面が見られ、そのあとに株価は陽転し、上昇に向かいました。

このような底値での動きはしばしば出てきますので、虎視眈々と買い場を探すことが大切です。余程の悪い銘柄でなければ下げたあとには反発があります。

株価の下げこそ、次なる瞬間で株価の反発が到来する絶好のチャンスをもたらします。株式投資では、「上げに乗る」というよりは、「下げからの反発に乗る」ほうが勝率をはるかに高めることができるのです。

売る人が売ったあとの「あく抜け」[※3]では買いしかないわけで、そのサイクルをうまく活用しない手はありません。山と谷がある株価の動きで、常に谷から山への転換点を狙えば、勝率は飛躍的にアップします。

下落後の底値での持ち合い放れは買い

■積水化学工業(4204)の日中足

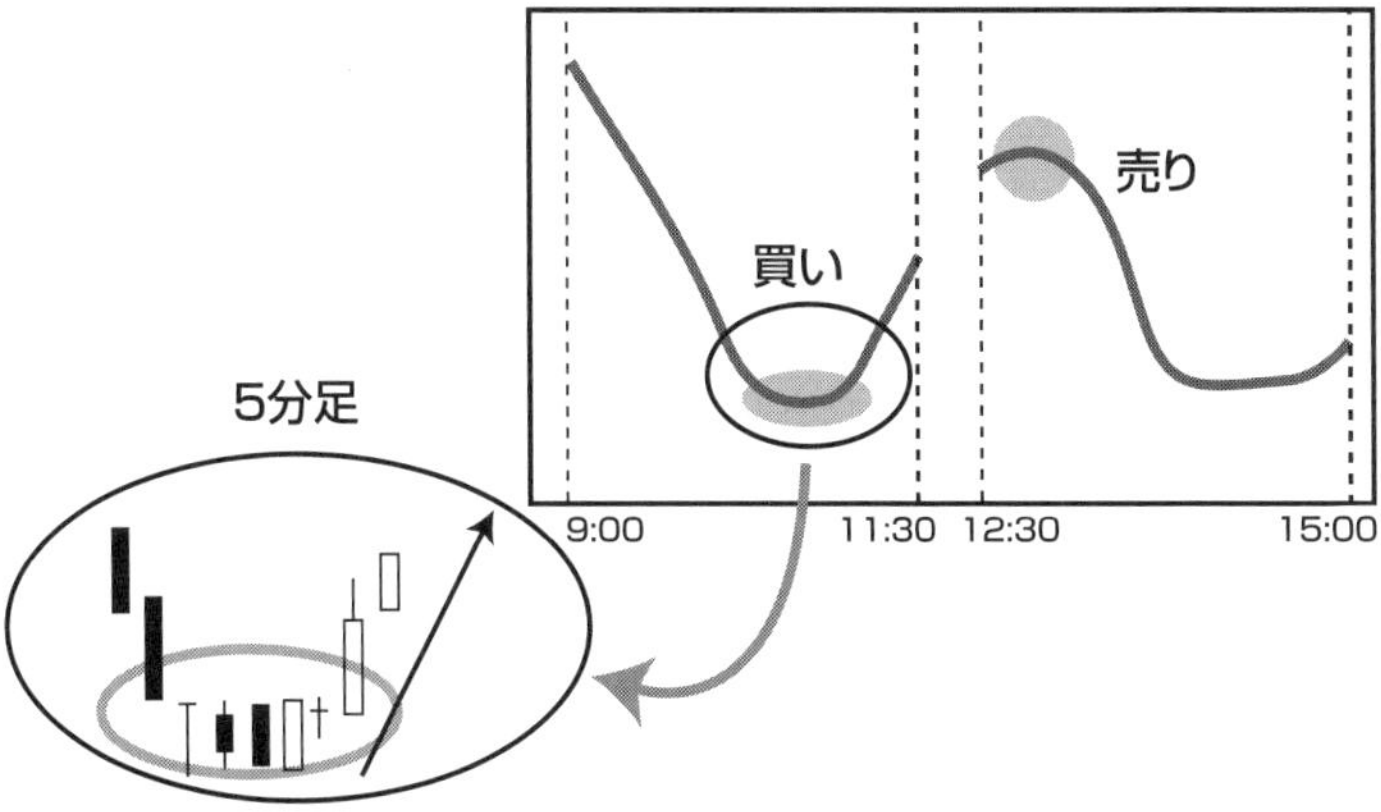

Point!

下落の途中で大陰線が出て持ち合い相場になり、反発に移れば、そこが買いチャンス!

※1株価の動き
※2午前中の11時30分の取引終了のこと
※3悪材料や売りを消化して株価が上昇すること

※持ち合い放れは、売りがなくなった証拠である

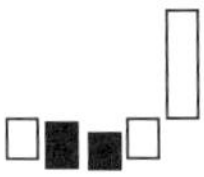

12 「陰の陽はらみ線」[※1]なら上昇！

ローソク足は小さな組み合わせでも需給関係を反映しているので、相場を大きく左右する場合があり、見逃すことはできません。小さな動きのなかにも投資家心理が隠されていることに注目すべきです。

左図のコニカミノルタは、一日のなかで何度か上げ下げしていますが、下げから上げへの動きに「買いのサイン」が出ています。「陰の陽はらみ線」というものです。

長い陰線が出たあとに、そのローソク足にすっぽり入る小さな陽線のローソク足が出ると、下げの終わりを示します。同時に株価の勢いは上げへ転換したことを示すのです。

この銘柄では、シグナルのあとは一気に上値を追う動きになっていることがわかります。

デイトレでは、株価が下げから上げに転換したと考えられる時点をいかに俊敏に探すかが、儲けるためのポイントです。その点で、陰の陽はらみ線は注意して見るべき重要なローソク足の組み合わせだといえます。

株価の次の展開を慎重に見ながらも、積極的に参戦するきっかけになりやすいので見逃せないシグナルです。

「陰の陽はらみ線」は上げのシグナル

■コニカミノルタ（4902）の日中足

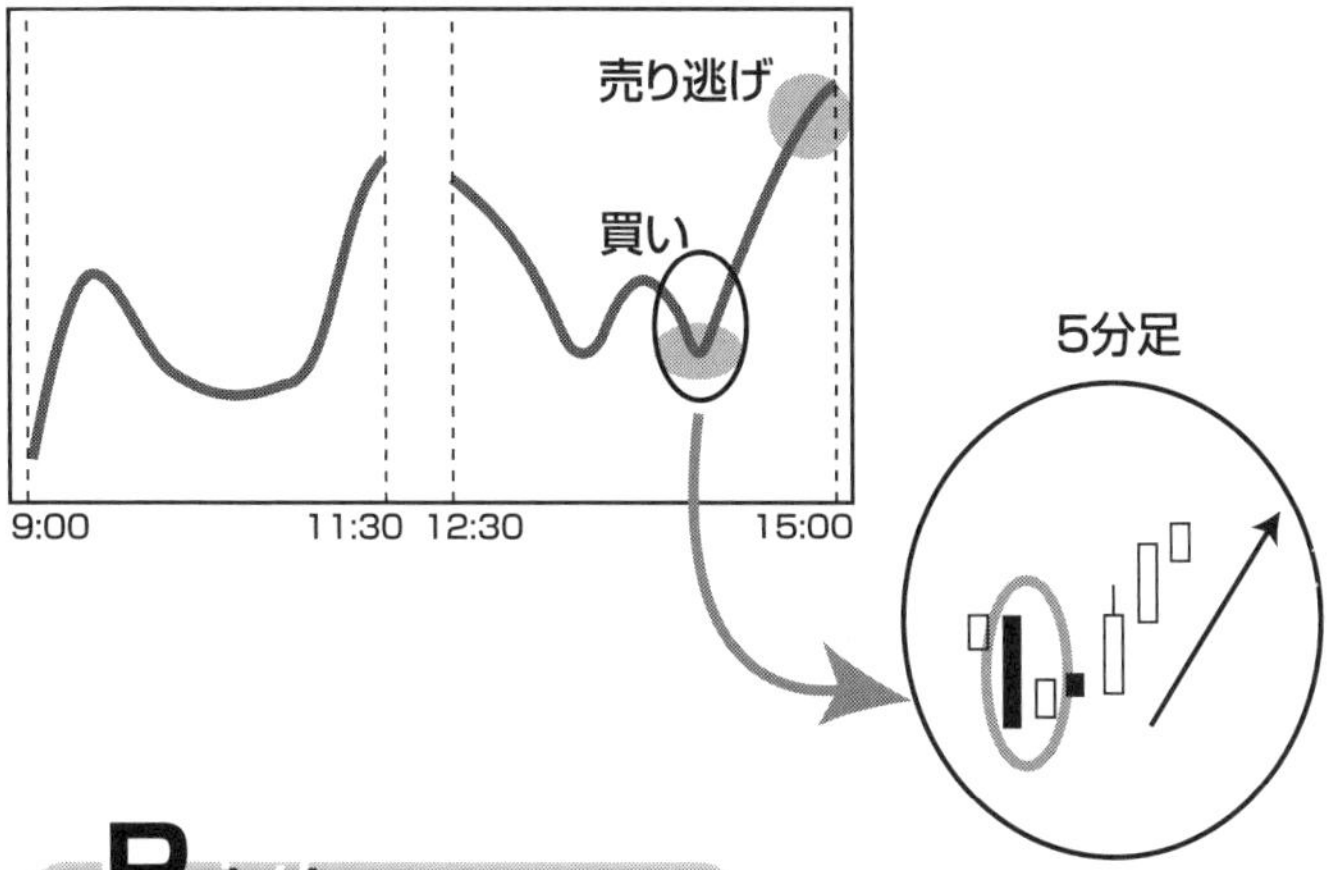

Point!

大きな陰線後に小さな陽線が出現すると、相場は下げから上げへ転換することが多い

※1陽線をはらめばその後は株価は上昇、陰線をはらめば下落する

※「はらみ」とは、株価の力関係を表す。陽線をはらめば買いの強さがわかる

13 上げが確定的な「ダブルのはらみ線」に注目！

はらみ線には、駄目押し的な「二つ（ダブル）のはらみ線」が出るときがあります。一つだけだと、「本当に上がるのだろうか」「騙しではないか」と投資家は思ってしまうのですが、二つも出たとなると、これは明らかな上げのシグナルであることがわかるのです。

一つだけでも、その後の株価は上に向いていくのですが、二つとなれば、投資家心理も上げを確信し、左図の銘柄のように株価はほぼ確実に上に向いていきます。

この事実だけは、まったく疑問を抱く必要はないくらいです。このような重要なシグナルを知っておくだけでも、株式投資での成功の確率は飛躍的に上がるはずです。

シグナルによる株価の上げの予測は、週足・日足にも同じように見ることができますので、参考にしてください。

株価のリズムは期間に関係なく、上げ下げに対する投資家心理を反映してできるものですから、それをうまく活用し、応用していくことで売買の成功率が格段に高まります。このローソク足の組み合わせも、その点では大変に役立ちます。

「陽のダブルはらみ線」は強い上げだ

■資生堂(4911)の日中足

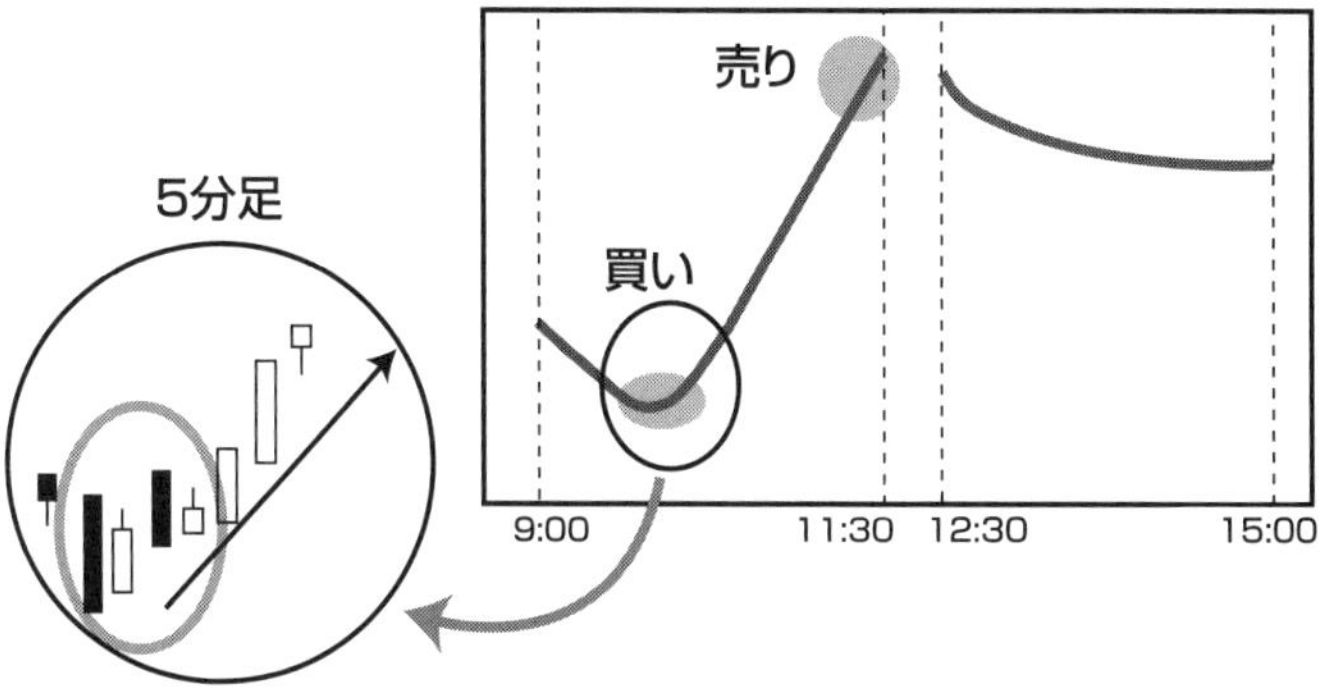

Point!

下値圏で陰線を陽線がはらむ形が2つ続けば、極めて強い買いの力関係を示す

※ダブルはらみのチャートは、上げ要因がより強力なシグナル

14 大陰線後の「高い位置での十字線」はチャンス

陰線が何本も長く続き、株価の位置が大きく下げてきたあとで、左図のように「持ち合い（迷いともいえる）」のローソク足である十字線が出ると、株価は売買のバランスが拮抗してきたことを示します。これを「大陰線のはらみ寄せ」といいます。今までの下げ過程の弱気支配が終わり、買いも入って、下げから上げへの転換の地合いになってきたことを示します。

これは「売りの終わり」と「買いの始め」を示すもので、明らかな相場の転換点となります。「早く売らなければ」と売り逃げていた弱気筋が、このシグナルを見て、「もしかしたら売らなくてよいかも」という気になるのと、気配を見ていた投資家が「底がきたかな」という判断をするので、売買のバランスは「買い有利」の方向に向いていきます。

これが明らかになれば、あとは買い一色となり、株価はぐんぐん上がっていきます。

左図の合同製鐵は比較的大型の銘柄ですが、鉄鋼相場にもひきずられるので、市況の環境がよいときには「意外高」[※1]を見せます。週足・日足でも同じように株価が上向いてきますので、下値では積極的な買いが可能になります。

「大陰線のはらみ寄せ」は転換シグナル

■合同製鐵（5410）の日中足

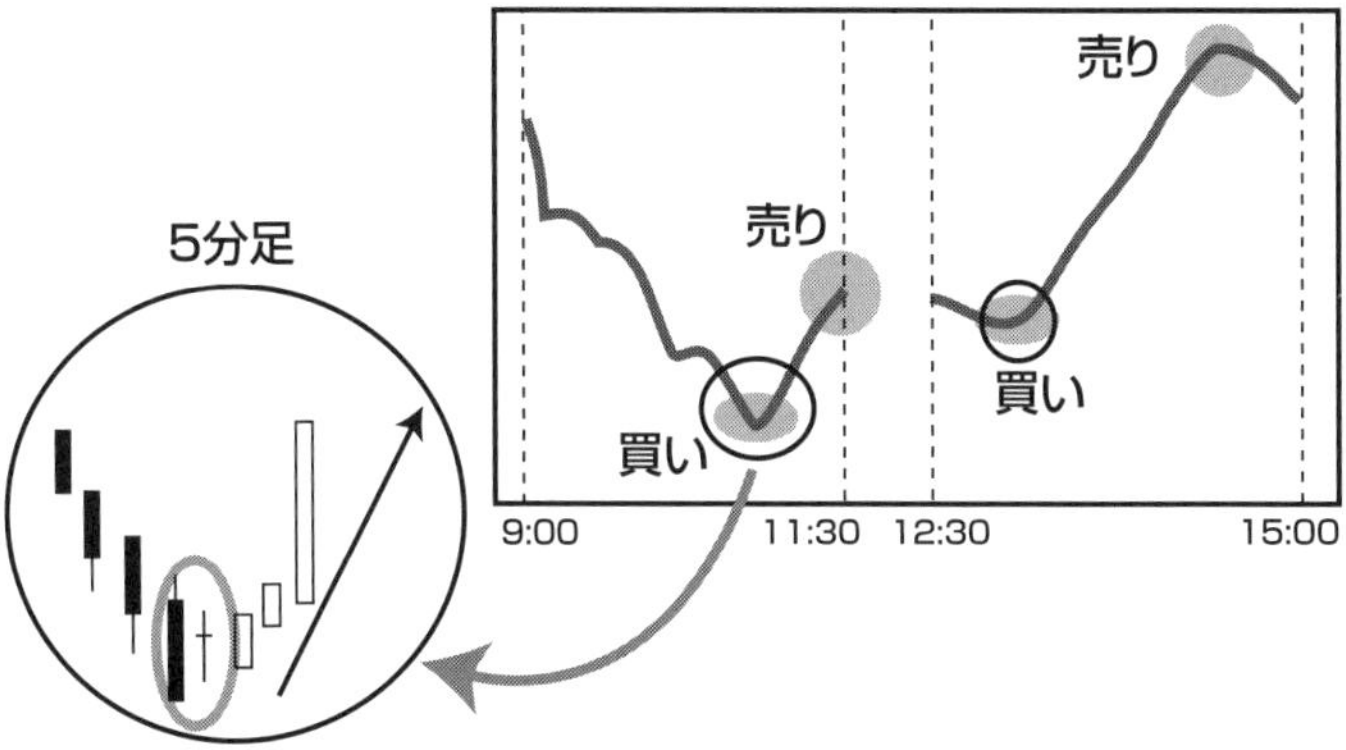

Point!

下げ相場が続くなか、大陰線後で、高い位置で十字線が出れば下げの終わりを示す

※1予想に反して上昇すること

※はらみの十字線は迷いであり、上げの予兆なので重要なポイント。陰線の上の部分に出ると上昇の可能性が高い

15 売りの終わり「明けの明星」[※1]が出たら買い

株式相場は弱気と強気のぶつかり合いです。それはある人が弱気で、ある人が強気というのではなく、同じ人が株価の成り行きで弱気にも強気にもなるということです。

左図のフジクラでは、売り一色から最終的に下放れの「慌て売り」が出て、下げ相場に終止符を打ちます。これを示す小さな陰線を「明けの明星」といいます。売りの終わりの確認です。

そうなると「売り後は高い」といわれるように、売りが途絶えれば、今度は買いの番になり、買い方の勢力が頭をもたげてきます。そうなれば、買いが買いを呼んで株価は右肩上がりになっていきますので、素早く買いましょう。

付和雷同の買いも相当入るので、高値が高値を呼んでいきます。

株価が上がるときの最大の材料は、「株価の上げと出来高」です。これが顕著であれば、買いたい人がどんどん集まってきます。そうなれば、下値で仕込んでいた人にはおいしい利益確定のチャンス到来です。間違っても高値に飛び乗ってはいけません。必ずハシゴをはずされることになります。遅れての強気は禁物です。

「明けの明星」のあとは株価が上がる

■フジクラ(5803)の日中足

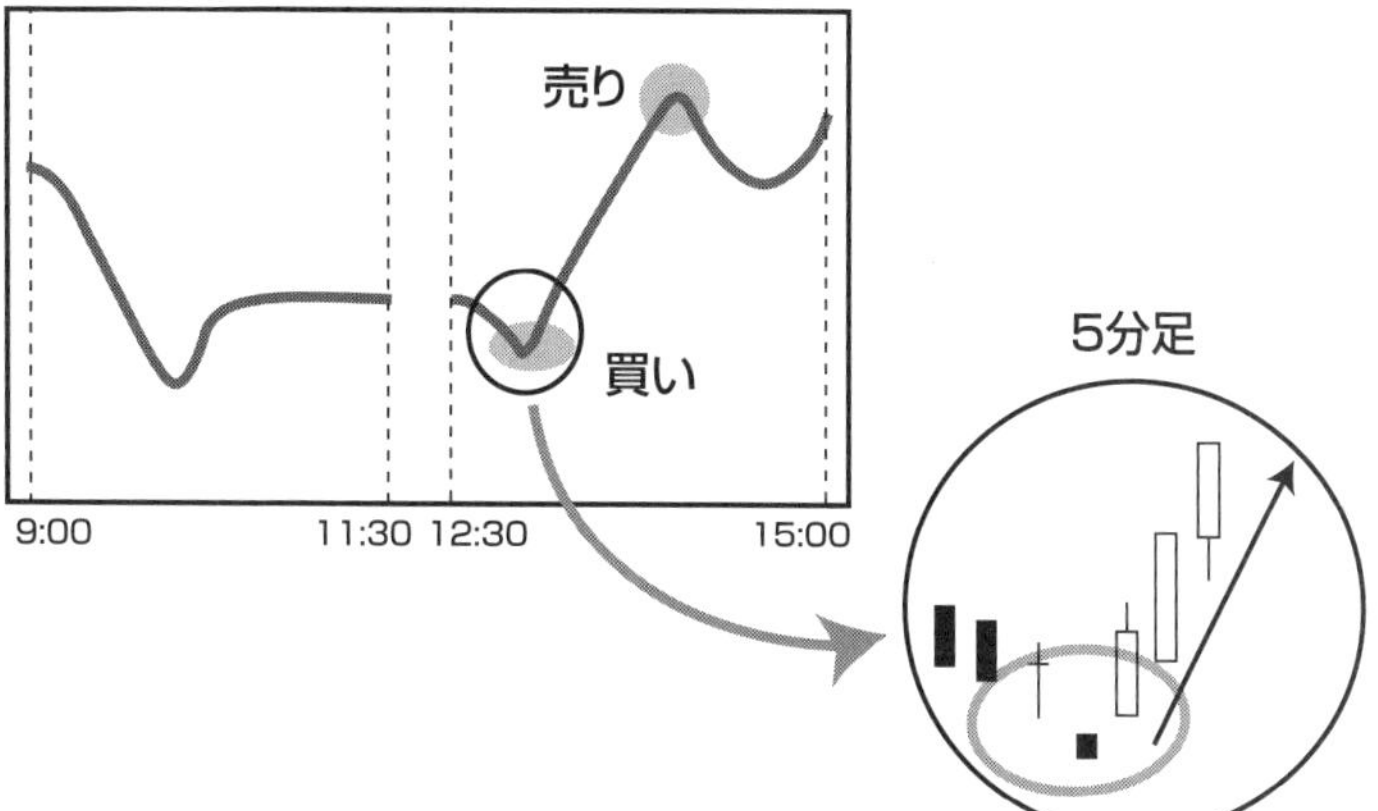

Point!

株価下落後に下に放れて出た星の形の下げは弱気の極であり、その後に上げることが多い

※1窓を開けて、陰または陽のコマが出現する。コマを転換点として下落相場から上昇する場合は「明けの明星」といい、逆の場合は「宵の明星」という

※下げの最終の小さな陰線は弱気の人の投げ。買い向かうのがよい

16 立ち上がりの「赤三兵」で高値追い[※1]

株価が下値で持ち合ったあとで小幅ながらも上げ始めたとき、左図のように「小陽線」が続いて出れば、それは明らかに買い勢力が売りを上回り、全体的に反発の相場になったことを示します。このときに連続する三つの小陽線を「赤三兵」といいます。

このあとの株価は、おおむね高値追いの形になることが多いので、その流れに乗ることが得策といえます。いわゆる「順張り」という投資手法で、売買が極めて楽しい状態です。まとまった買いを入れれば、利益確定の売りも小刻みに効率よく行なうことが可能になります。

左図の日立建機は、景気の浮上の恩恵を受ける銘柄ですので、相場が押し目から上値取りに入った場面では積極的に買えるのです。

デイトレでの売買のタイミングは、移動平均線や日足などで相場の流れを見ていくことで、より正確な判断が可能になります。流れが右肩上がりのときには少し長く持ち、持ち合いや下落傾向のときは短期で逃げるというやり方を実践すれば成功の確率が高くなります。

赤三兵を確認したら、すぐ買いましょう。

下値での持ち合いから脱出！「赤三兵」

■日立建機（6305）の日中足

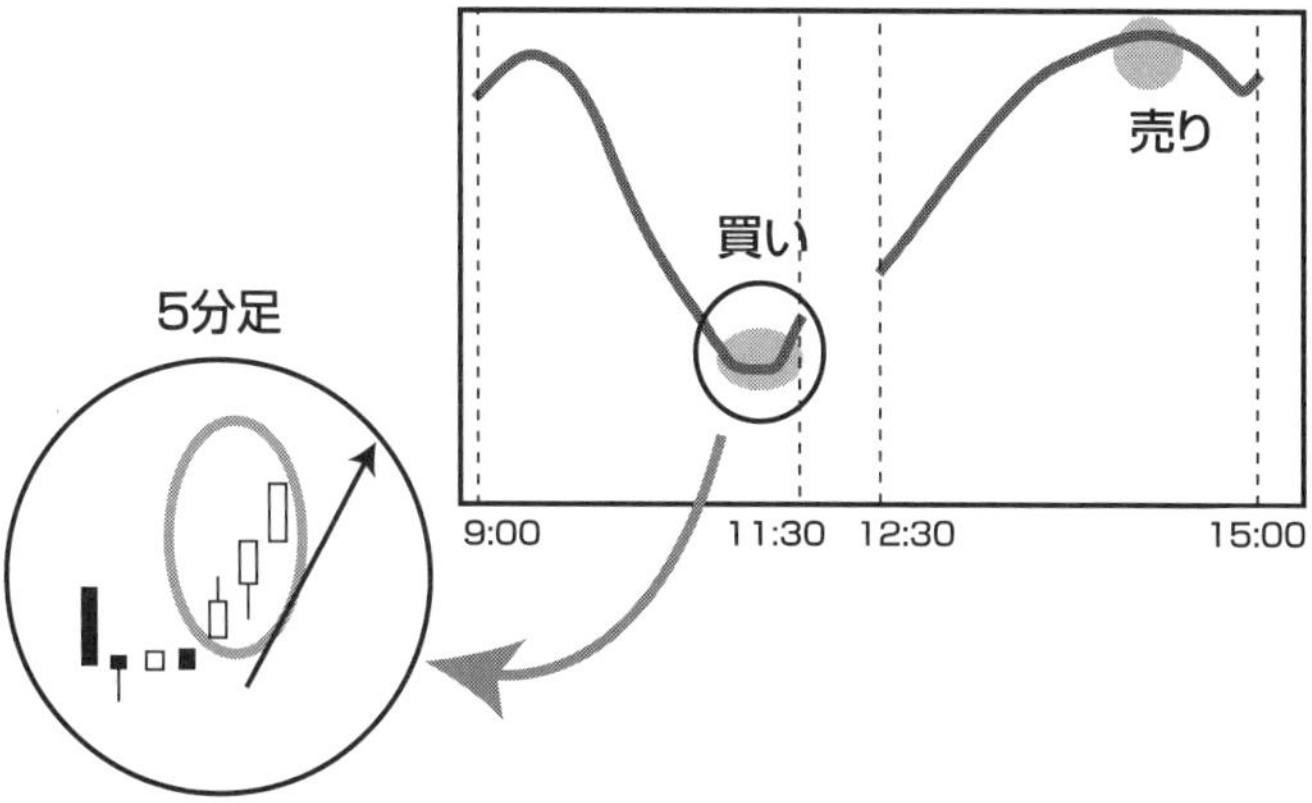

Point!

株価が下落して大幅に下げた後に、持ち合いのあとで3つの小陽線が出ると上げに転じる

※1 株価がぐんぐん上がること

※小さな陽線が三つの赤三兵は買い

17 3本の小陰線「押さえ込み線」が出たら買い

株価が底値から這い上がる過程では、「目先の売り」[※1]が出やすくなります。底値でうまく仕込んだ人はこのタイミングで利益確定もできますが、寄り付き直後では、デイトレの場合、前から持っていた人の売りと考えられます。

そこでデイトレでは、ここでの3本の小さな陰線（押さえ込み線）を見て、次の反発を予測し、反発が始まったら素早く買うことをお勧めします。

左図の銘柄のチャートでは、前場早々の株価がその日の安値になっています。午前中の高値で一度利益確定し、午後の押し目でもう1回仕込んで再び利益確定ができます（信用の場合）。このように株式投資では、仕込みと売却のサイクルがうまくいっていれば、確実に利益確定ができます。

これが逆のサイクルとなると、買っては損切り、買っては損切りの繰り返しになってしまいます。そのようにならないためにも、最初の仕込みで、うまく資金を回転させる技術が求められます。チャートのシグナルをきちんと読めるようになってください。

※2 目先利食いの「押さえ込み線」は買い

■ヒロセ電機(6806)の日中足

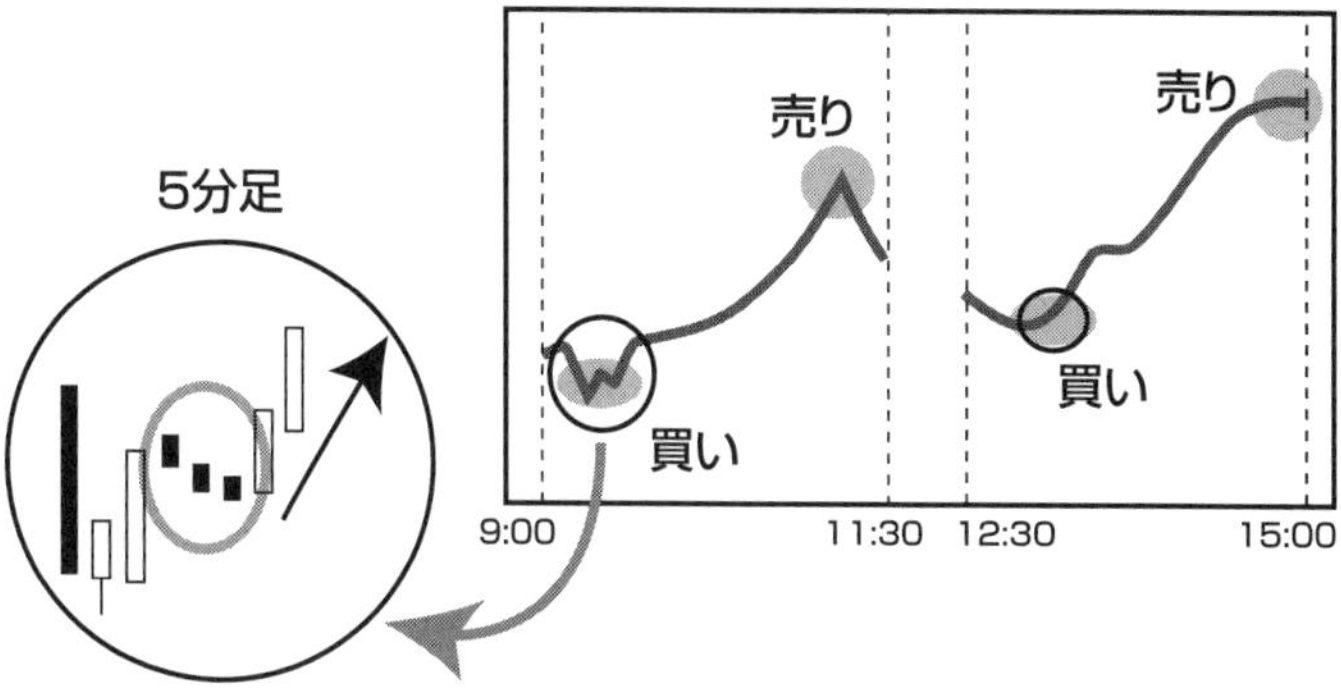

Point!

上げのあとに利益確定の売りが出るが、小幅にとどまったあとの上げは買い

※1 短期間で利益確定すること

※2 買ったあと、少しの利益で売ること

※上げの途中の小さな陰線は、目先筋のやれやれ売りなので買うのがよい

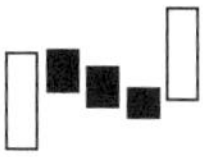

18 変形の「押さえ込み線」[※1]は買い

ローソク足の組み合わせで株価の動きを読むことは、投資効率を上げるには極めて重要なことです。なぜならローソク足は経験則であり、投資家心理を最も反映しているからです。

左図のキーエンスは株価が立ち上がったところで、持ち合いの状態になっています。これは押さえ込み線が少し長くなった形と考えられます。

株価が上昇時の利益確定では、さまざまな動きが出てきます。押さえ込み線といっても、必ずしも教科書的に三つの陰線が出るとは限りません。似たようなローソク足の動きも読んでいけるような柔軟性が必要です。

すべて教科書的にしか読めないような固い頭では、チャートの活用は難しいといえます。さまざまなローソク足のパターンも、典型的な形というよりはそれに近い形として現れるほうが多いからです。

左ページの銘柄では、そのあとに株価が急上昇しています。押さえ込み線の変形だと気がついた人は、投資効率を上げることができたでしょう。

「押さえ込み線」の変形も買い

■キーエンス(6861)の日中足

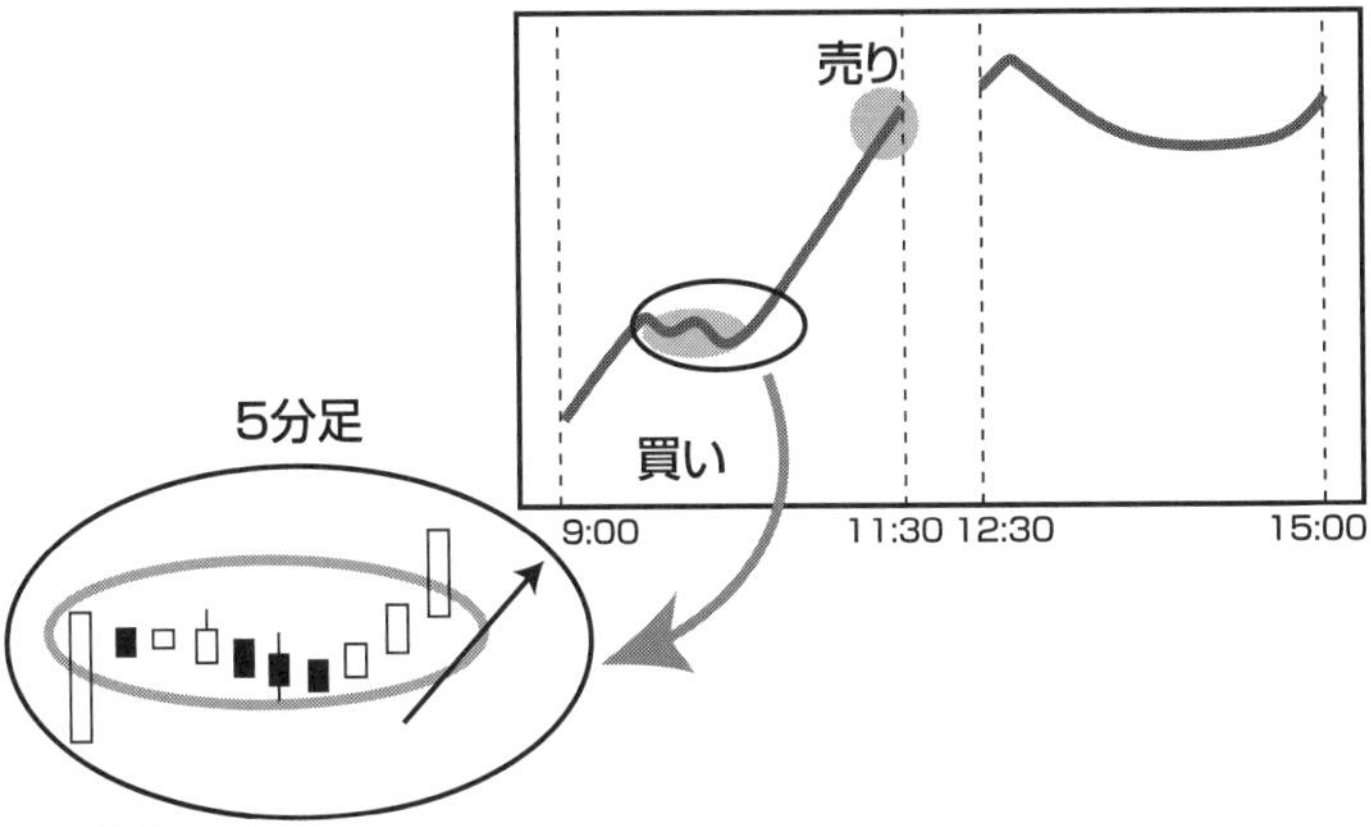

Point!

急騰のあとで株価は小幅な持ち合い状態になるが、そのあとで勢いよく上がれば買いになる

※1　一般的にいう「押さえ込み線」は、相場が上昇したところでいきなり陰線が3本連続して出現し、そのあとに陽線が3本目の陰線の引け値より上で出現し、相場は上昇する(前項参照)

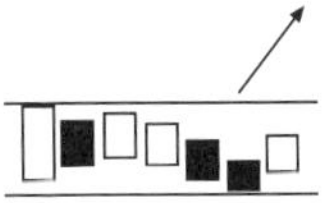

※持ち合いの小さなローソク足が多いと反発も大きくなる

19 上昇途中の「持ち合い抜け」は買い

株価の変動ではさまざまな動きがありますが、比較的大型の銘柄では、一気に上値を追うことはなく、押し目を形成しながら「売りをこなして」[※1]動くことが多くなります。

左図のユニデンも、午後からの上げのあとに持ち合いに入っています。そのあとで、売りをこなして軽くなった株価が一気に大引けにかけて上げています。「持ち合い放れ」の典型です。

全体としては、一日の株価が右肩上がりになっていますが、このような形では「引けピン」[※2]となることが多いのです。

持ち合いをクリアした株価は、買い方のほうが強くなるので、買いが買いを呼ぶ形となります。株価変動のこの形は、是非とも頭に入れておいてください。

流れとして株価の動きの傾向を頭に入れておけば、「上に行くかな、下かな」と迷ったときの強い味方になります。デイトレではわずかな判断の正確さが大切です。経験則をたくさん頭に入れている人が、結果的に瞬時の判断で勝ちを収めることができるのです。

5分足で長い持ち合いをくり抜けたときは、その後の株価に対して売り浴びせる動きは少なくなるので、じっくり上げを楽しんでもいいでしょう。

上げ途中の足踏み後の上げ

■ユニデン(6815)の日中足

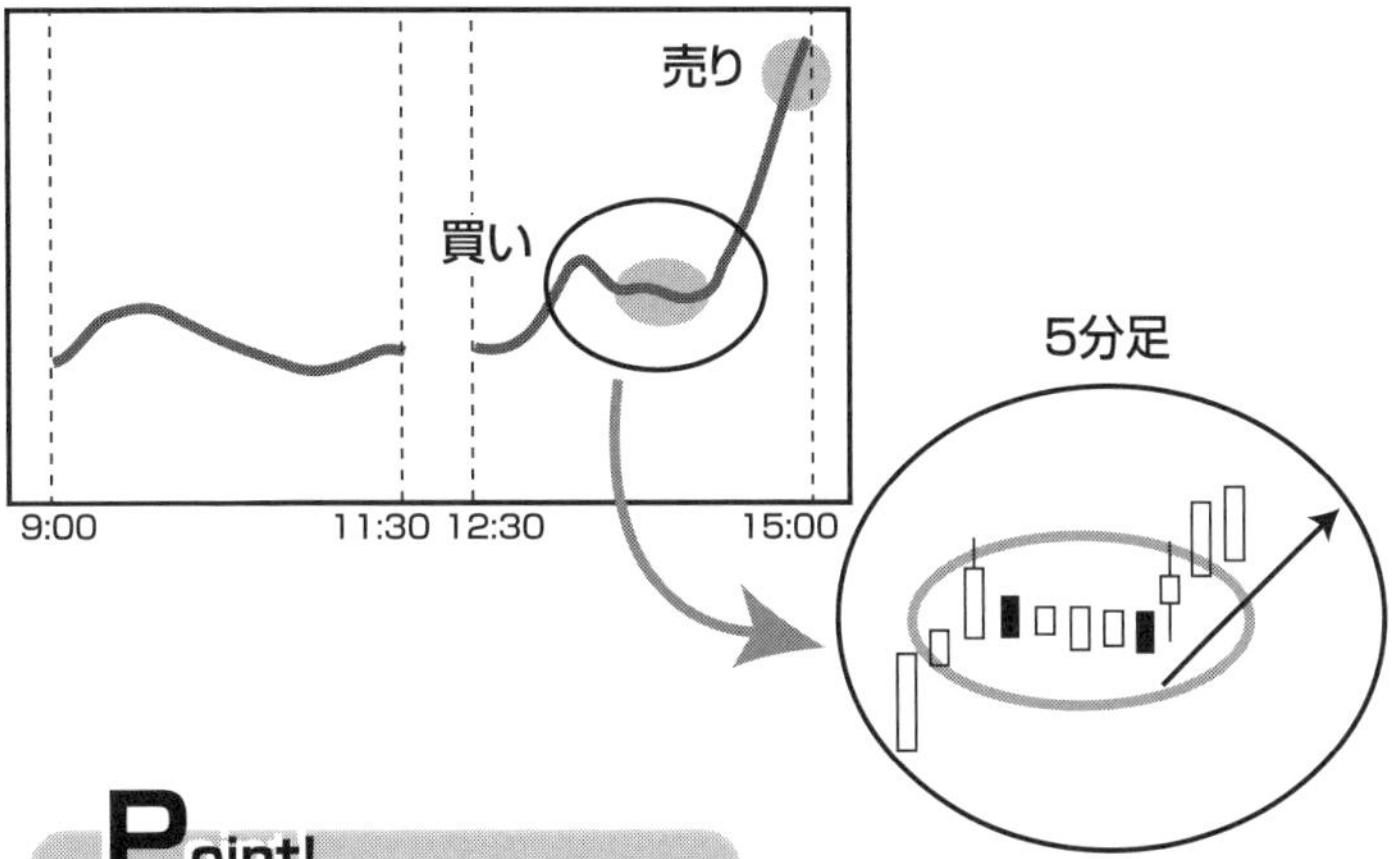

Point!

中段で上げのあとに弱気筋からの売りが出るが、突然の上抜けで株価は急騰する

※1売りを吸収して上昇すること
※2大引けに高くなること

※持ち合い抜けは買い

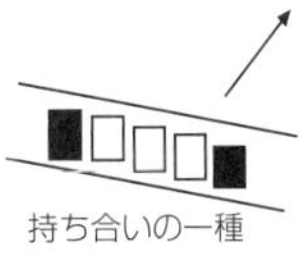

20 「逆落とし」では下げのあとを見張れ！

株で勝つためには、順張りだけではうまくいきません。恐怖の下げのあとの「下げの終わり」をいかに感知し、一番有利なタイミングで仕込めるかが大切です。

左ページの銘柄は、その日の相場全体も影響してか、急落で始まっています。

しかも「窓開け」での強烈な下げです。4本の陰線が続き、窓は三つになっています。これを「逆落とし」といいます。

ここまで下げると、さすがに押し目買いの動きが出てきます。下値での小陽線とそれに続く陽線が完全な上げのシグナルになっています。明確な切り返しです。この時点で仕込めるかどうかがデイトレでの大きな鍵になります。タイミングは少々ずれても、その日の安値近辺で仕込めれば大成功。そのあとに株価は急騰し、利益確定のチャンスが出てきます。

株式投資で儲けられるかどうかは、いかにして割安なタイミングで仕込めるかどうかにあります。割高に買ってしまったというハンディを抱えないでしっかりと仕込んだ人が、あとで利益確定のチャンスを多く得ることになるのです。

大陰線が4本出たあとは高くなる

■カルソニックカンセイ（7248）の日中足

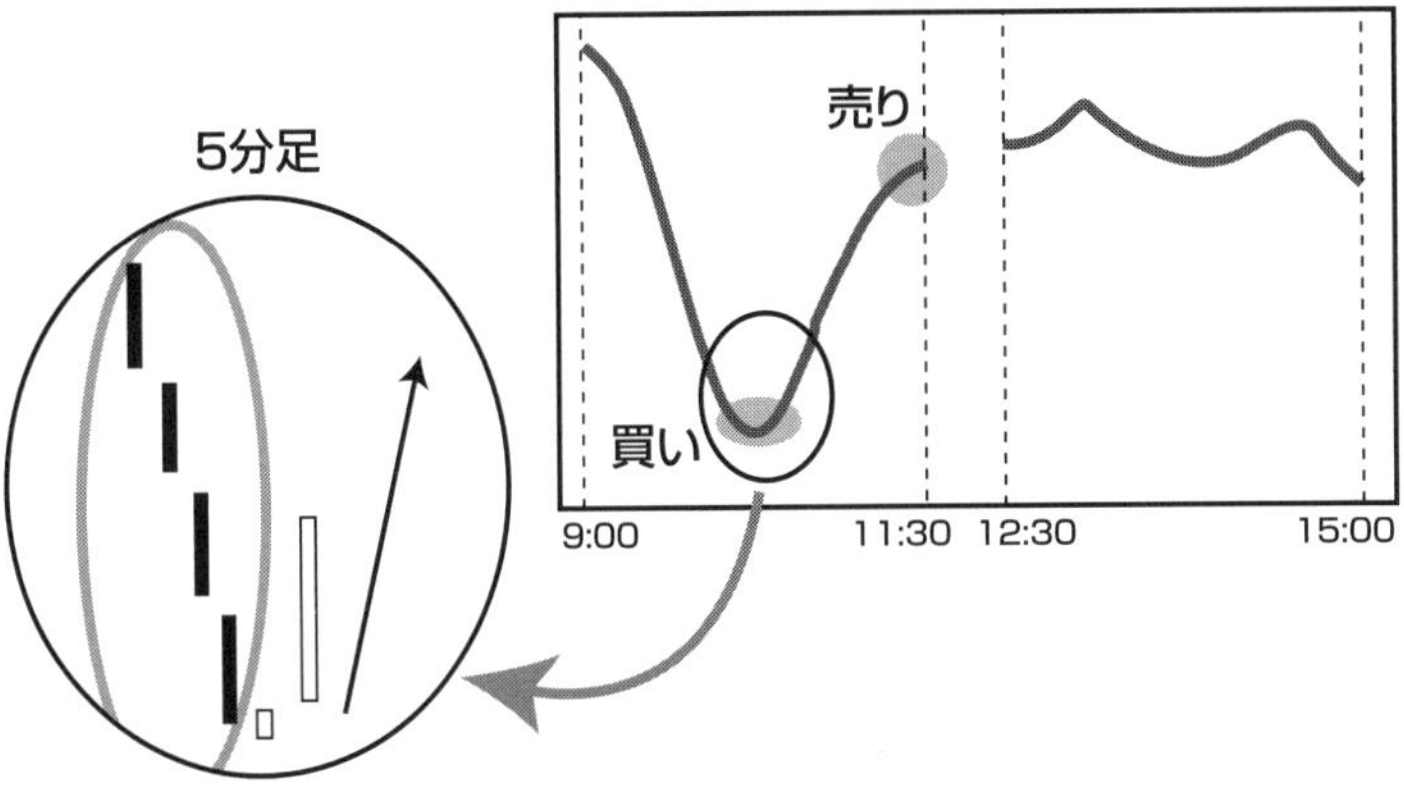

Point!

窓を開けながら4本の陰線が続いたあとには株価が底をつけ、上昇に向かうことが多い

※急落のあとの小さな陽線は、下げの終わりのシグナルである

21 「中段でのペナント[※1]」は絶好の買いシグナル

5分足でも、株価が順調に右肩上がりとなることが多々あります。これは日経平均株価が順調に上げているので、相場環境がよいことで投資家が強気で買っていることを示します。

このような日は、最初から仕込みに入ってもいいのですが、きっかけを失った人は、上げの途中で利益確定の売りがかさみ、一時的に頭打ちになったときが買いのタイミングです。

左図の5分足の動きのように、「ペナント」の形となったあとの上げが絶好のタイミングになります。やがては買いが売りを上回ってきますので、株価はいきなり「上離れ[※2]」の状態になります。そこで買うとあとが高くなります。このタイミングをうまく掴むことで、株式投資の醍醐味を味わうことができるのです。

日中足を見ても完全な陽線になっていますので、この相場ではその日のうちに利益確定しなくても、日足で確認しながら、相場の上り調子をじっくりと得るのも一つの手でしょう。何が何でもその日に儲けなければならないことはないのです。

上昇トレンドの「ペナント」につけ

■富士通(6702)の日中足

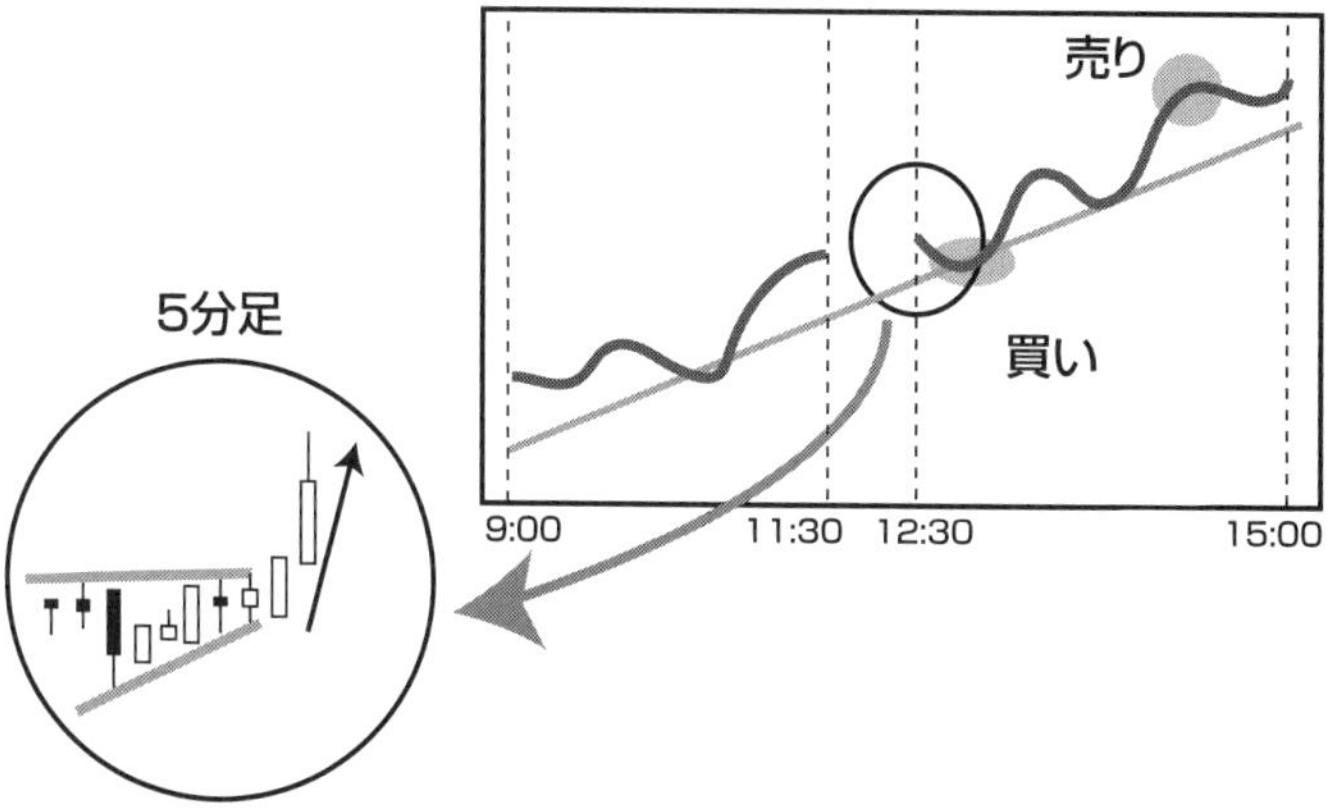

Point!

理想的な株価の上げのなかでのペナント放れの上げは、絶好の買いシグナル!

※1もみ合いが三角の形を成すこと。株価上昇途中の動き

※2上値がいきなり高くなること

22 寄り付きからの長い持ち合い後は急騰する

朝から同じ範囲を往来している株価は、やがては下落か上昇に向かう可能性が強まってきます。左図の銘柄の場合には、長い持ち合い抜けから一気に上がっていますが、ここが「仕込み場」[※1]になります。

うまく仕込めれば、利益確定はそこそこの利益で行なうのが賢明です。株価は持ち合いが長くなるほどエネルギー[※2]をため込むことが多く、上に放れるとその勢いは爆発的になります。なかには「ストップ高」[※3]になることもあります。その株価を維持するかどうかは、その日の「地合い」[※4]によって違ってきます。がんがん強い相場であれば、そのままの状態で終わる可能性が高いでしょう。

しかし、相場の一寸先は闇です。デイトレの鉄則は「明日に玉を残さない」ことなので、可能なチャンスは間違いなくものにするのが大切です。高値の限界まで待つのも方法ですが、少しでも弱くなる場面ではイチ早く手仕舞いをしないと、せっかくの仕込みの成功が水の泡となりかねません。くれぐれも深追いは禁物です。

長い持ち合いのあとは急騰しやすい

■ドン・キホーテ（7532）の日中足

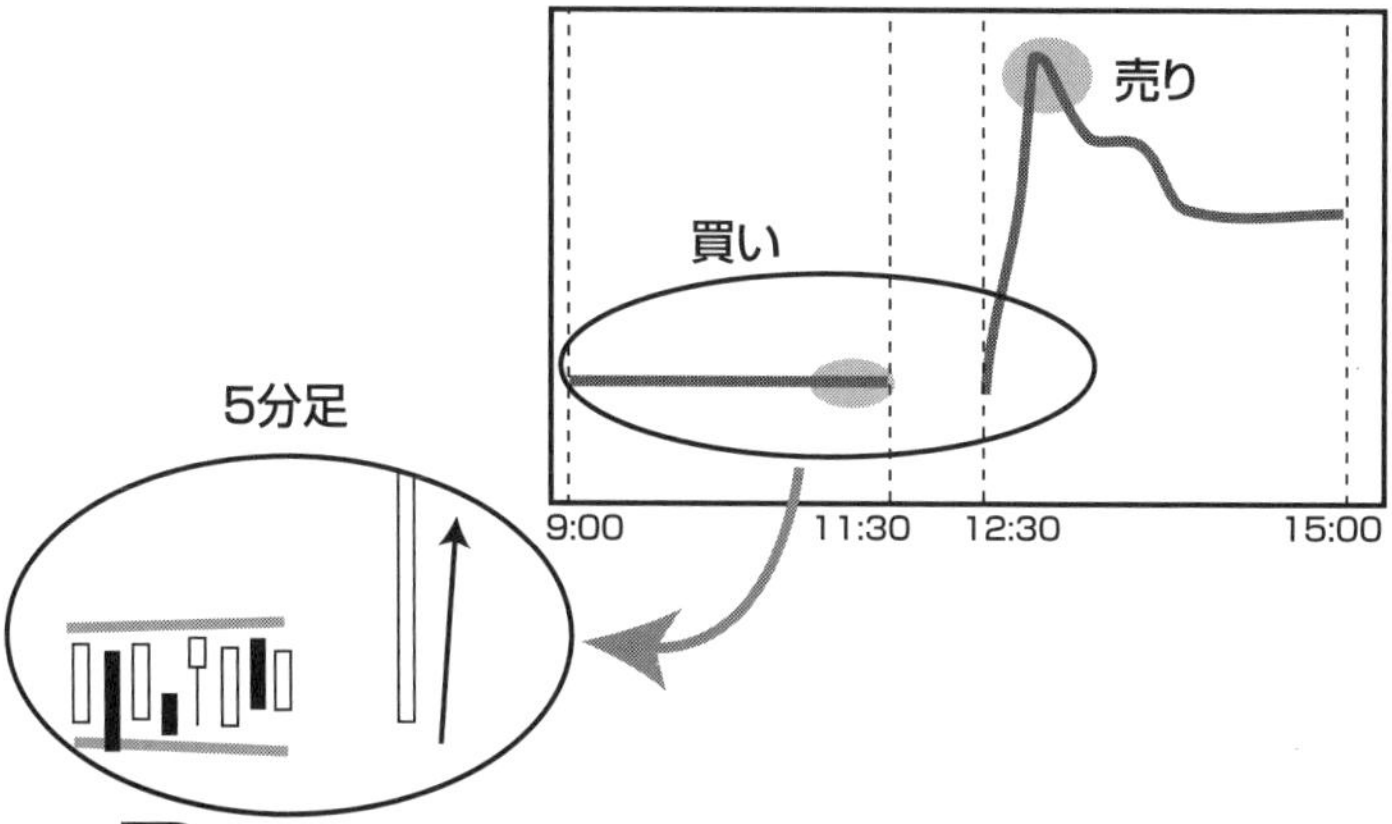

Point!

持ち合いが長く続いたあとには、株価が急騰する場合がある

※1 買うチャンス
※2 株価上昇前の持ち合い
※3 制限いっぱいの上昇のことで、売りが途切れて上げやすくなること
※4 相場の動きのこと

※持ち合いが長期間のときほど上げ幅のエネルギーが強い

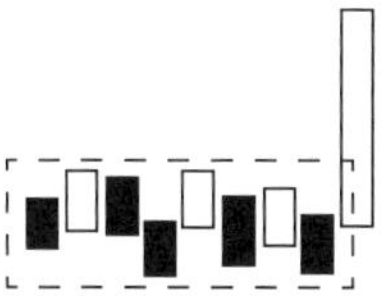
この形の持ち合いは
ボックスともいう

23 急落後の「持ち合い放れ」で上がる

株価は一日同じ水準で推移することはまずなく、必ず高値・安値の変動があるものです。「朝高の引け安」というのもあれば、中間で安値をつけることもあります。

左図の銘柄では、何かのきっかけでしょうか。朝の寄り付き直後に株価が急落しました。さほどの悪材料が出ていなければ、株価の急落は大きなチャンスと見なければなりません。そこで陰線をつけての下落を注意深く見張ります。

やがて下ヒゲをつけて底値のシグナルがやってきます。これが上げのきっかけになります。窓を開けて陽線が見えてきました。ここが上げのシグナルです。すかさず買いましょう。上値はどこまで行くか見物ですが、結果的に反発し、上昇後に横ばい状態で終わりました。

このような株価の動きでは、わずかの利益でもとりあえずは利益確定しておくことが賢明です。売り後の株価はどうなるかはわかりません。うまく上がれば問題ありませんが、下がり出したら「損切り」をしなければならなくなります。そのようなリスクは背負わないのがデイトレの基本です。横ばいの株価では「潔く売る」のが得策だといえます。

急落後の持ち合い放れは買い

■日本ハム（2282）の日中足

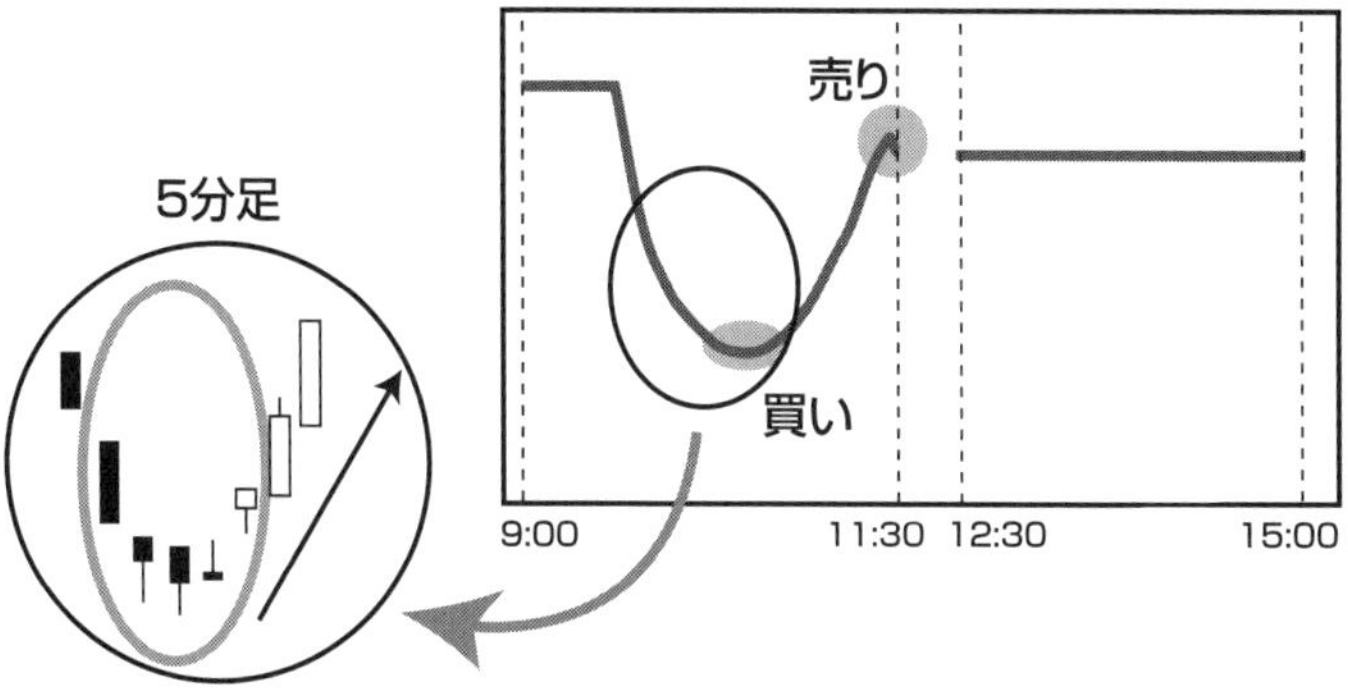

Point!

株価急落後に持ち合いとなり、いきなり「窓開け」で上げに行くときは高くなりやすい

※急落後の下値持ち合いは、下ヒゲが多いと下値が固く、上げの確率が高い

24 下げ過ぎの反動をうまく狙え！

株式投資では、安値を仕込み、「吹き値」[※1]を売るのが鉄則です。左図の5分足チャートを見ると、大きな陰線をつけて急落しましたが、小陽線で株価の底をつけて、次の足からはいきなり上がっています。

結果的には、この下げは行き過ぎ[※2]であり、その後に下げの「修正高」[※3]があります。決して下げ相場ではなく、単なる一時の「突っ込み」[※4]に過ぎないのですが、投資はそれが何であれ変動すること自体が利益を出すチャンス。ですので、ここでは果敢に突っ込みの安値からの「出直り」[※5]を買わなければなりません。

そして、反発して利が乗ったら売ります。この銘柄は、この日はチャンスは1回しかないことがわかります。1回でもチャンスがあれば、すかさず仕掛けましょう。

獲物を狙うような目があってはじめて利益が得られるのです。のんびり眺めているだけでは何も得られないことを肝に銘じておいてください。

急落後に急騰があるというのは、デイトレにとっては非常においしい株価の動きです。

下げ過ぎの株価の下値を拾う

■新日鉄住金ソリューションズ(2327)の日中足

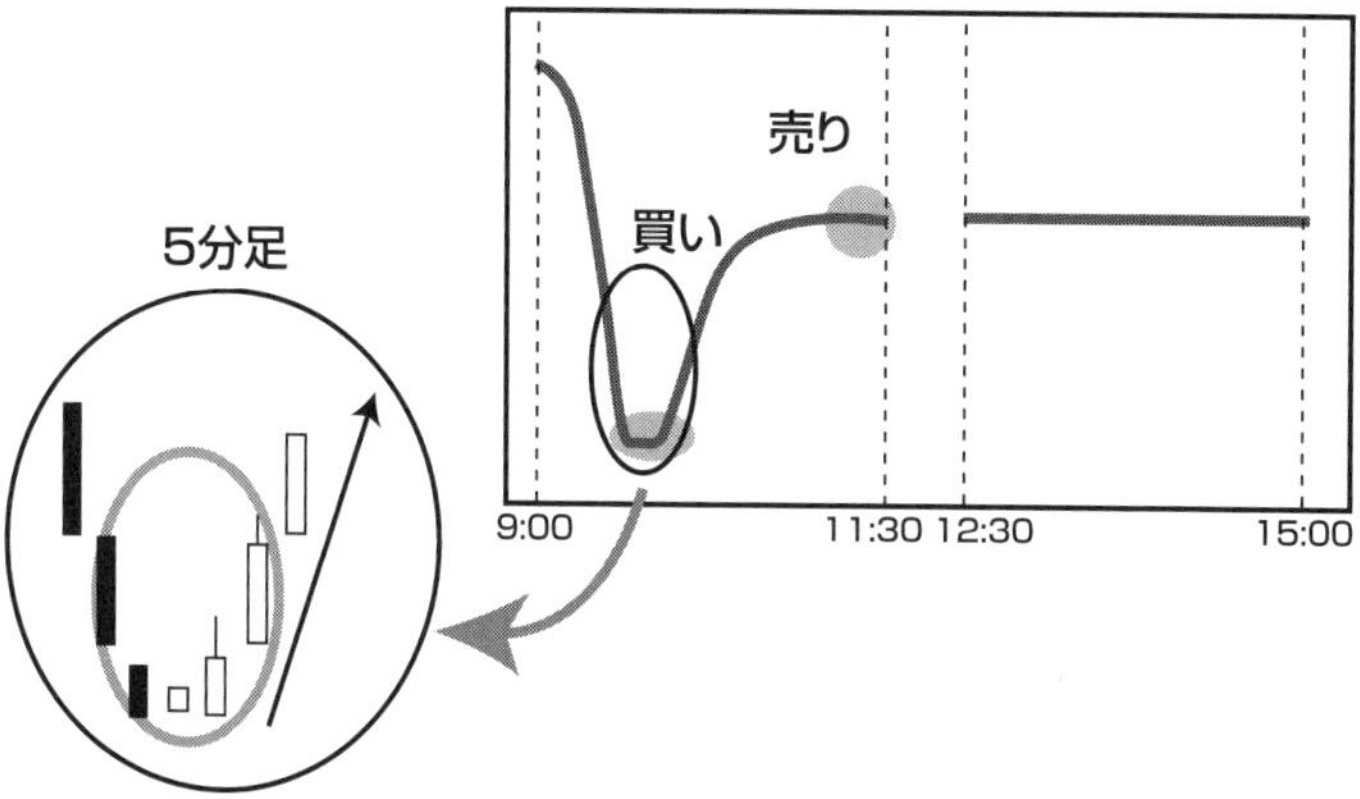

Point!

株価急落後に下値がそろう形になり、そのあと急騰を始めたら、即刻買いに成功の可能性アリ!

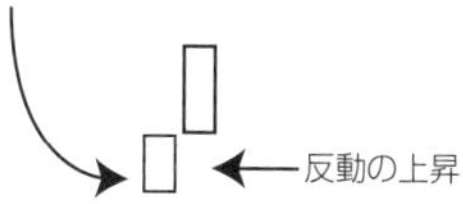

※1 株価の急上昇
※2 下がり過ぎ
※3 下げ過ぎを是正する上昇
※4 急落のこと
※5 再び上昇すること

25 「二段階目の持ち合い放れ」での上げは大きい

持ち合い放れ後は、たいていは株価は上がりますが、一気に上がらない場合もあります。左図の銘柄では、一度上がって、再び持ち合いになっています。

そこが最後の買い場面になります。株価は次の段階では急騰しています。この上げの局面で利益確定ができれば、投資のやり方としては大成功。まさにプロもびっくりであり、この銘柄の5分足を追った人だけが手にできる成果です。

こういった「二段階目の持ち合い放れ」の場面では、「次は下げか」と心配する向きもあるかもしれません。確かにその可能性がないわけではありませんが、陽線が出た段階で間違いなく上げです。

この動きに素直に乗れない人は、結局、この銘柄では儲けるチャンスを見逃すことになるでしょう。そのあとに調整場面を経て、再び高値をつけて反発する場面がないわけではありませんが、すでに大引け近くなので無理をして「買い玉」[※1]を手にする段階ではないのです。

一日は長いようでも、デイトレではあっという間に過ぎていきます。躊躇してはいけません。逃したチャンスは二度と訪れないのですから。

二段階目の持ち合い放れも上げのサイン

■キーコーヒー(2594)の日中足

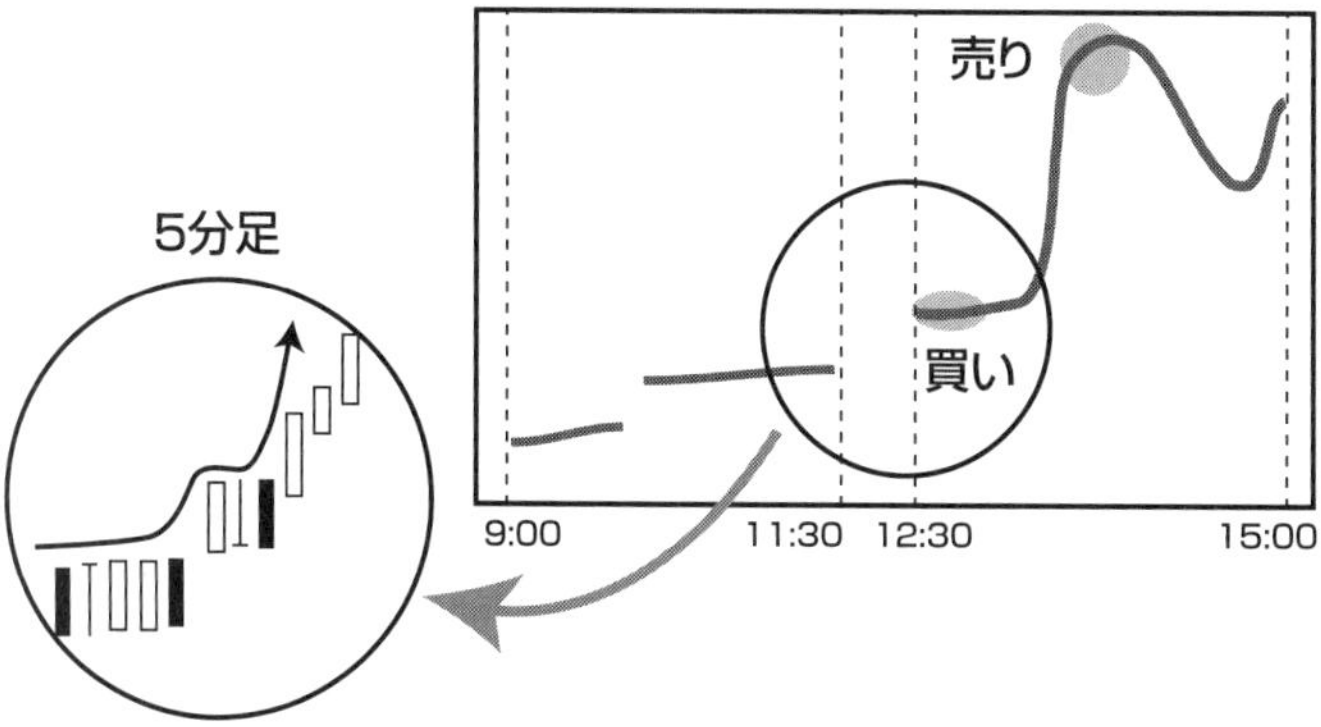

Point!

持ち合い放れを2回も繰り返した場合の株価の上げは大きい

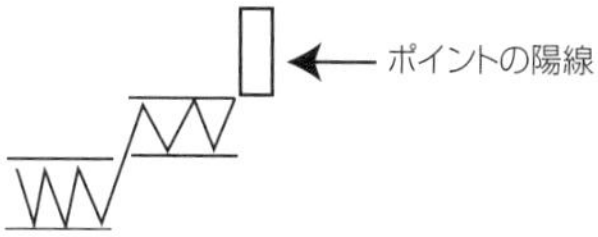

※1 買って持っている株のこと

26 「三角持ち合い」[※1]後に下ヒゲ陽線が出たら買い

株価は上げと下げのせめぎ合いであり、強弱感の争いになります。「三角持ち合い」の形になるというのは、強弱感のせめぎ合いがどちらに行くこともなく往来相場になり、それが次第に振幅を小さくして収束を迎えるわけです。そのあとに上がれば、買い方の勝利を意味しますので、あとは売りが引っ込んだり、売り方の買い戻しで上がる一方になります。

左図のアイフラッグは、前場の終わり頃に三角持ち合いが上下の幅を小さくしています。後場に入ると、下ヒゲが上げのきっかけとなり、株価は急反発しています。このタイミングで素早く買いに動かなければなりません。

株価の動きが変わるときには、その流れに乗っていくことが成功するための大切なポイントです。とくにデイトレでは、これができるかできないかが、その後の利幅を大きく取れるかどうかの分かれ目になります。

とくに持ち合いが長く、下ヒゲを出しての上げは、買いが強いことを示しているので、ここで買った人は、その後の株価急騰でおいしい成果を得ることができたはずです。これは結果論ですが、持ち合い後の下ヒゲ陽線は無視できません。

三角持ち合い後の下ヒゲ出現で急反発

■アイフラッグ(2759)の日中足

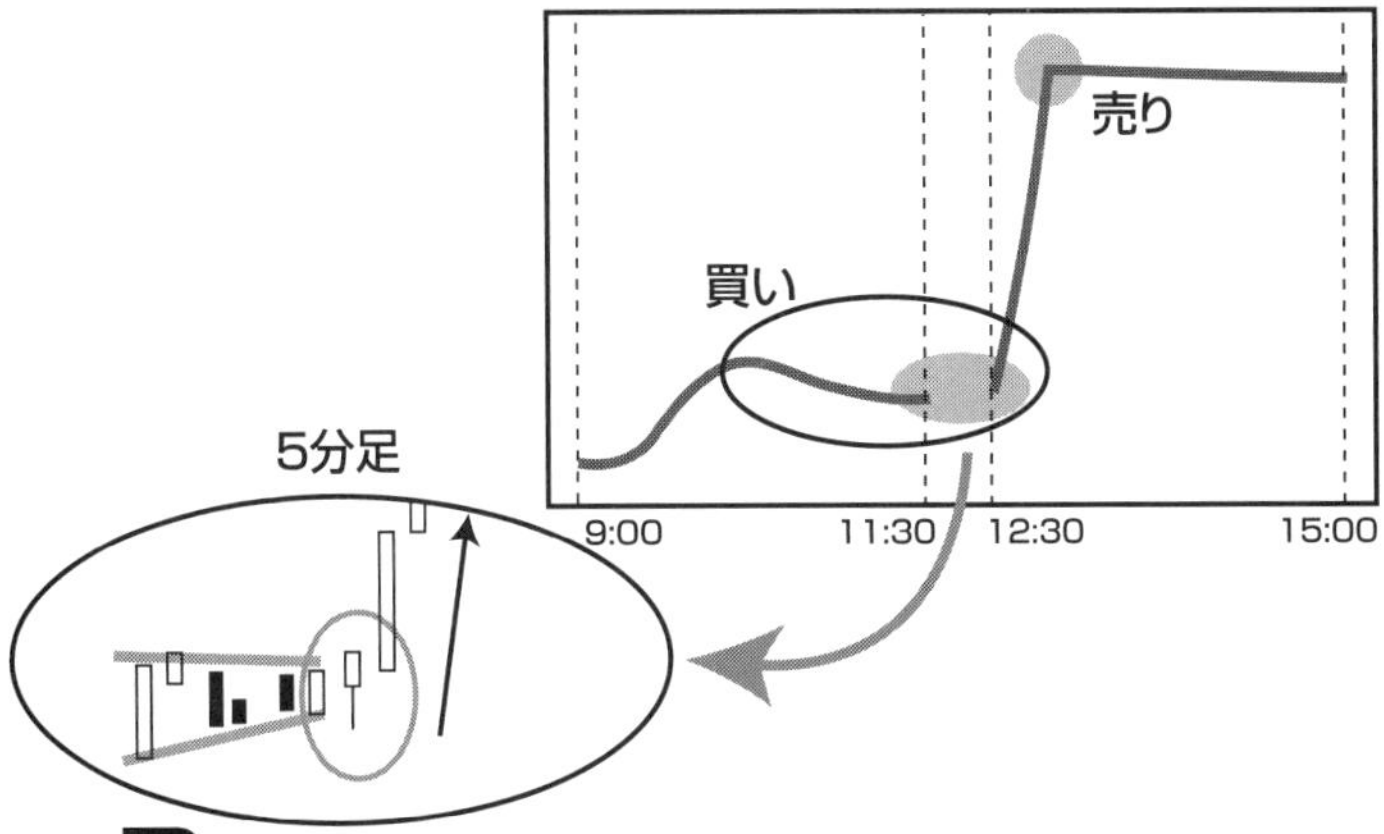

Point!

三角持ち合いのあとに下ヒゲ陽線が出ると、株価が急騰することが多い

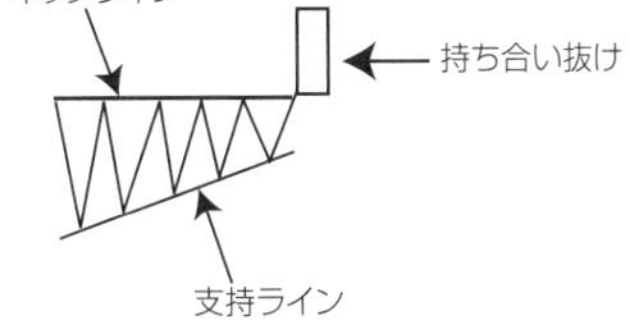

※1上値と下値の振幅が次第に小さくなること

27 出来高急増で株価は反発する

株価の下落、あるいは横ばいのときに、いきなり出来高が増えてくると株価は反発します。下げの終局でさらに出来高を伴って下げるときもありますが、下値で出来高が増えるときは、投げ売りの終局になるので、その後、確率的には株価は反発します。

また、高値からの下げで1本の5分足だけの出来高が増えれば、「売りのクライマックス」になります。今まで出来高がほとんどなかったにもかかわらず、急に出来高が増えてきたときは株価が上がるのが一般的です。このタイミングは絶対に見逃してはいけません。

左図の例では、株価は出来高増をきっかけに大きく上げていますが、この一瞬の上げをうまく手に入れるには、仕込みの素早さが要求されます。

デイトレでは、株価の少しの変化も見逃さないで動かなければなりません。仕込みのスピード次第で、その後の株価変動で利益を得るチャンスを多く持つことができるのです。

このように出来高の変動は大きなシグナルとなります。そのため、その動きについていくことで成功の確率を高めることが可能になるでしょう。

出来高急増、陰線やヒゲのあとは株価上昇

■ある銘柄のパターン

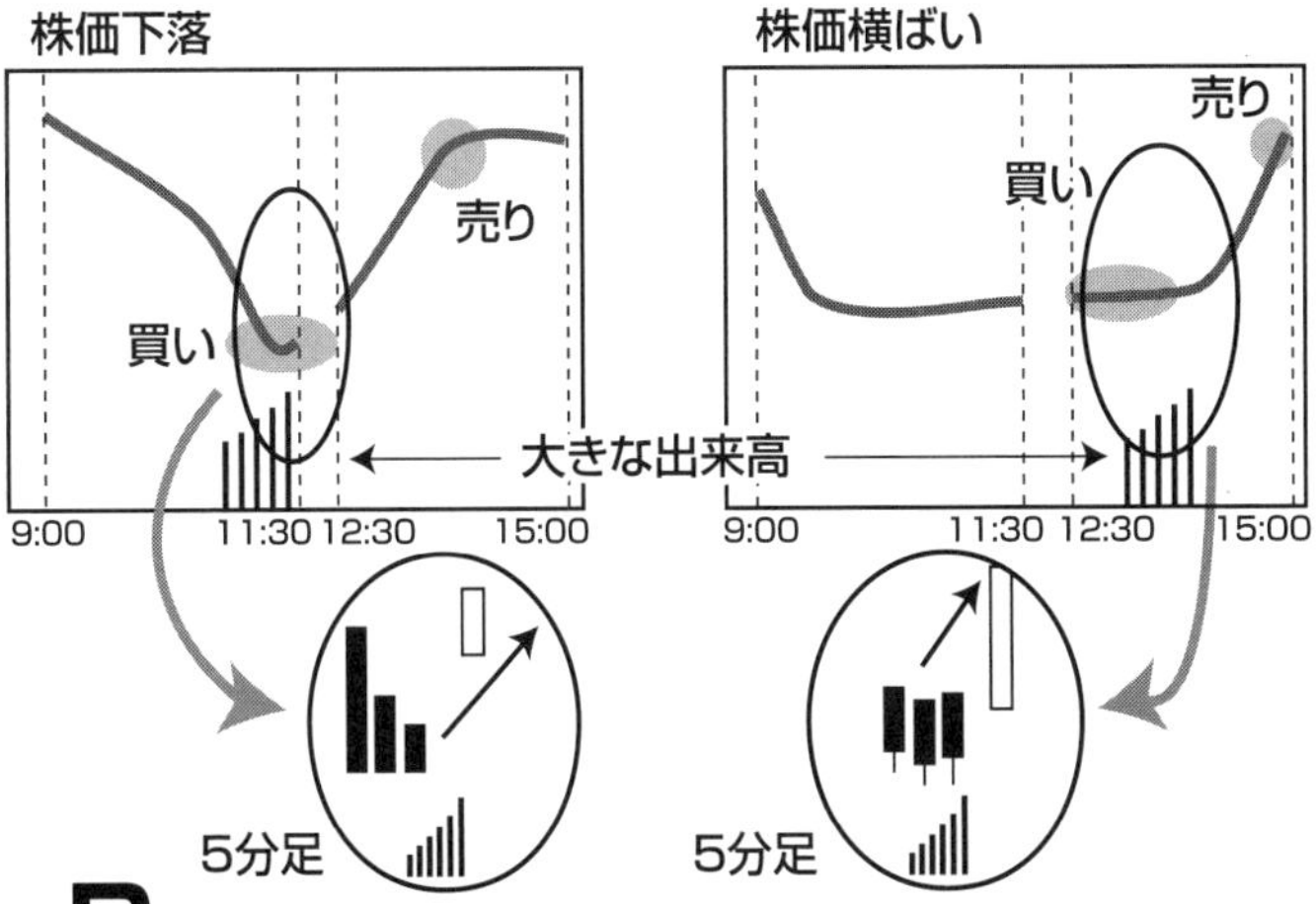

Point!

株価が急落したあと、出来高急増で投げが終わると株価は急騰しやすい

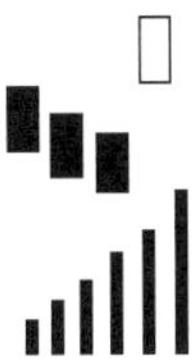

※底値での出来高急増は、投げの終わりであり、仕手筋や外国人買いで急騰する可能性が高い

28 出来高で動く銘柄を仕掛けるには？

株価の変動と出来高の推移は密接に関係していることは前項で説明しました。しかし、そのタイミングをうまく掴むのはなかなか難しいものです。

左図のアップルインターナショナルの場合は、さえない動きであった前場に比べて、後場からいきなり出来高の急増に伴い、上げを加速させています。何かの好材料[※1]があったのでしょうが、材料の前に出来高に伴う上げを強烈にしてきました。

この銘柄の動きでは、出来高の急増だけで仕掛けていけます。出来高を伴っての上げはさまざまな形があります。出来高が増え続ければ株価は上がり続けますし、一時的であれば上げは短くなります。

出来高を伴っての上げは、行くところまで行かないとエネルギーが衰えないのが一般的です。この上げを見て買いにまわる投資家も多くなってきますので、株価はさらに上に持ち上げられていきます。結果的に後場は右肩上がりになっています。

株価はこの出来高をきっかけにして大きく上げていますが、この一瞬の上げをうまく手に入れるにはタイミングを掴む俊敏さが不可欠です。

いきなりの出来高増で株価急騰!

■アップルインターナショナル(2788)の日中足

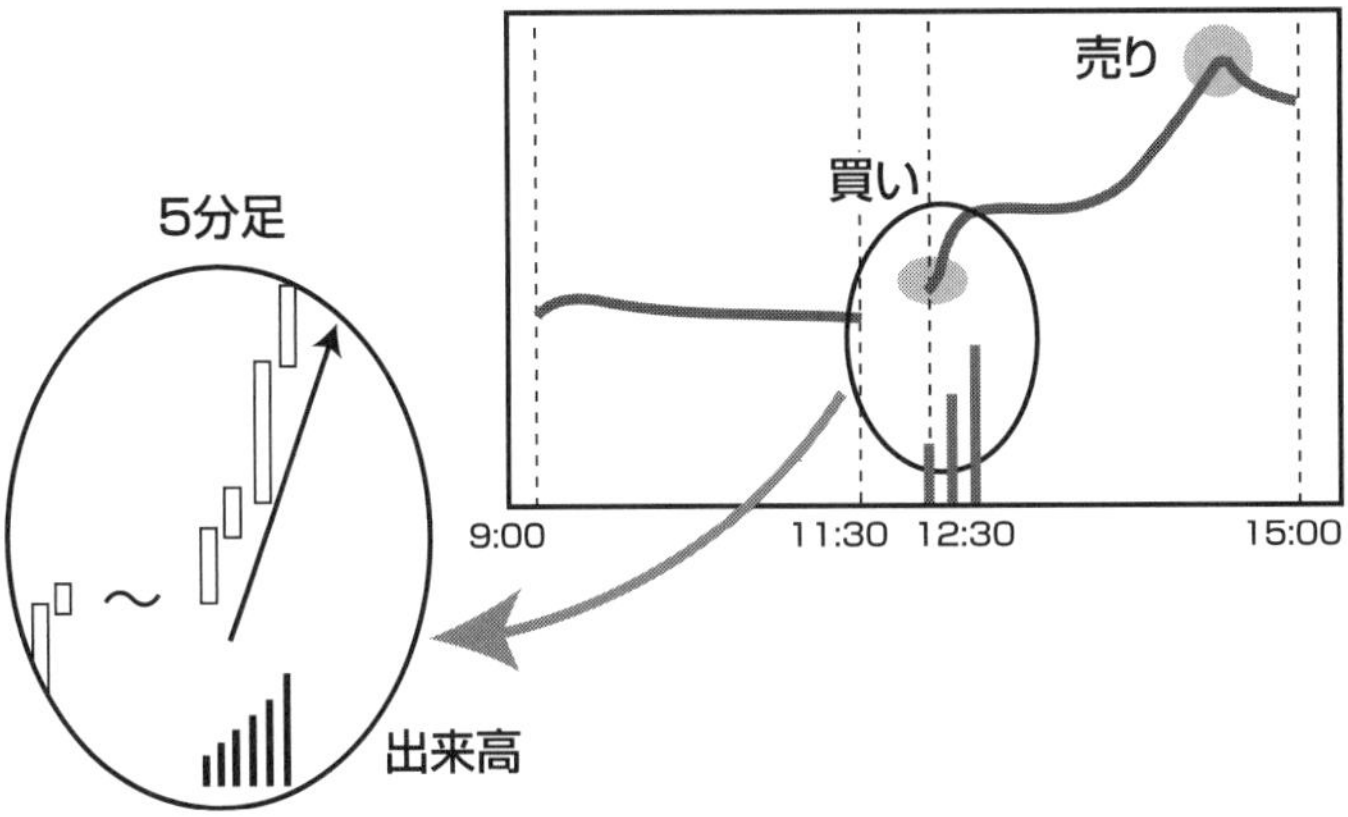

Point!

5分足でも出来高増で株価を上げてきたら、先高[※2]の可能性が高くなる

※1株価が動くための情報など

※2先行き高くなること

※出来高急増で株価も急騰する

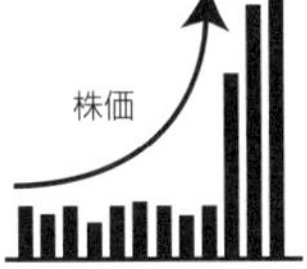

29 中段であっても下ヒゲが出たら反転する

株価の動きのなかで中段というのは、結果論ですが、上げの最中の押し目や「踊り場」ということができます。

左図の石井食品の場合、中段で下ヒゲが出てから株価が上昇、反転しています。下ヒゲはどこに出ても、必ずそこから株価が上がるわけではありません。この銘柄のように、株価が踊り場で持ち合いになったり、押してきたところで下ヒゲが出たときに、持ち合いの終了、押しの限界を示します。

いわば株価反転のわかりやすいサインといえるでしょう。したがって、中段での下ヒゲでは、すかさず買います。そのあとに小幅でも反発があるからです。

ただ、中段での反発による上昇は大幅でないことが多いので、利益確定は小幅で我慢しなければなりません。また株価が横ばいになった時点では逃げてください。それ以上の株価には発展しないので、利益確定のチャンスをみすみす逃してしまうからです。

この銘柄は、株価は大引けにかけて横ばいで終わりましたが、下げに転じる可能性も十分にあるので油断してはいけません。

中段でも下ヒゲがきっかけで急反発

■石井食品(2894)の日中足

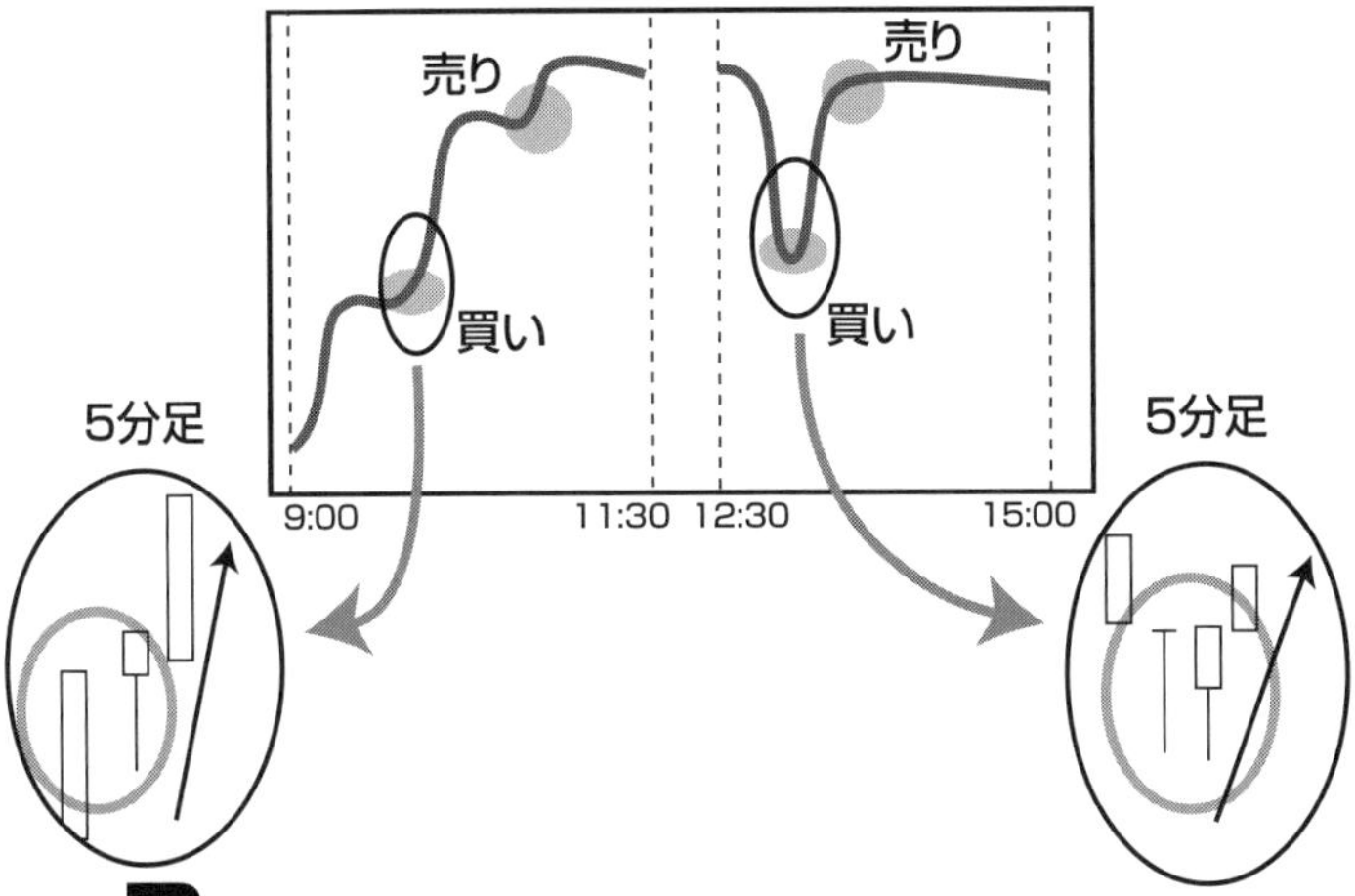

Point!

中段の持ち合い後に下ヒゲ陽線が出ると、株価が急騰することが多い

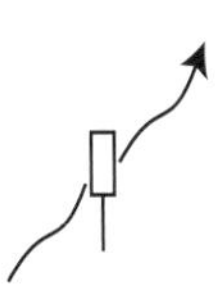

※中段の下ヒゲは、買いが強い

30 複数のシグナルの組み合わせ

左図のトヨタ紡織の株価は、前場の終わり頃と後場の始めに底値をつけています。

しかし、これは結果論で、昼休みには「後場ではさらに下がるのではないか」と思ったはずです。だからといって、後場でいきなり買いを入れるのは無謀で、まずは5分足で動きを見ます。前場の終わり頃に陰線のあとで十字線が出ています。これは下げの終わりを意味します。さらに後場で3本の陽線が続き、底値から反発しています。

最初の陽線が出たところで買いを行ないます。結果的には大引けで高値になりましたので、最高の仕込みになります。できれば有り金をはたいて利益を取りたいところですが、株価の先は不透明なので、すべてを投入するリスクは避けるのが賢明です。

底値のシグナルが二つも出ているこのような場合では、二つが組み合わさることで極めて高い確率で株価の先を読むことができます。

このようにシグナルがいくつも見られるのは、またとない大きなチャンスです。見逃さないように見張ってください。

「陰線のはらみと赤三兵」の組み合わせ

■トヨタ紡織(3116)の日中足

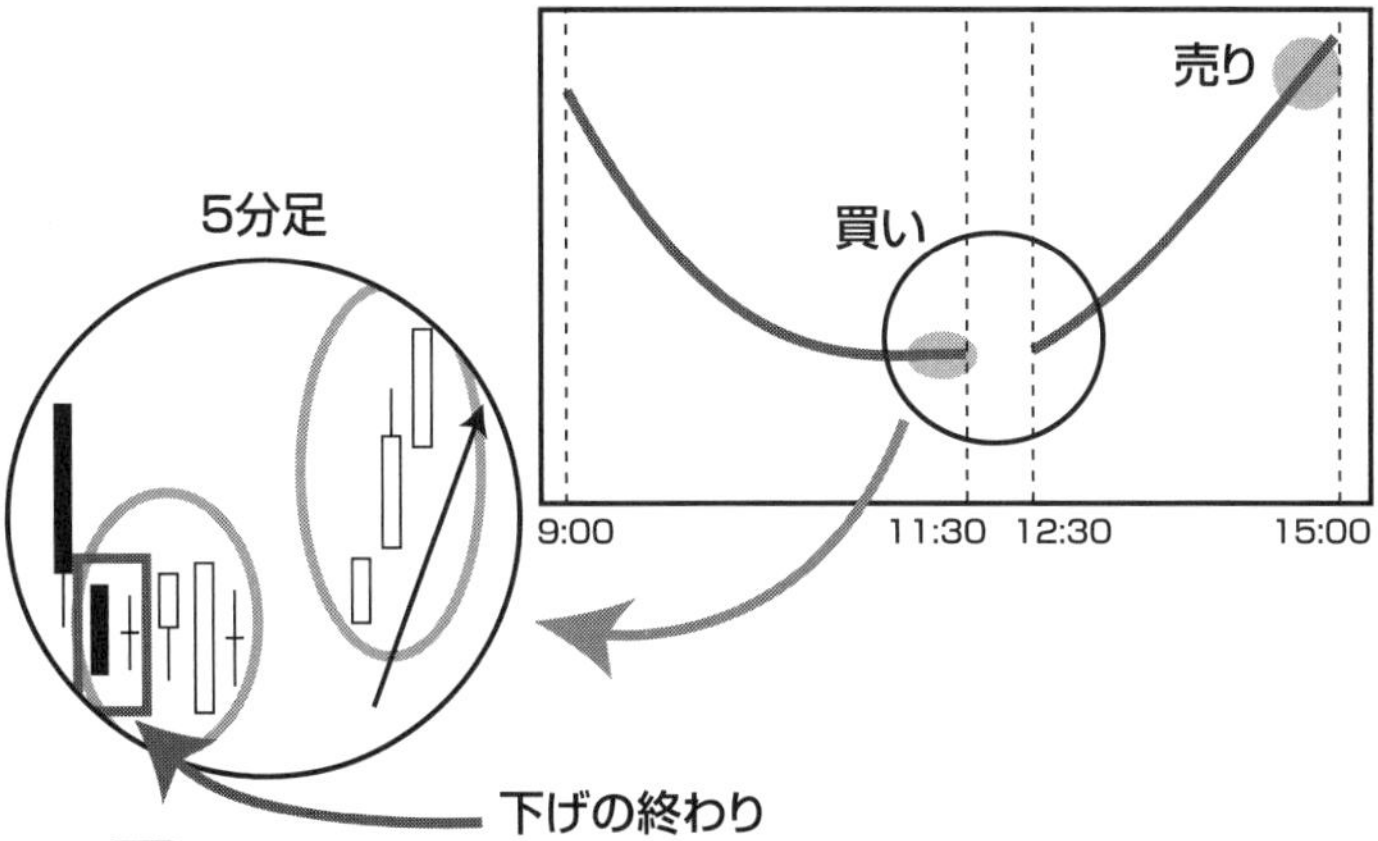

Point!

「陰線のはらみと赤三兵」の2つの上げのシグナルが合わされば、上げの可能性が高い!

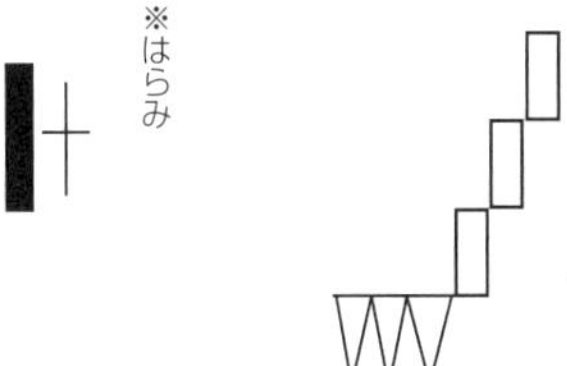

31 寄り付きの大陰線後の反発

朝の寄り付きでいきなり下げて、大きな陰線で始まることはよくあります。その日の相場が弱く始まれば、このようになるのが一般的です。

しかし大切なのは、そのあとの株価について慎重に見ていくことです。下げ過ぎに対しては「訂正高」[※1]があるのが一般的です。下げ過ぎは投資家心理の一時的な過剰反応であり、正しい株価の水準ではありません。

左図のクラレも、最初の5分足は下げましたが、そのあとから上げに転じ、はらみ線の形を取ったので、ここで仕込めます。その後は陽線続きで株価が上げていくので、適度な利幅を取って撤退すればいいのです。

株式投資では、下げに対する恐怖が強くなりがちですが、下げこそ最高のチャンス。「下げたら反発の場面を狙ってやる」という考え方を持たなければなりません。

経営の危うい銘柄ではなく、業績がしっかりしているところであれば、その株価の動きは外部環境に影響されたり、その銘柄の特有の需給関係[※2]で動くので、動き自体が旨味を持っていることを知っておいてください。

超大陰線後の「陽のはらみ」は上げ

■クラレ(3405)の日中足

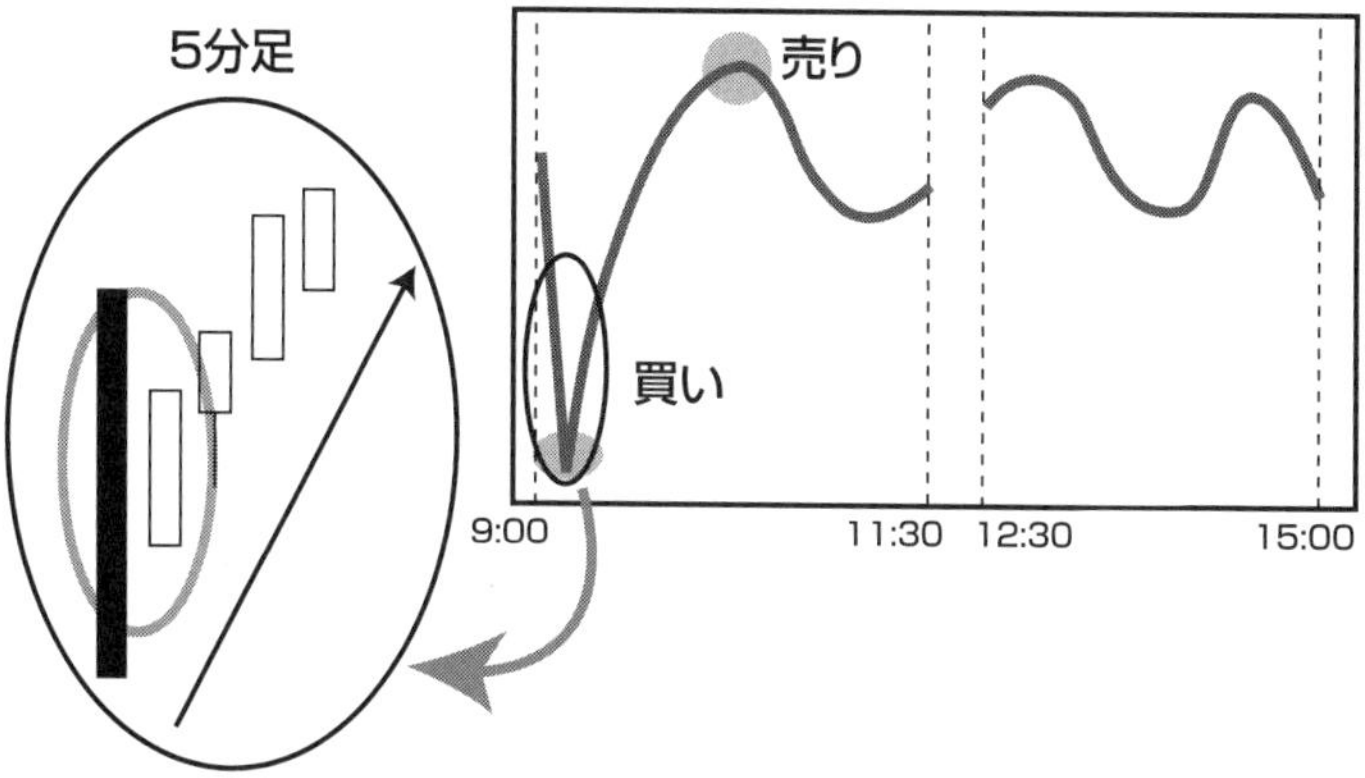

Point!

極めて長い陰線が出たあとに、陽線が陰線のなかにはらまれる形になると、その後の株価は高い

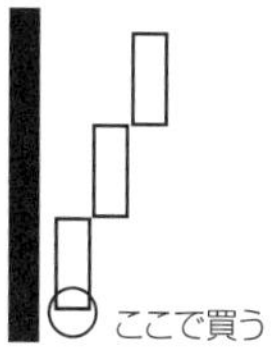

※1下げ過ぎを回復する上昇
※2株の売りと買いの力関係におけるバランス

32 寄り付きからの「大きな三角持ち合い」は注意！

朝から上げ下げの大きい動きで始まったときは、そこでうっかり乗ってはいけません。ここでは様子見が正しいのです。これは、恐らく三角かボックス型の持ち合いだろうと気づいて欲しいところです。

そうすると、左図のような場面がやってきます。いわゆる三角持ち合いの終わりがやってくるのです。その先で株価がいきなり上に放れて動き出したら、買いのチャンスです。

株価は上げと下げのせめぎ合いであり、強弱感の争いになります。三角持ち合いの形になるというのは、強弱感のせめぎ合いが次第に振幅を小さくして収束を迎えるわけで、その後に上がれば買い方の勝利を意味します。ですので、あとは売りが引っ込んだり、売り方の買い戻しで上がる一方になります。

左ページの銘柄でも、売り方の犠牲が大きいことがわかります。持ち合い後の一方的な株価の上げはそのことを意味しています。前場は波乱で、後場は順調な上げで推移しています。この上げのタイミングに素早く乗れれば、これほどおいしい投資はないでしょう。

大きな三角持ち合いは放れたあとに買い

■ある銘柄の日中足

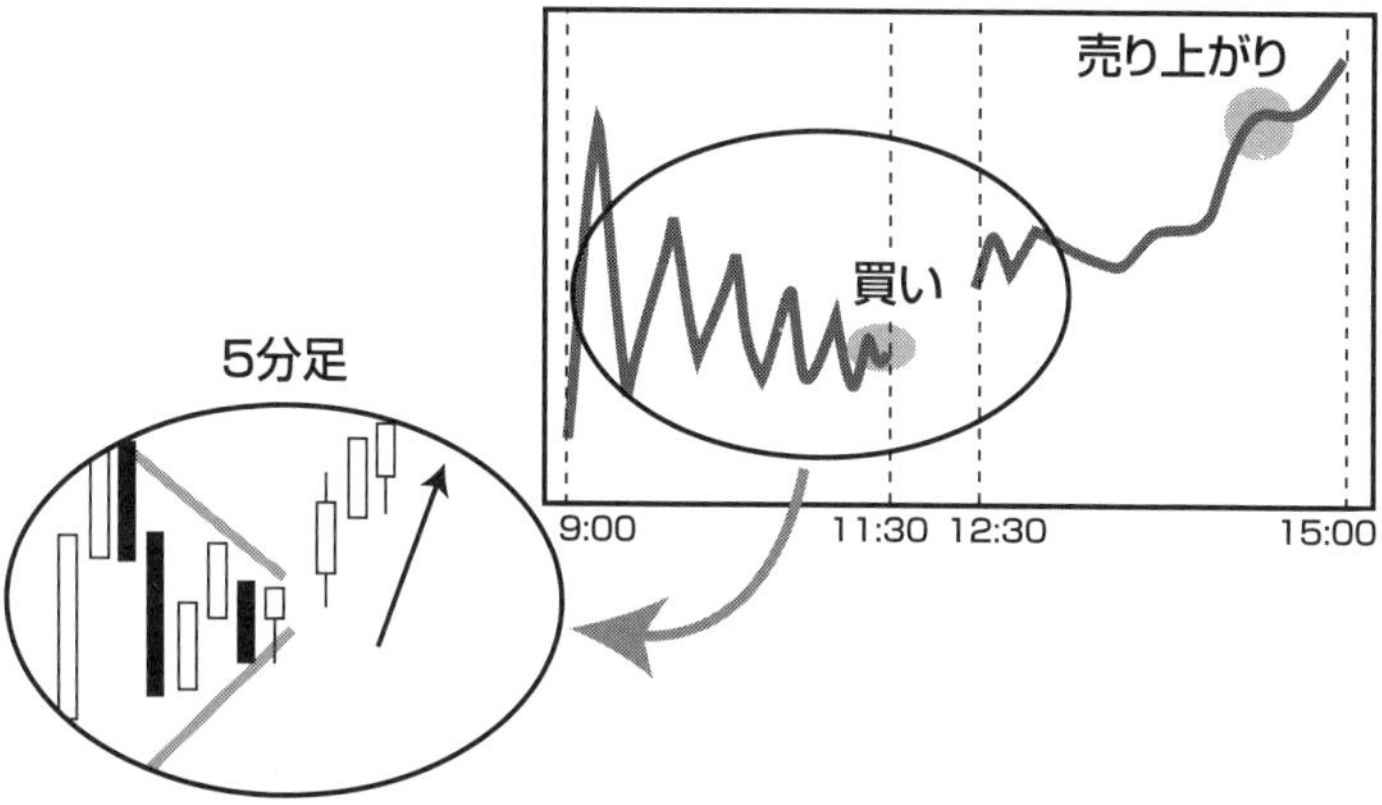

Point!

大きな三角持ち合いが放れ、株価が上に飛ぶと そのまま上がることが多い

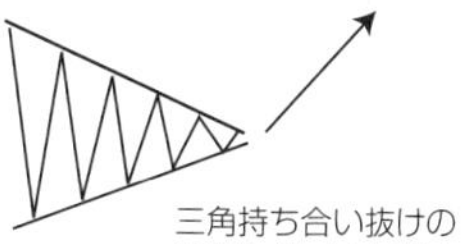

PART3 のまとめ

◎下落のあとには、必ず上げが待っている

◎上げのシグナルにはさまざまなものがあるので、少しでも多く覚えて瞬間的に判断する

◎とくに下ヒゲや「明けの明星」は反転上昇の可能性が極めて高い！

◎下値で小さい陽線が放れたときは、上げのシグナルなので素早く対応する

◎買いのタイミングは上げの途中ではなく、下げの終わり、反転のときにあることを心得ておく

◎買いのタイミングは、下げの終局に多く出てくる

◎買いのチャンスは、下げを見ていくことで掴める

◎下ヒゲが 2 本以上出ると、明らかに買いである

◎底値の十字線は、下げ過ぎのシグナルだ！

PART4

DAY TRADE

5分足で判断する「売り」27のタイミング

本章を読んでいただく前に

■信用取引ならばカラ売りで差益が取れる

本章では、「売りシグナル」を説明しますが、その前に、株式投資は買った銘柄を売って差益を取る「現物取引」と、資金や株を借りて売買する「信用取引」があることを知っておいていただかなければなりません。信用取引は、ほとんどの証券会社で行なうことができます（保証金が必要）。「買い」は、3割の自己資金（株券でもよい）に7割程度の証券会社の資金を借りて、買って上げたら売ります。「売り」は、証券会社から株を借りてそのときの相場で売ります。そして、さらに下がったところで買い戻して差益を取ります。

信用取引は買い、売りのどちらから入っても差益が取れる便利なシステムです。ただ、信用取引で売りができる銘柄は決まっていますので、確かめてから行なわなければなりません。

なお証券会社によって、若干、扱いが違います。

信用取引の特徴は、「カラ売りができる」「自己資金は3割程度でよい」「6カ月の反対売買の期限がある（無期限のところもある）」などです。また、信用取引のための口座を別途作らなければなりません。詳細は取引する証券会社で必ず確認してください。

信用取引の仕組み

●信用取引とは

買うときは資金を借り、売るときは株を借りる

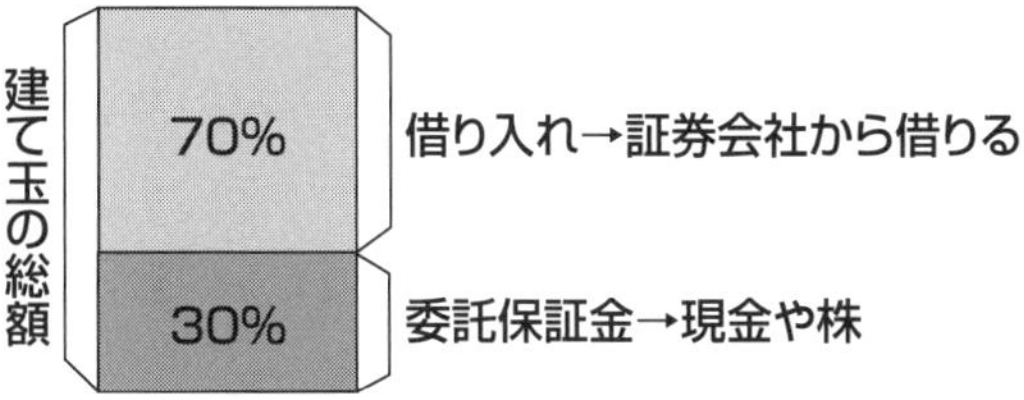

買いの値上がりで差益が出る

売って買い戻すことで差益が出る

・信用取引ができる銘柄

・カラ買い（信用買い）
　――貸借銘柄と信用銘柄
・カラ売り（信用売り）
　――貸借銘柄のみ
★建て玉に限度以上の含み損が出れば、「追い証（追加委託保証金）」が必要になるので要注意!

1 「ダブル天井」は下げの前兆と心得よ

5分足で一日の株価の変動を追っていくと、「ダブル天井」の動きを見ることがたびたびあります。この形が出てきたあとに陰線が出ると、二度の高値挑戦を経ても反動安になるケースがほとんどです。つまり、「売り優先」の状態であることを示しています。

ですから、ここではさらなる高値を期待してはいけません。明らかに「これ以上の株価は今日のところはない」という動きですから、「信用の売り建て」[※1]が必要になるのです。

朝の寄り付き近辺でうまく買っていた人は、ここが利益確定のタイミングになります。もし高値で買ってしまったのなら、ひとまず「損切り」をしないと、翌日に不安を持ち越す羽目になってしまいます。

ダブル天井は、持ち合いによく似たような株価の動きをしたあと、下に放れていきますので、この時点で売り建てを行なわなければなりません。その後の株価は下げ一辺倒です。再び上がることはなく、下げ続けていきます。

なぜ、このようになるのでしょうか。「ダブル天井は売り」ということを多くのプロが知っているので、投資家がどんどん売りを仕掛けてきた結果だと考えられます。

2つの山のあとは下がることが多い

■ネットワンシステムズ（7518）の日中足

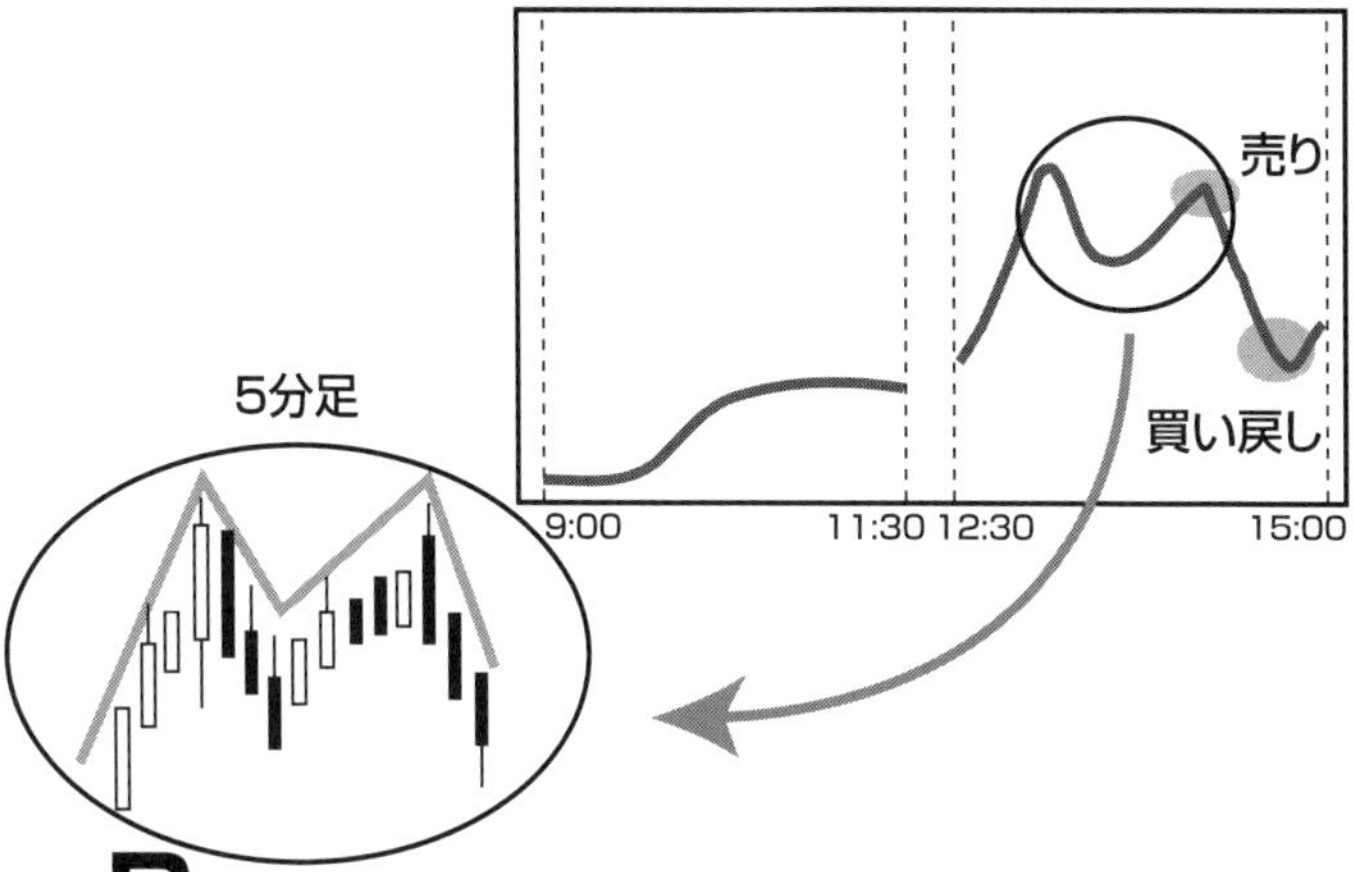

Point!

株価の高値圏で2つの山ができたときは、高い確率で株価は下がる

※1株を借りて信用取引で売ること

※山が一定の上位の限界になると、それ以上の株価では売りが多くなる

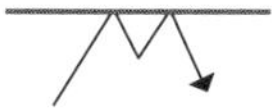

2 上げ過程で「上ヒゲ」が出たら絶対売りだ！

ローソク足の動きでこれほど明確なものはありません。株価が徐々に上げていき、やがて上げ方が急になったところで上ヒゲが出れば、それ以上の上値には売りが多く待っているという状況です。たいていの投資家は、株価が上昇し出すと「どこまで上がるのだろうか」「いつ下げだすのだろうか」と、売りのタイミングを掴むのに気をもみます。

しかし、この上ヒゲというシンプルなシグナルを覚えておけば安心です。

上ヒゲとは、株価は成立したが、それは一瞬のことであり、たちまち売りに押されて下げに入っていったことを示します。明らかに天井圏を示す株価の動きなので、その後の株価は売り急ぎの様相が強まることは間違いありません。

とくに最近では、チャートの知識を持ってネットトレードを行なう人が多くなっているので、ローソク足の動きに対する反応も速くなっています。

このシグナルが見られると、売りを仕掛けてくる人が多くなるため、「まだ上があるだろう」と悠長に構えていると置いてきぼりをくらうので注意してください。

上げのあとの上ヒゲは「逆V字天井」に

■積水化学工業(4204)の日中足

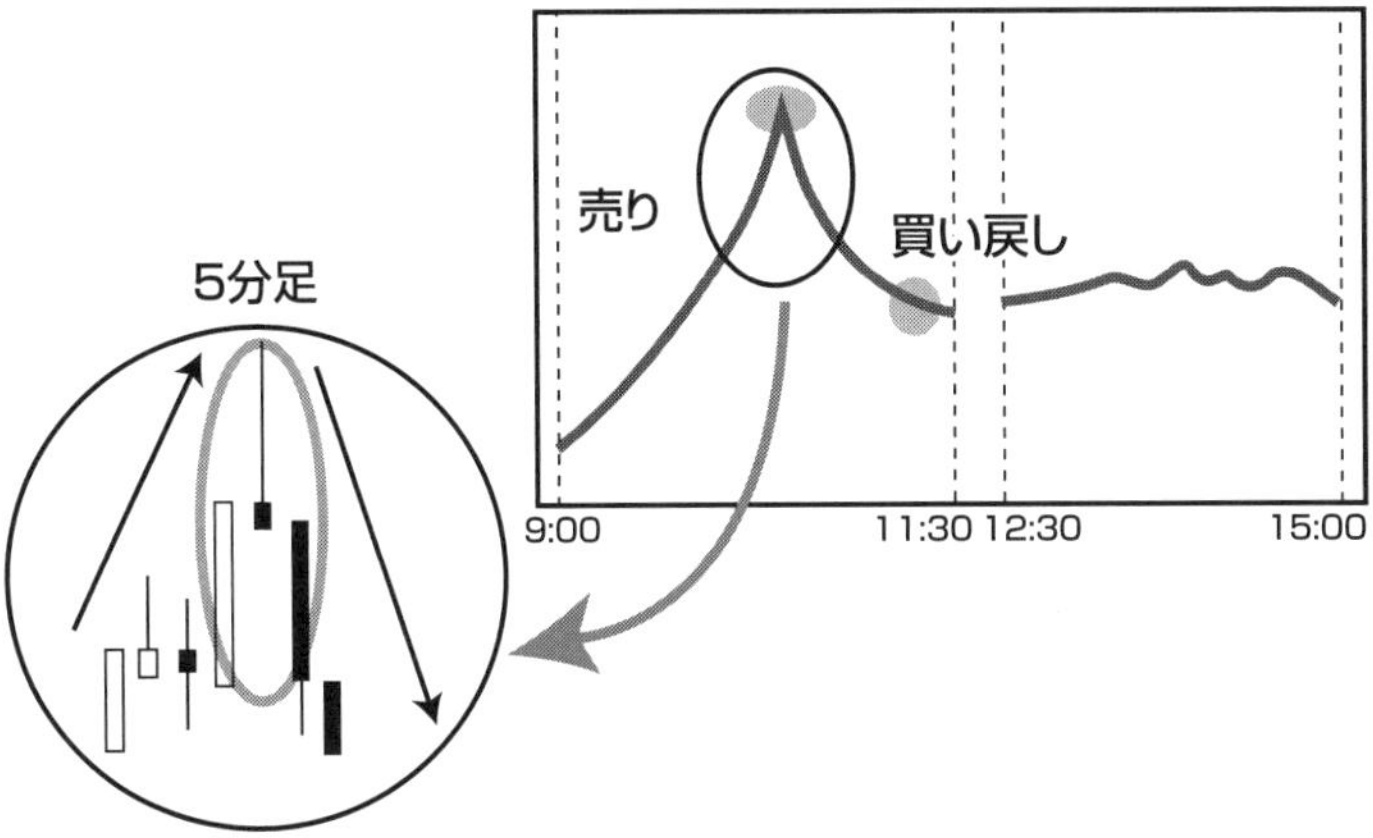

Point!

急激で鋭角な株価の値上がりは、行き詰まって急落することが多い

※上ヒゲでは、ヒゲの部分で取引するのはわずかな人しかいないので、重要な下げのシグナルとなる

3 「寄り付きでの上ヒゲ」は売るのが正解

前項では、上げの過程での上ヒゲのシグナルを説明しましたが、左図の中外製薬では、朝の寄り付きからいきなり上ヒゲで始まっています。後場の寄り付きでも同じです。

そして、その後は前場でも後場でも株価を下げています。「寄り高」[※1]です。

株価の動きは経験則で見るのが正しいので、このシグナルが出たあとには「信用の売り建て」をするのが賢明です。プロでもアマでも、上値での上ヒゲが出たら「ここでは売りだな」と考える人が多いので、もたもたしていると乗り遅れてしまいます。

株式投資では、株価の流れをイチ早く察して、的確に動いた人が一番有利な立場に立てるのです。そのためには、ローソク足のシグナルを俊敏に理解して動くことに尽きます。これほど明らかな株価の上げの終わり、上値限界のシグナルはありません。のんびりと眺めていては、たちまち取り残されてしまいます。長期の投資ならば、多少の間違いを犯しても時間を掛けてチャンスを待つことも可能です。短期の戦いでは、高値で置いてきぼりをくらうような相場の読み方は絶対にしてはいけません。

このはっきりしたローソク足は絶対に覚えておいてください。

寄り付きで上ヒゲが出たらひとまず売る

■中外製薬(4519)の日中足

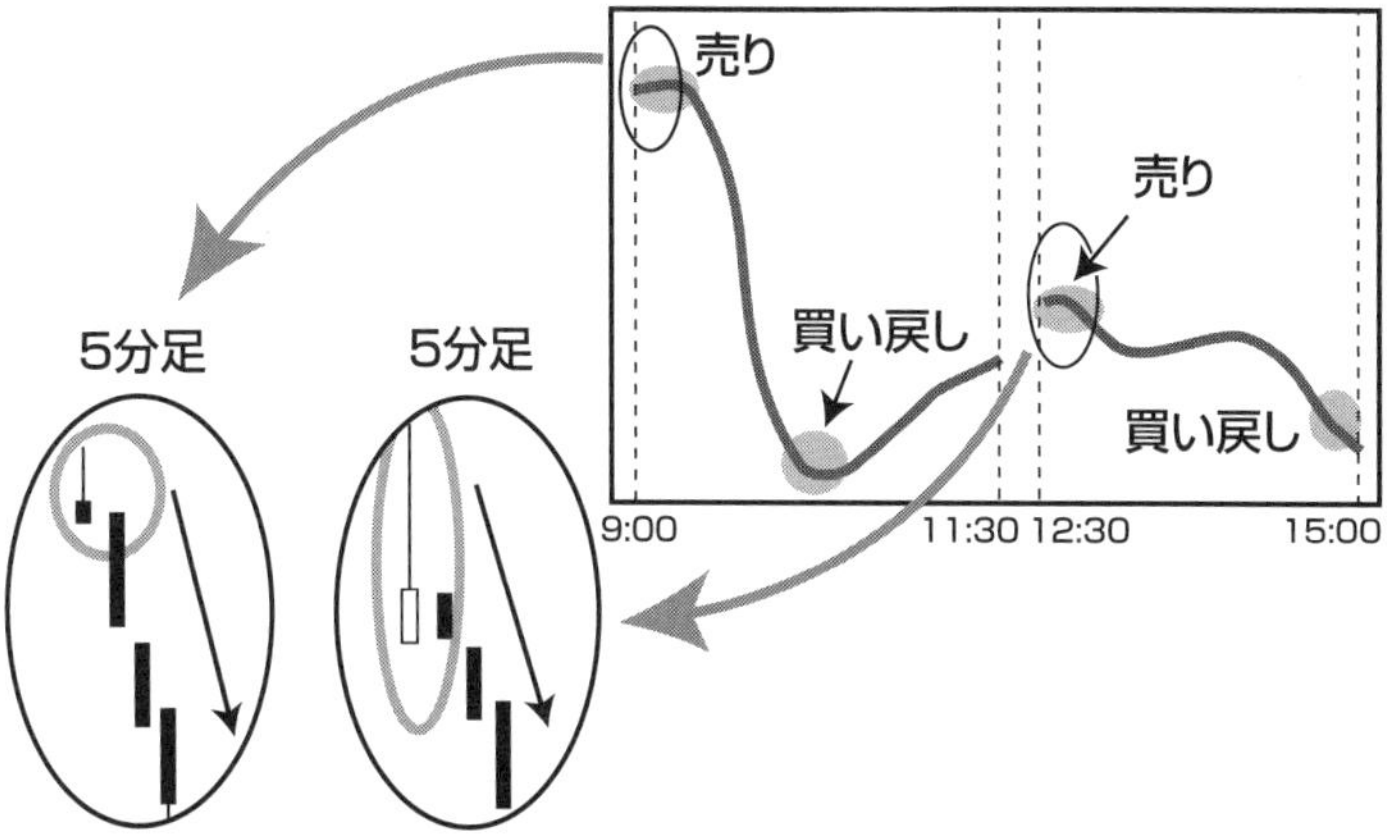

Point!

上ヒゲのあとは、売りを考えた動きの準備が必要になる。もたもたしてはいけない!

※1　一日の取引のなかで、朝の寄り付きが一番高いこと

4 高値に出た陽線は「上げの限界」を示す

株価が上げの過程で「陽線が上に放れる」[※1]と、そのローソク足自体に天井圏の意味があります。陽線であっても小さな「コマ」というべきもので、上値を取ってきたが「そろそろの売り」が出ていることを示しています。これが「宵の明星」[※2]です。

次の段階でいきなり陰線が出たら、完全な売りのシグナルです。ここでは信用の売りを仕掛けるか、持ち株はとりあえず処分することが重要です。

そのままで眺めていれば、株価はどんどん下落していきます。左図の銘柄も、結果的には最安値でその日の相場が終わっています。

ここでのポイントは陰線ではなく、上昇過程の陽線の最後に出た「小さな陽線」なのです。これが下落のシグナルであり、市場のこの銘柄に対する評価を表しています。

次の陰線まで待つか、ここで逃げるかで、デイトレでは利益の幅や損切りの幅がまったく違ってきます。素早い判断が問われるわけです。

上げの過程で出現した「宵の明星」

■上値での小さな陽線の日中足

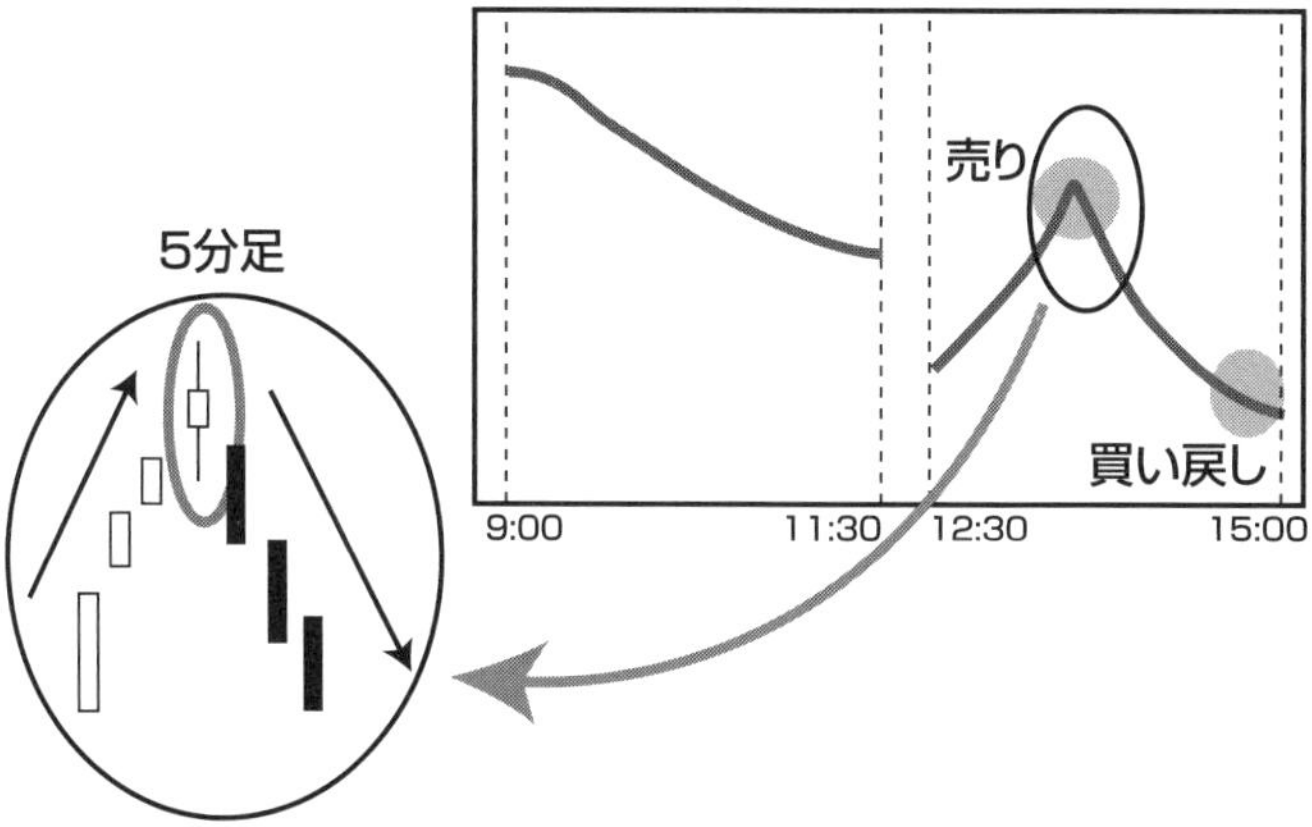

Point!

上げ基調の株価の高値に放れた陽線が出ると、その後、株価は急落する

※1上げの途中で窓をつけて陽線が出ること

※2上昇相場で窓を開けての上放れの陽のコマが現れるが、次には窓を開けて陰線が現れる。「明けの明星」の逆

※株価は極めて高い確率で下がる

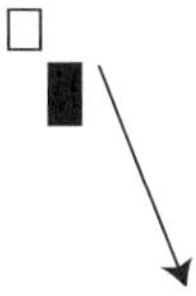

5 上値放れの陰線に注目！

株価の上げから下げへの転換は、小さな陽線だけではありません。上に放れて出た陰線（コマも同じ）も、株価の当面の天井を示します。これも「宵の明星」と呼ばれます。

コマが陽線か陰線かは、株価のわずかなバランスの差で違ってきます。いきなり上げたが頭を押さえられて下げてできるのがコマですが、下げの勢いが強ければ陰線になり、緩やかであれば陽線になります。

いずれにせよ、株価が天井圏にきていること、頭打ちの状態になっていることに変わりはありません。そのために、「ここが限界か」と察した投資家の売りが一気に出やすいシグナルでもあるのです。株価はこれで急落に向かいます。この形をしっかりと覚えておいてください。

左図のメディアシークの動きからすれば、下げに入った株価は、この日は反発することなく、大引けに向かって下げトレンドになっています。利益確定の売り、信用の売りの絶好のタイミングになっているのではずしてはいけません。

上値放れの陰線は下げのシグナル

■メディアシーク(4824)の日中足

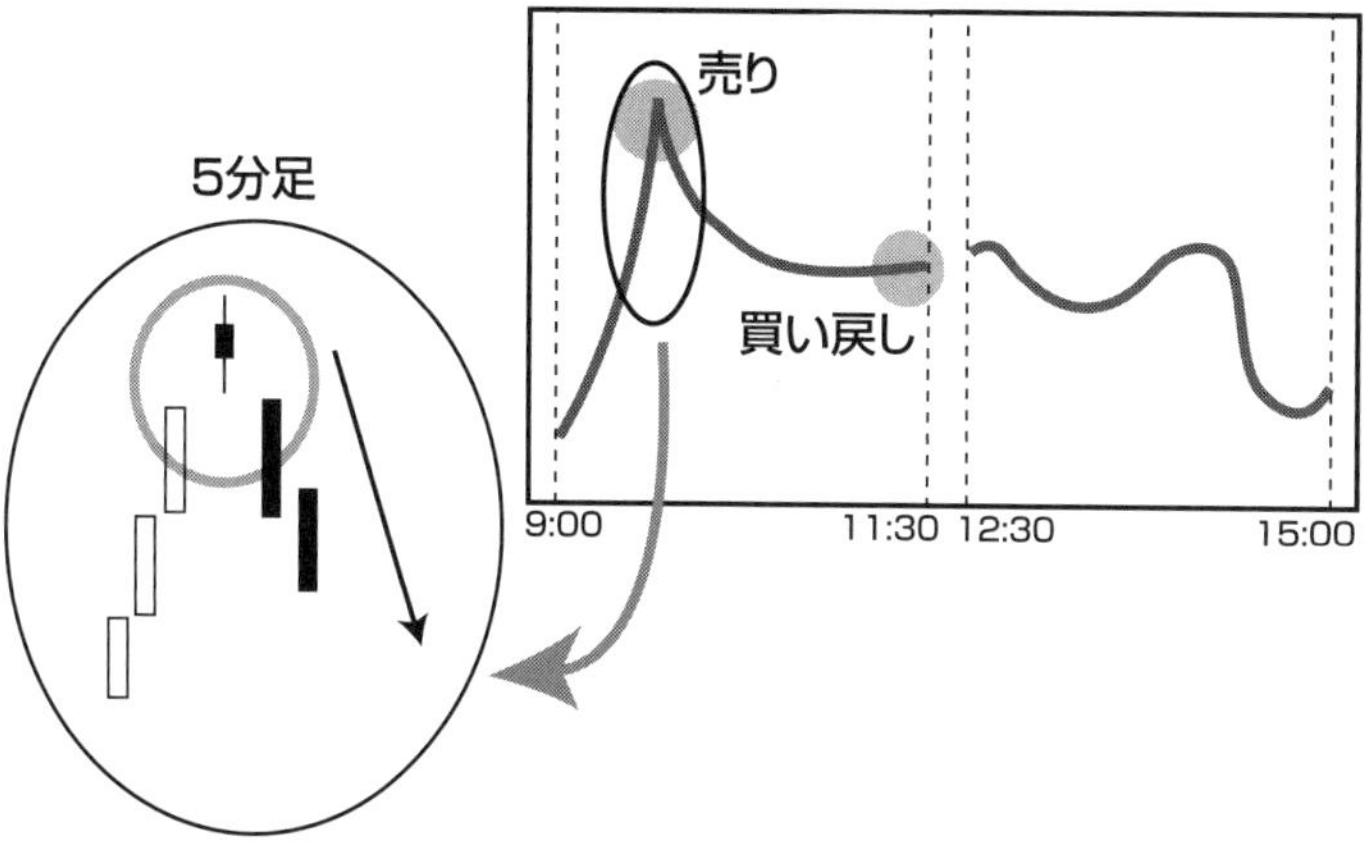

Point!

陽線が続いたあとで放れ、上に陰線が出たあとは、株価が急落することが多い

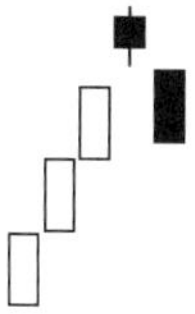

※上値での「星」は、まさに見上げる株価で「星」になる。買いは少なく売り有利になる

6 高い寄り付きの持ち合い後は下がる可能性大

朝の寄り付きで株価がどの方向に向かうのかは、その日の日経平均株価の動きからも大きな影響を受けます。平均株価が強ければ、株価は勢いを増して上げていきますが、弱いと急落か持ち合いの状態になります。

左図の東京製鐵は、朝から上げで始まりましたが、売りが強く出て、押し目に対して買い向かう筋があってもすぐに押されています。

その結果、持ち合いのあとで痺れを切らした投資家が処分売りに向かいました。結果的に株価は急落に向かい、朝の値がその日の高値になっています。

高く寄り付いた朝の持ち合い後の下げはすさまじく、ここで信用の売りを仕掛ければ、前場の終値近辺で買い戻すことにより、大きな売買差益が取れます。

このシグナルを漠然と見ていた人は、その後の急落で慌てることになります。「持ち玉」[※1]があるときは素早く逃げないと、損が拡大し、大失敗につながります。

「持ち合いが長いことは大きなシグナルである」と捉えなければなりません。持ち合いのあとは株価は大きく動くため、どこでどのような手を打つかを瞬時に考えます。

上げのあとの持ち合いは下落へ

■東京製鐵（5423）の日中足

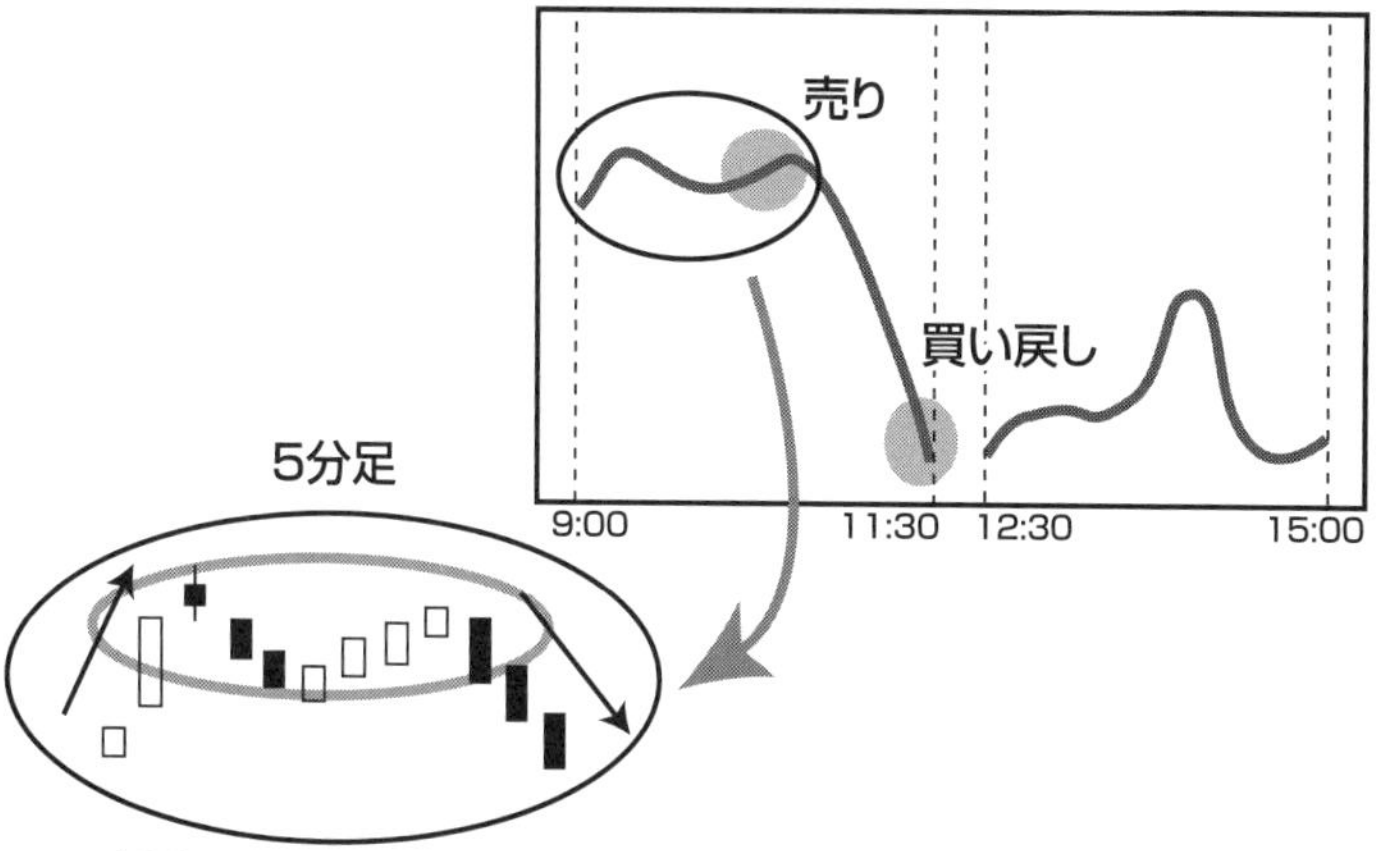

Point!

株価が上げのあとで持ち合いが長く続くと、下落の方向に動く可能性大

※1手持ちの株

※持ち合いのあとの急落に注意

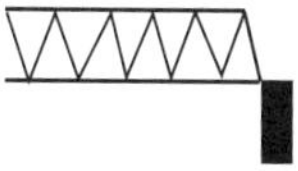

7 陽線を大きな陰線が抱いたら（抱き陰線）即売り

ローソク足は、株式の売買のバランスを見事に表しています。

左図の大平洋金属は、朝から買いが多く、株価に勢いがあったので陽線から始まりました。ところがそのあとで、小さな陽線を抱くようにいきなり「大きな陰線」が出てきました。

これは朝からの上げを打ち消す、極めて明確な「下げのサイン」です。売買のバランスの崩れで、これだけ大きく下げたときには、買い向かうだけの余程の情報がなければ、株価が反発するのは極めて困難です。

だいたいは、慌てての売り逃げが大勢を占めてしまい、結果的に株価は「逆落とし」[※1]になります。このようなときには、持ち株は処分、信用では新たな売り建てが賢明な判断です。

この日は後場にわずかな反発がありましたが、朝からの下げに対する恐怖感が強く、上値を勢いよく追うような展開にはなりませんでした。

朝に陰線が4本も続きましたが、4本も出てから動いたのでは遅い。少なくとも、1本の長い陰線が出た段階で売らなければなりません。

デイトレでは、常に機敏な対応が求められます。

「抱き陰線」のあとは株価が下落する

■大平洋金属（5541）の日中足

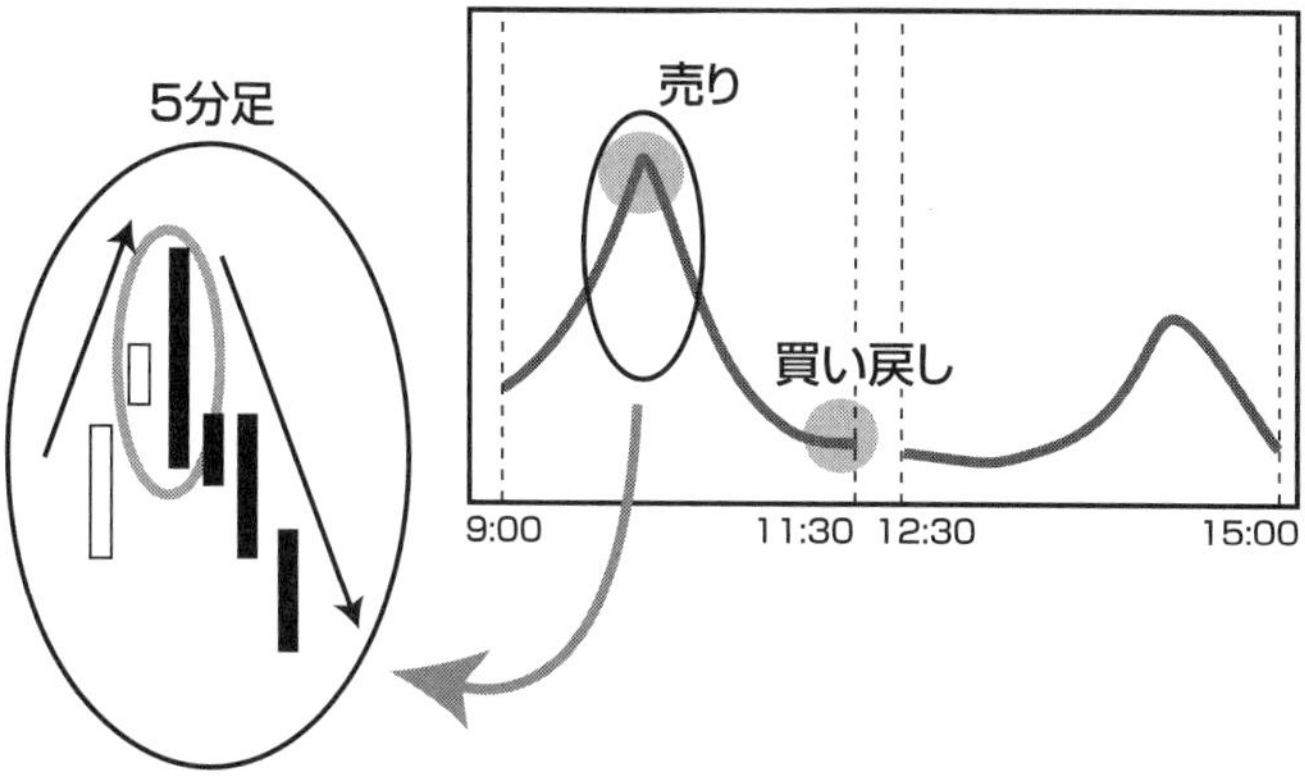

Point!

株価が上げのあとで、陽線を大きな陰線が抱くと、その後の株価は急落する

※1 急落のこと

※「抱き線（陰線）」は、小さな陽線を大きな陰線が否定しているので、明らかな下げのシグナルである

8 十字線を陰線が包んだら売り!

寄り付きから十字線が出るということは、その銘柄自体に対する評価が「気迷い」[※1]から入っていることになります。陰線が同時線である十字線を包む形で出て、株価の下げを示せば、迷いの方向は下げに動いたことになるのです。

それをさらに鮮明にしたのが、次に出た大きな陰線です。これは明らかな下げのシグナルですから、指をくわえて見ている暇はありません。

最善の作戦は、十字線を陰線が包んだあとの下げで素早く売ることです。

5分足が形成されなくても、株価の売買の気配値で動きが明確にわかるのですから、その気配値で対処しておきます。

もし遅れを取った場合は、作戦を切り替えて底値の確認に動くのも一つです。底値で拾って値上がりを待つのです。売り損なったことは、それ自体が失敗ですが、下げのあとは上げなので、違った視点からチャートを見るのも大切な考え方ではないでしょうか。

「寄り付きの包み線」は勢いの弱さを表す

■日立製作所（6501）の日中足

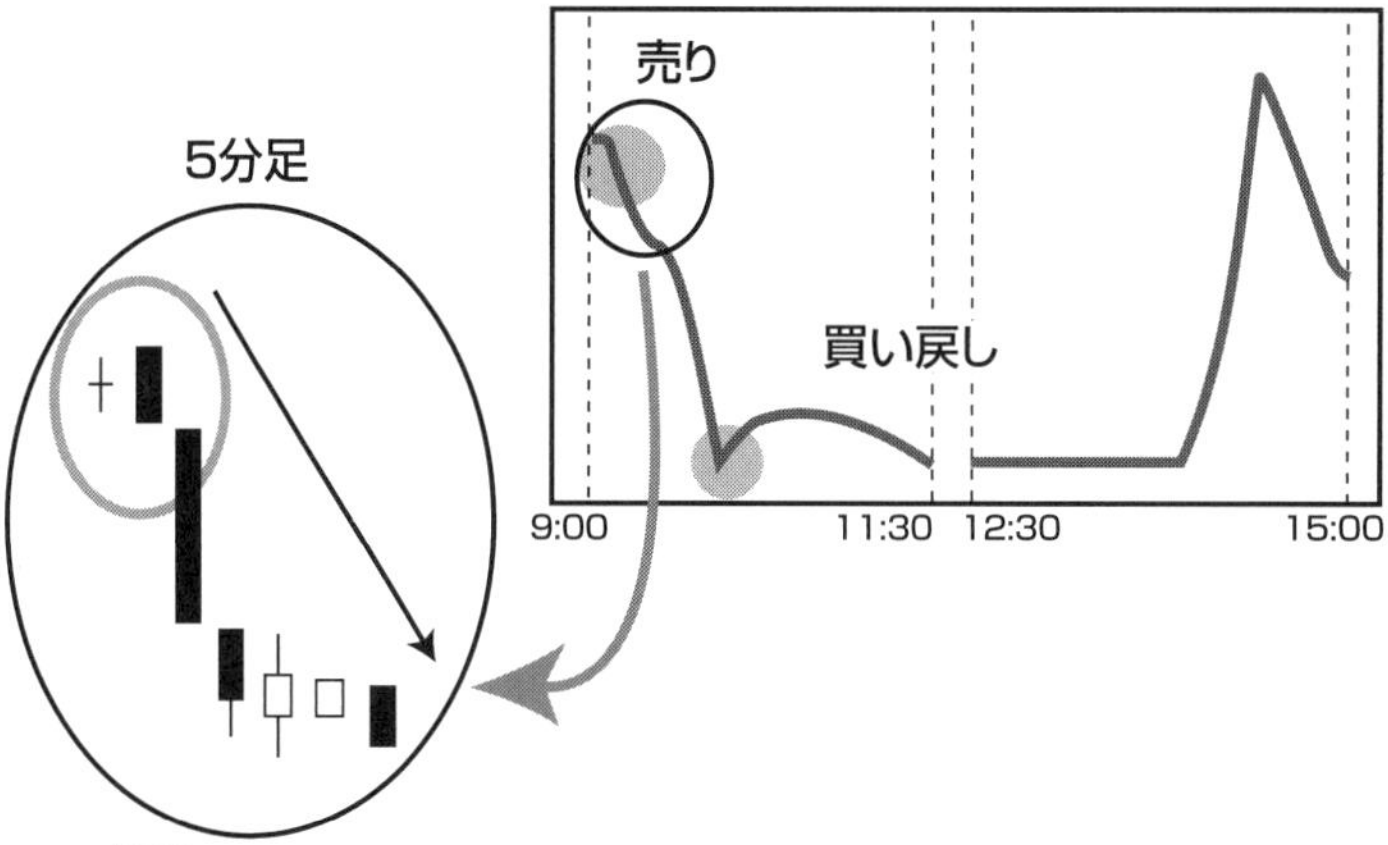

Point!

陰線が小さなローソク足を抱くと、次は株価が下がる可能性が極めて高い

※1売りと買いが拮抗すること

※下げの組み合わせ

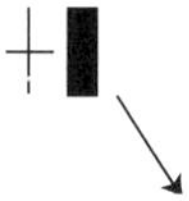

9 2本の「窓開け」の下げは明らかに弱い動きだ

朝の寄り付き直後から、いきなり下放れの2本の陰線が出たならば、これは買いが入る状況ではありません。「押し目買い」[※1]も入れてはいけません。様子見をしていくことで、株価のトレンドが見えてくるからです。

朝方に買っている人がいれば、損切りが賢明です。「売り建てを狙う」[※2]のであれば、2本の陰線がシグナルになるでしょう。この日、マブチモーターの株価は一日さえない動きで右肩下がりの状態になっています。大引けにかけて持ち直していますが、ここでは買い戻しを行ないます。明日に持ち越すのは賢明ではありません。

明日の相場はどのようになるのかと期待せず、その日のうちにケリをつけるのがデイトレの鉄則です。

この銘柄は売りのチャンスは1回だけです。朝のシグナルで売りを仕掛けなければ、あとは下げの一方なので売り建てのタイミングはありません。

株の売買では小さな予兆を敏感に捉えて、リスク覚悟で俊敏な行動を取ることも大切です。

高値圏からの「窓開け」の下げ

■マブチモーター(6592)の日中足

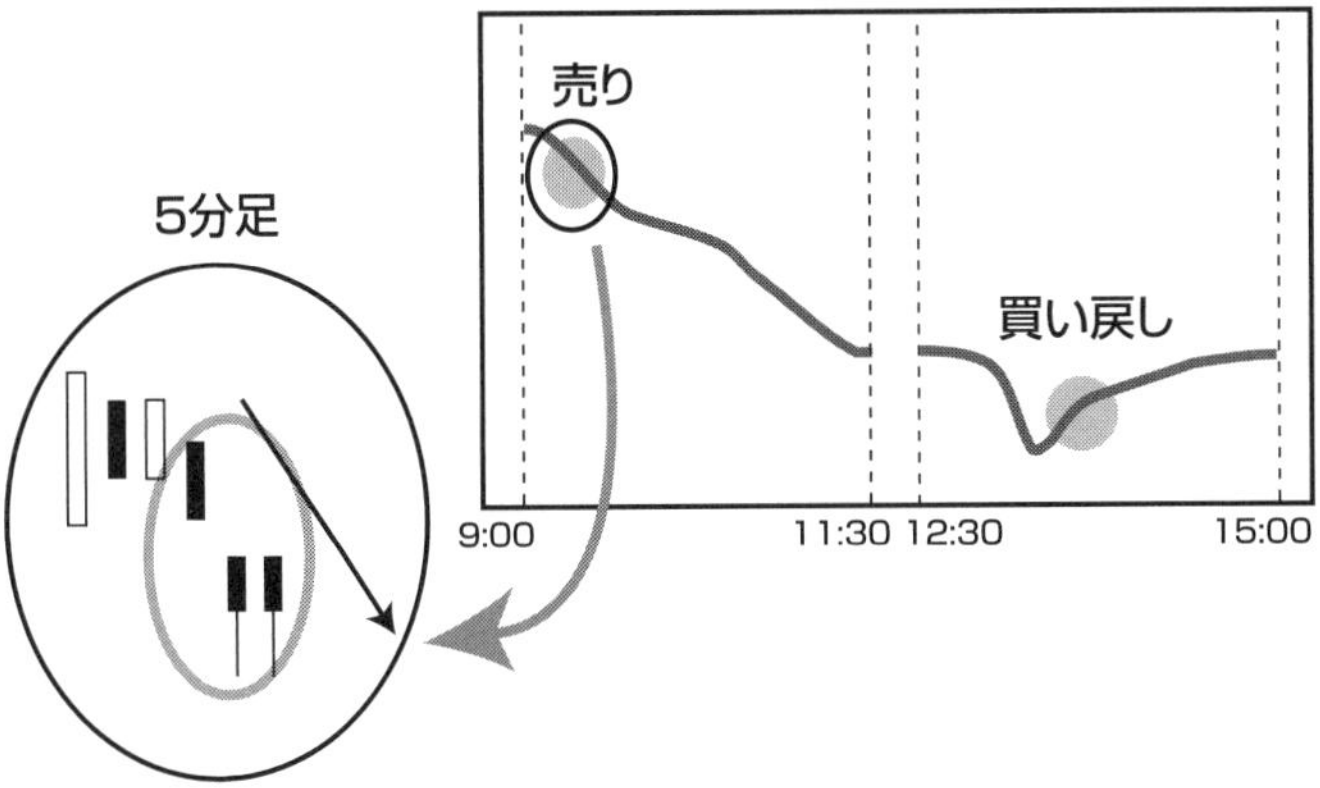

Point!

窓を開けて2本の陰線が並べば、その後は株価が「弱含み」[※3]になりやすい

※1安いと思って買う
※2信用の売りのタイミングを狙うこと
※3下落傾向になること

※下落途中では、窓ができると、「下ヒゲ陰線」が出ても下げのトレンドは変わらない

10 3本の大陽線が出現したあとの陰線は下げ

朝から株価が順調に上げていたにもかかわらず、上値で持ち合いになって、いきなり陰線をつけてきたときは、株価が上昇から下落に転じたことを悟らなければなりません。

株価には、その銘柄に関する評価の対立があり、割高・割安の判断が市場で常に成されています。上げ過ぎのあとには急落になりやすいのです。それは恒久的なものではなく、今の相場のなかでどうなるのかということです。

個々の株価は、そのときの全体の平均的な株価変動とリンクしています。そこで、個別の銘柄が全体水準に比べて割安であれば買われやすく、割高になれば売られやすくなります。

左図のフォスター電機も、朝の上げで「上げ過ぎ」と判断されたので、株価は上げから下げへと転換したのです。

株価に偶然はありません。もちろん行き過ぎはありますが、それぞれ理由のある動きなのです。これを明確に分析できる人が株式投資で的確な売買ができる人であり、最終的に大きな利益が得られるのです。株価の動きの形について知識を持つことは、成功への大きな手段だといえます。

「上放れ陽線」は上値の限界

■フォスター電機(6794)の日中足

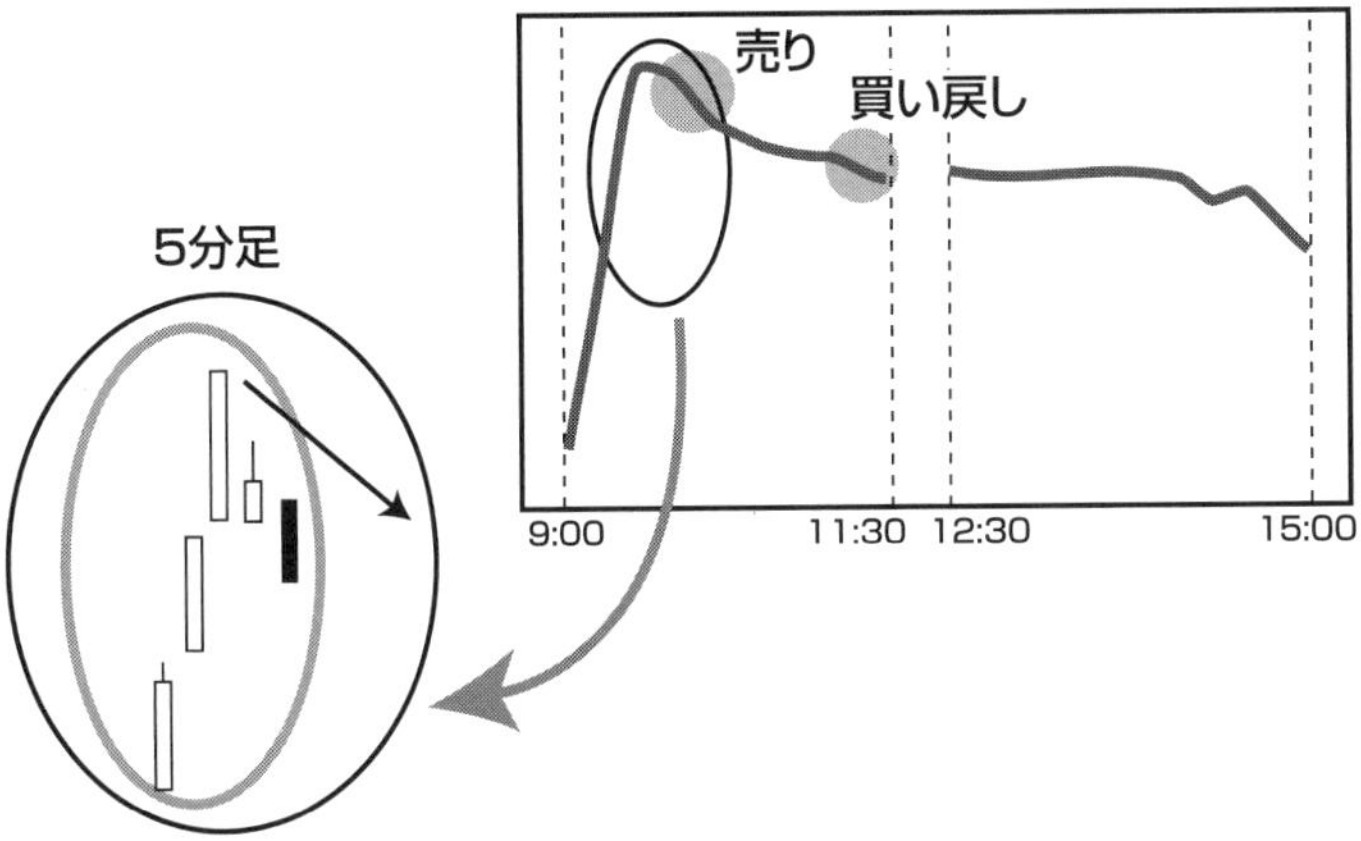

Point!

3本の上放れ陽線が出ると、株価上昇のエネルギーは出尽くしたと考えられる

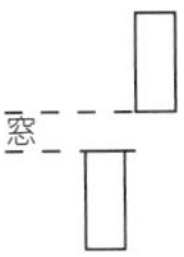

※上放れは株価の行き過ぎ

11 「つたい線の打ち返し」は下げに転じやすい

株価が上がり切ったときに出やすいシグナルが、利益確定の動きのあとに出る陽線です。

左図の京セラでは、上昇途中の天井圏で陰線が2本出たので（つたい線）、「株価が下げに入ったか」と思いきや、いきなり陽線が出て（打ち返し）上げを見せています。これを「つたい線の打ち返し」といいます。陽線が出れば「まだ上がるのかな」と考えてしまいますが、今度は本格的に下落を始めました。こうなったら逃げなければいけません。天井圏で陰線が2本出たこと自体が「下げの始まり」と考えなければならないのです。

「騙し」[※1]の上げが1本出ましたが、これに翻弄されてはいけません。次の段階では大きな陰線が続いて、結果的に本格的な下げを見せています。

持ち株は処分を急ぎ、信用では売り建てをするのがよいでしょう。とくに株価がこう着状態のときは、順張りだけでは儲けられないので、売りから入る方法も考えます。これが信用取引のメリットであり、株価がどうであれ、動くこと自体が儲けの種になるのです。

京セラの一日の動きを見ると、朝に買いのポイントがあり、大引けにかけて上げましたが、結局、急落して終了。「どこまでも追いかけてはならない」という教訓が残りました。

上値での「つたい線の打ち返し」は下落に

■京セラ(6971)の日中足

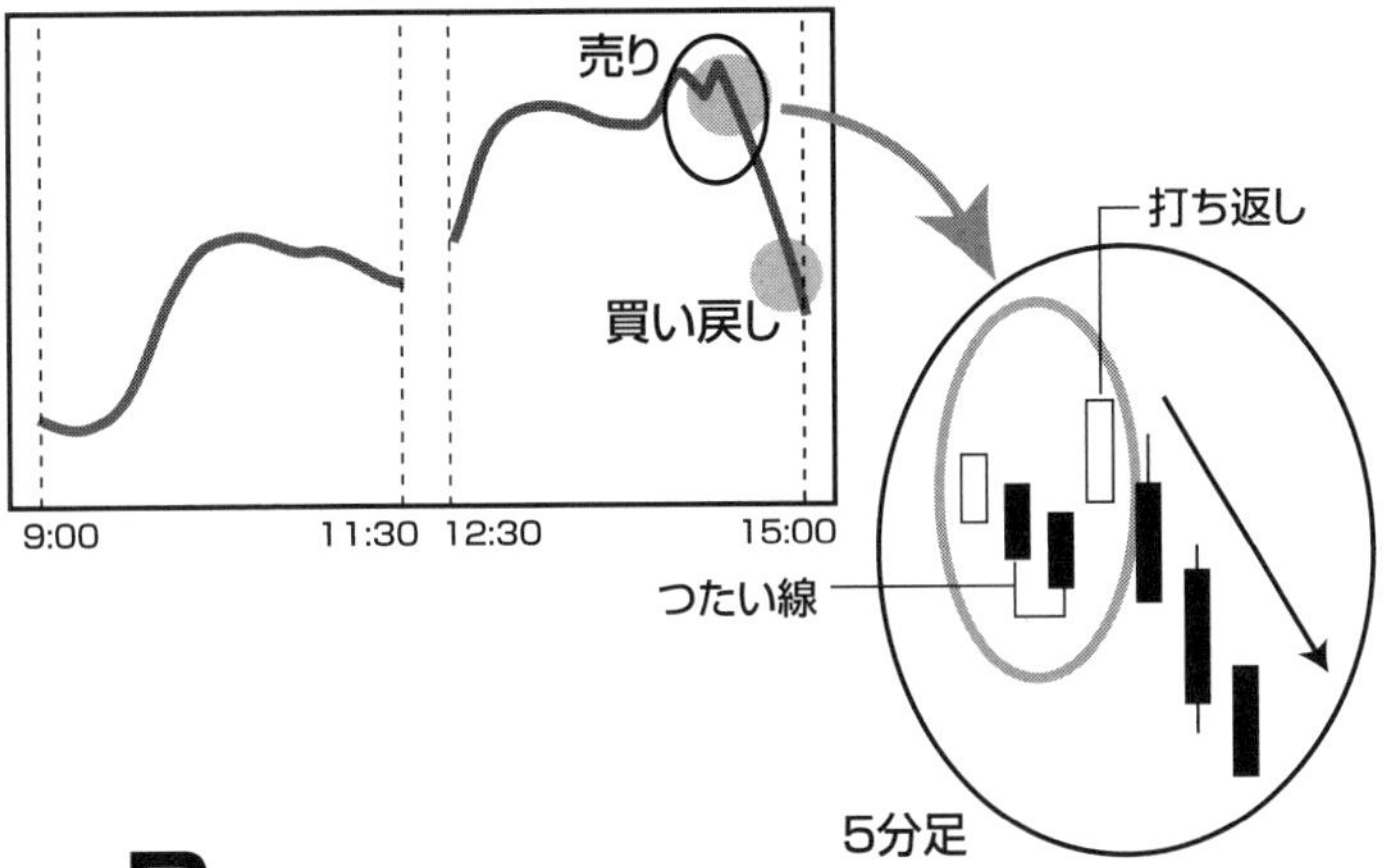

Point!

天井圏で陰線が出て下げてきたあとに反発の陽線が出ても、下げることが多い

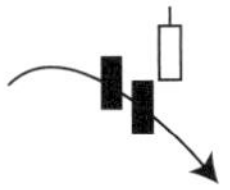

※1株価の方向性を見誤らせる動きのこと

12 天井はとにかく売るのが賢明だ

左図のメディネットは、前場に1回、後場に1回、その日の株価の上値を見せています。1回目の山が高く、2回目は下げ後の反発です。

1回目で信用の売りを仕掛けて、下げで買い戻します。「これで終わりか」と思ったら上げ始めたので、今度は買います。そのあとに天井がやってきました。急いで利益確定をし、同時に売り建てを行ない、大引けで買い戻します。

この3回の売買で、差益は3回取れたことになります。

実際の投資で、このようにうまくいくかどうかは別にして、5分足を読んでいくと儲けのチャンスが数多く転がっていることがわかるはずです。

この銘柄は一日に2回の天井を見せているので、「ダブル天井」と名づけましたが、このような派手な上げ下げの動きがあるのは、株式投資としては極めてチャンスが多く、おもしろい投資ができます。ただ、うっかりしていると、利益確定のタイミングを逃してしまいます。買ったらすぐに売る態勢に入らないと、デイトレではこのような激しい動きにはついていけません。

「ダブル天井」で2回のチャンス!

■メディネット(2370)の日中足

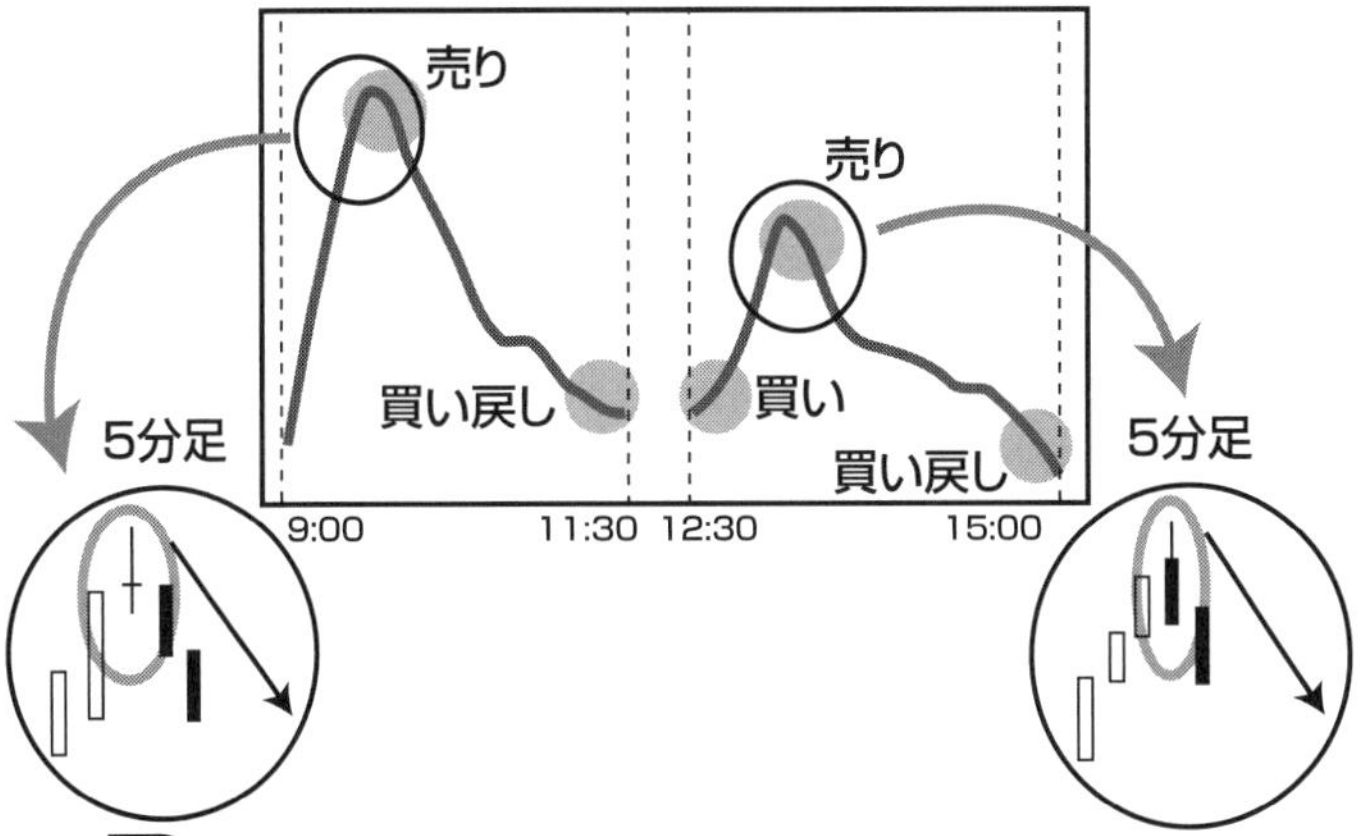

Point!

1日の株価の変化で、上ヒゲが出れば極めて高い確率で株価は下がる

※上げのあとの十字線は、上昇の限界

13 「上ヒゲ」「窓開け」「陰線」なら即刻売り！

左ページのダイセルは、朝に買いが集まって人気化しました。恐らく前から人気化していたので買いが集まったのでしょう。※1

しかし株価の動きは、予想通りにはいかないのが一般的です。皆が上がると考えているときには、売りに向かう人も出てきます。

結果的に、朝から持ち合いを示す十字線が出てしまいました。問題はそのあとです。しっかり見ておかないと大変なことになります。出たのは下に放れた陰線でした。これでこの銘柄のこの日の動きは決まりました。一気の下げの動きを鮮明にしているからです。

ここは機敏に売らなければなりません。持ち株は売りです。信用取引では絶好の売り建てのチャンスになります。

これほど明確な朝からの下げはありませんので、安心して売ることができます。陰線が続くと慌てて売りが多くなるものです。その動きも的確に読まなければなりません。ただ、最後に急伸の場面もあることは頭に入れておきましょう。

「上ヒゲ」「窓開け」「陰線」なら確実に下げる

■ダイセル(4202)の日中足

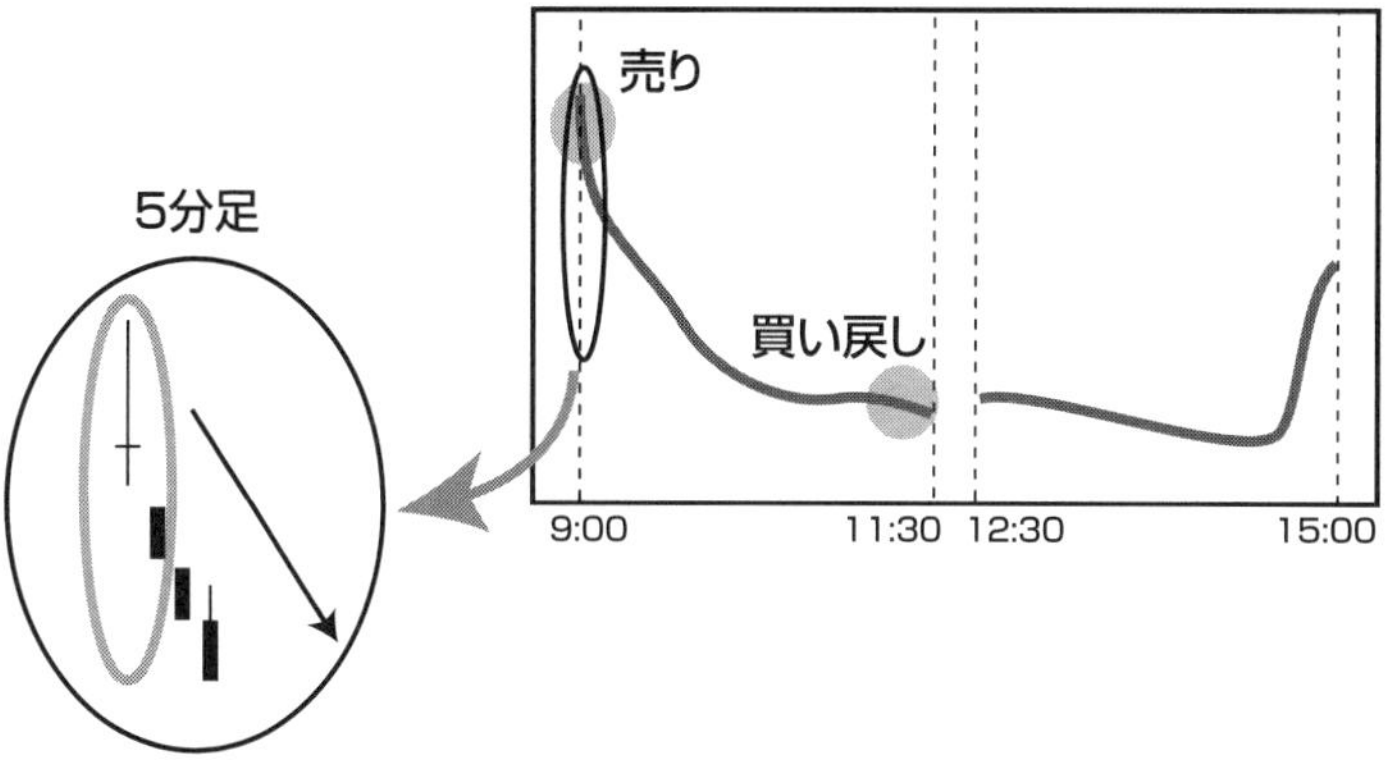

Point!

長い上ヒゲのあとで、さらに陰線が続けば、株価は弱含みで推移する。売りが有利!

※1 買いが集中すること

十字線も上ヒゲである

明らかな下げのシグナル

14 寄り付きで3本の「上ヒゲ」は即刻売り！

左図のサニックスは、朝から出た典型的な上ヒゲのローソク足ですが、形は変わっても強烈な売りシグナルであることには変わりありません。

3本も上ヒゲが出たというのは、「これ以上の上値はいくら買っても限界です」ということを明確に教えてくれています。一見すると、天井圏で3本の陽線が続いているので、「持ち合いかな」と勘違いする人もいるでしょう。しかし、それは間違いです。

次に出た大きな陰線がそれを駄目押ししています。この陰線が出たあとで、「まだ反発があるのでは」と期待していたとすれば、それも大きな間違いです。寄り付きの上ヒゲは間違いなく売りです。ローソク足の基本シグナルです。絶対に覚えておいてください。

この足が極めて明確な下げの方向性を示していることが読み取れれば、その後の下げで下落幅を大きな利益獲得のチャンスに変えることが可能になります（信用取引の場合）。下げの途中までできてから仕掛けたのでは、逆にリスクが大きくなってしまいます。

3本の上ヒゲは下げの確率が高い

■サニックス(4651)の日中足

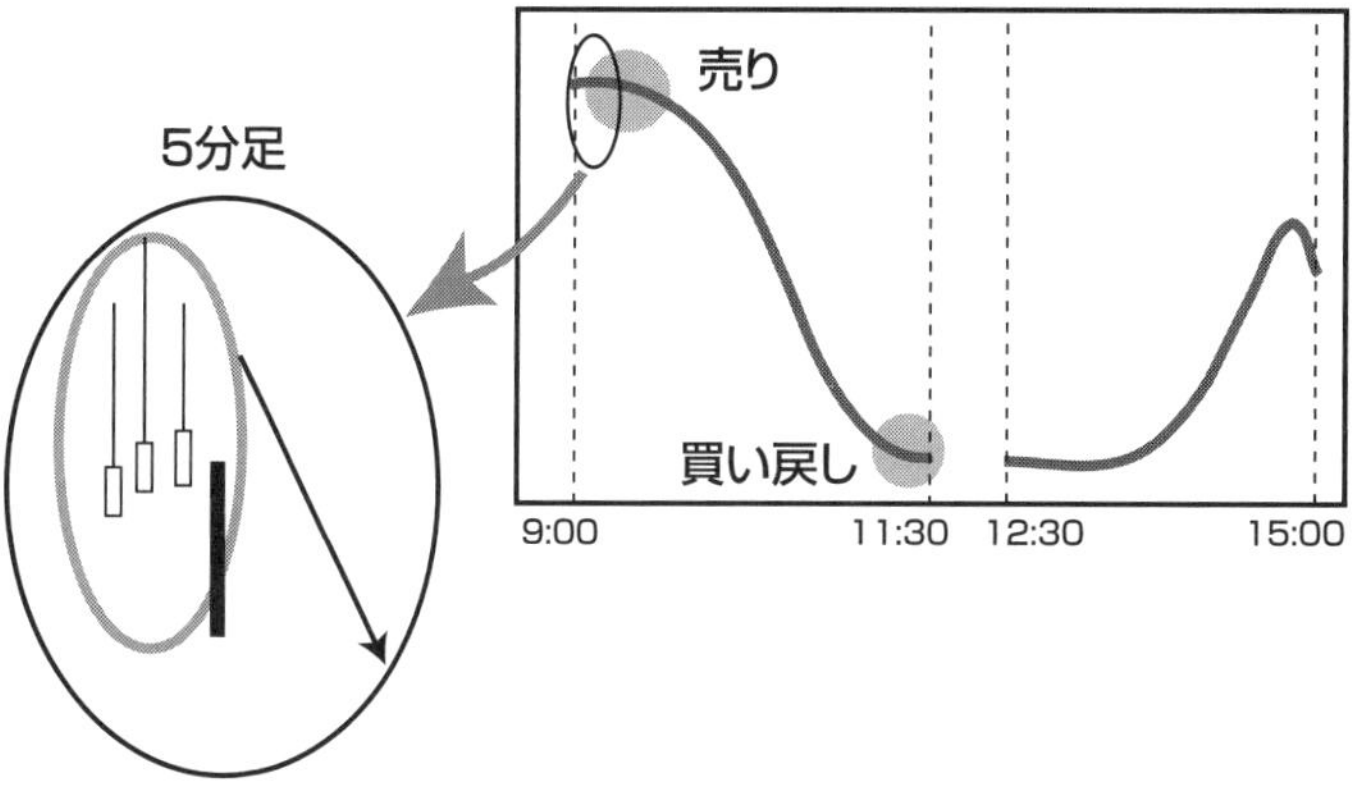

Point!

寄り付きで3本もそろって上ヒゲが出ているときは、その後の株価は下落することが多い

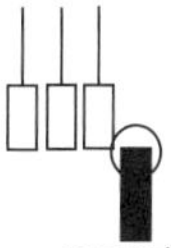

※上ヒゲが上位に出れば、極めて高い確率で売り有利になる

15 持ち合い後の大きな陰線は売り！

朝から株価が上にも下にも行かないで、「さてどうなるのかな」という動きをしているときは、その後の変動に十分に注意しなければいけません。

なかには一日同じ株価で終わるときもありますが、持ち合いが続くと「これは駄目だ」とばかりに、売り逃げや投げが出てきやすいのです。そうなると、今度は「我先に」と売りが出てくるので、株価は崩落の様相になってしまいます。

それが左図でも見られる持ち合い後の大陰線です。

うまい人はここでは確実に逃げる、損切り、売り建ての行動を起こします。

そうしなければ、株価変動のチャンスを手にできないからです。株価はある方向へ動き始めたら、しばらくは必ずその方向に向かっていきます。

左図の銘柄でも、大陰線が出てしばらく下降し続けていますが、これは投資家心理がそのまま反映されているのです。後場は少し値動きが荒くなっていますが、これも一つのチャンスです。これは相場の流れであり、無視してはいけません。株価の動きにうまく乗ることが、利益を誰よりも有利に手に入れる鉄則です。

持ち合いでイライラして大陰線が出ると下げ

■安川電機（6506）の日中足

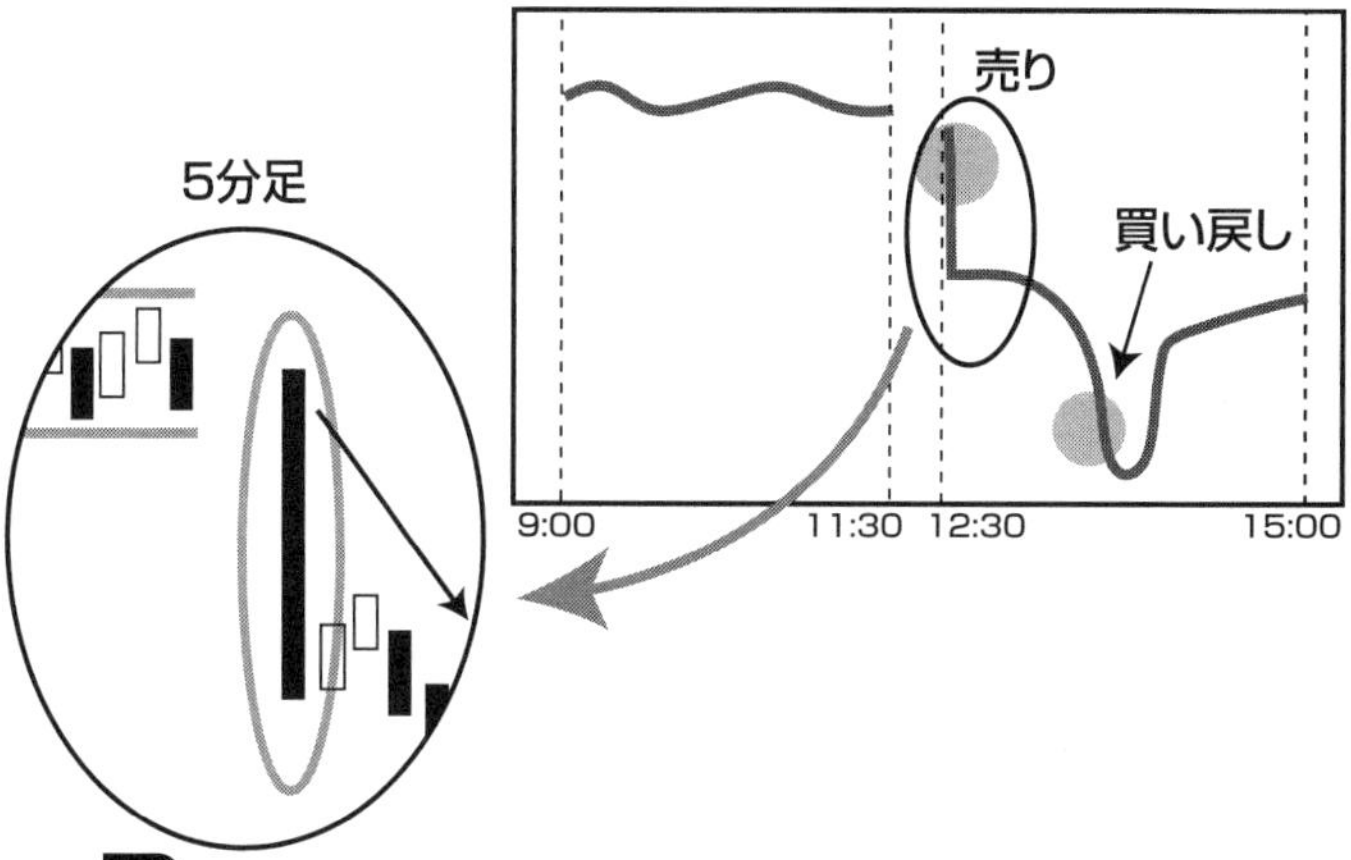

Point!

株価が長い持ち合いのあとで急落したら、その傾向はしばらく続く

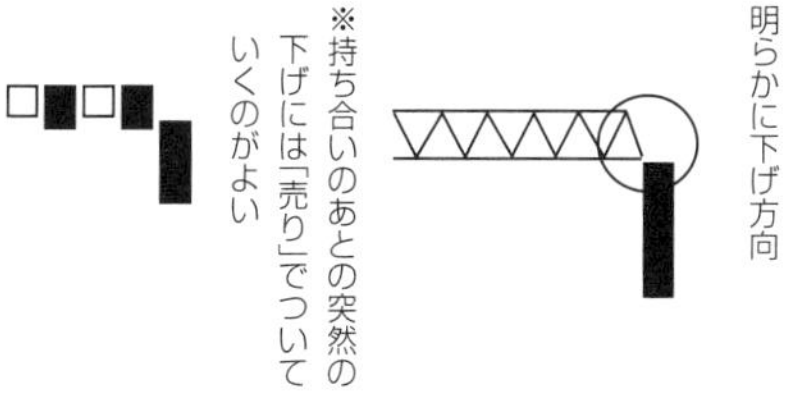

16 ボックスの下への「持ち合い放れ」は売り！

大型の銘柄に見られる動きですが、朝からある範囲内で株価が上下したボックス相場のあとに、いきなり大きな窓を開けて株価が下落することがあります。

これは一定の範囲で、株価が売りと買いのせめぎ合いが行なわれていたのにもかかわらず、株価の大きな動きがないので、買い方が痺れを切らして投げてきたか、あるいは売り方が持ち合いに「売り玉」をぶつけてきて、値崩れを狙った場合に生じます。

ヘッジファンドや証券ディーラーなどがよく使う手法で、株価を動かすことを狙いとしています。当たり前ですが、株価に大きな変動があれば上がっても下がっても利益を得るチャンスがあります。そのために、さまざまな仕掛けが行なわれるのです。

左図のＯＫＩのローソク足の動きは、明らかに「売り崩し」[※1]であり、このシグナルが出たら、速やかに売らなければなりません。

株価の方向に逆らっても儲かることはなく、リスク回避もできません。株価の方向性をしっかり見て、流れに逆らわずに売買を行なっていくことでよい成果が得られるのです。

持ち合い放れで窓が開いたらチャンス！

■OKI(6703)の日中足

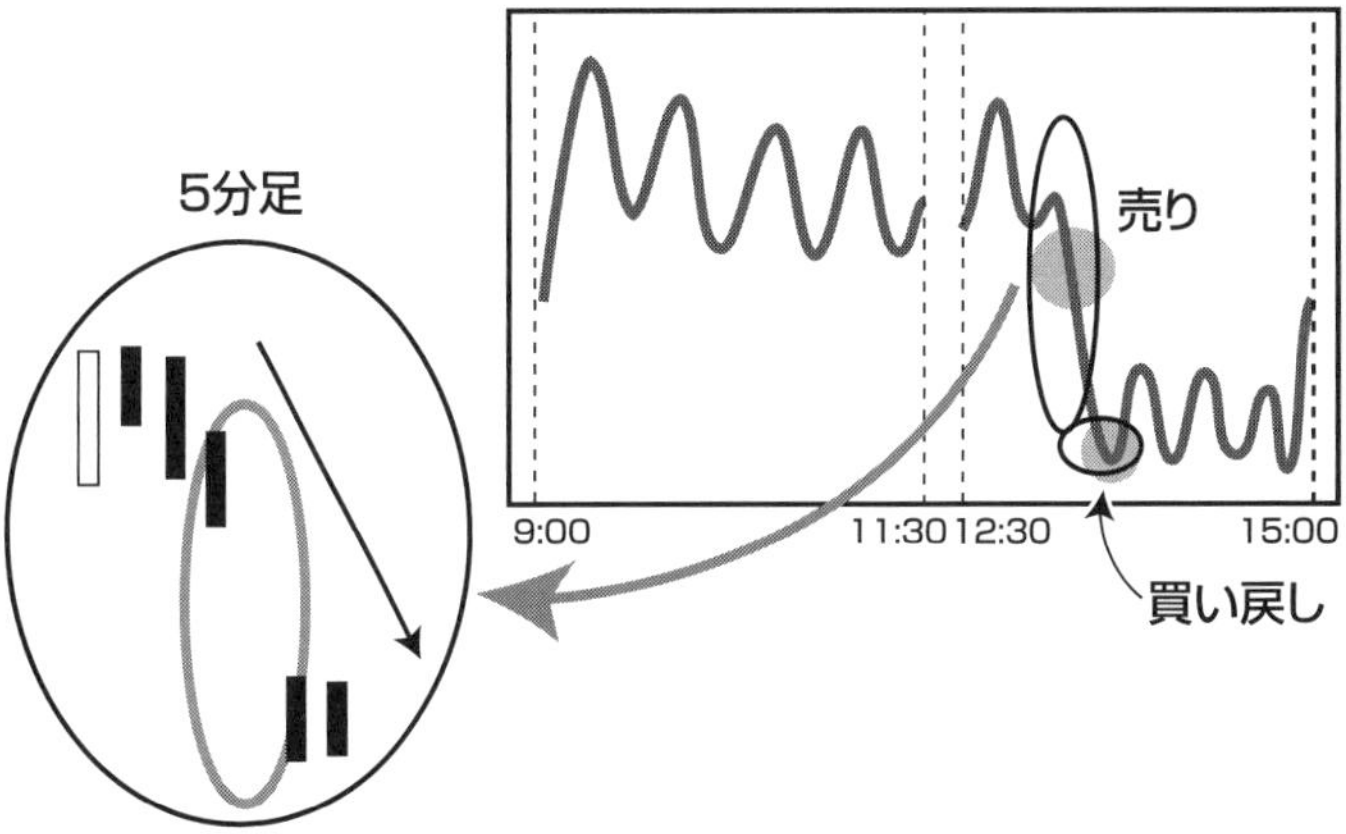

Point!

株価が一定の値幅の動きから素早く下に向いたときは、売りを入れて利益を得る

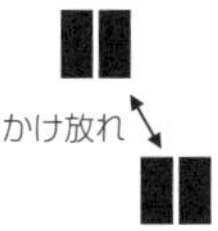

※1売りを多く出して株価を急落させること

※大きな「持ち合い放れ」にうまく乗れれば大成功。失敗したら手仕舞いになりやすい

17 いきなりの下げは期待感を持たずに素直に売る

小型の銘柄によく見られることですが、株価が強く上に推移しているので、このまま上に行くのかと考えていると、意に反して急に下げることがあります。

大型の銘柄でも、相場全体に引っ張られて急落することがあります。まさに、株価の一寸先は闇としかいいようがありません。株価がいきなりこれまでと違う動きをし始めたら、すかさずその方向を見極めてください。

左図のピクセラの場合には、明らかに株価は下を向き始めたのですから、売りで対処すべきです。「そのうち反発するだろう」と裏づけのない期待感を持ってはいけません。下を向き始めた株価は、余程のことがない限りは、そのまま下げていきます。

こういった一瞬の変化に対して、俊敏に対応できる人だけが株式投資で「変動の旨味」を味わうことができるのです。気配値を見ていれば、いきなり売りが多くなり、買いは入らなくなるので、「おかしい」と考えられるはずです。

上げから下げへの転換点は売り

■ピクセラ(6731)の日中足

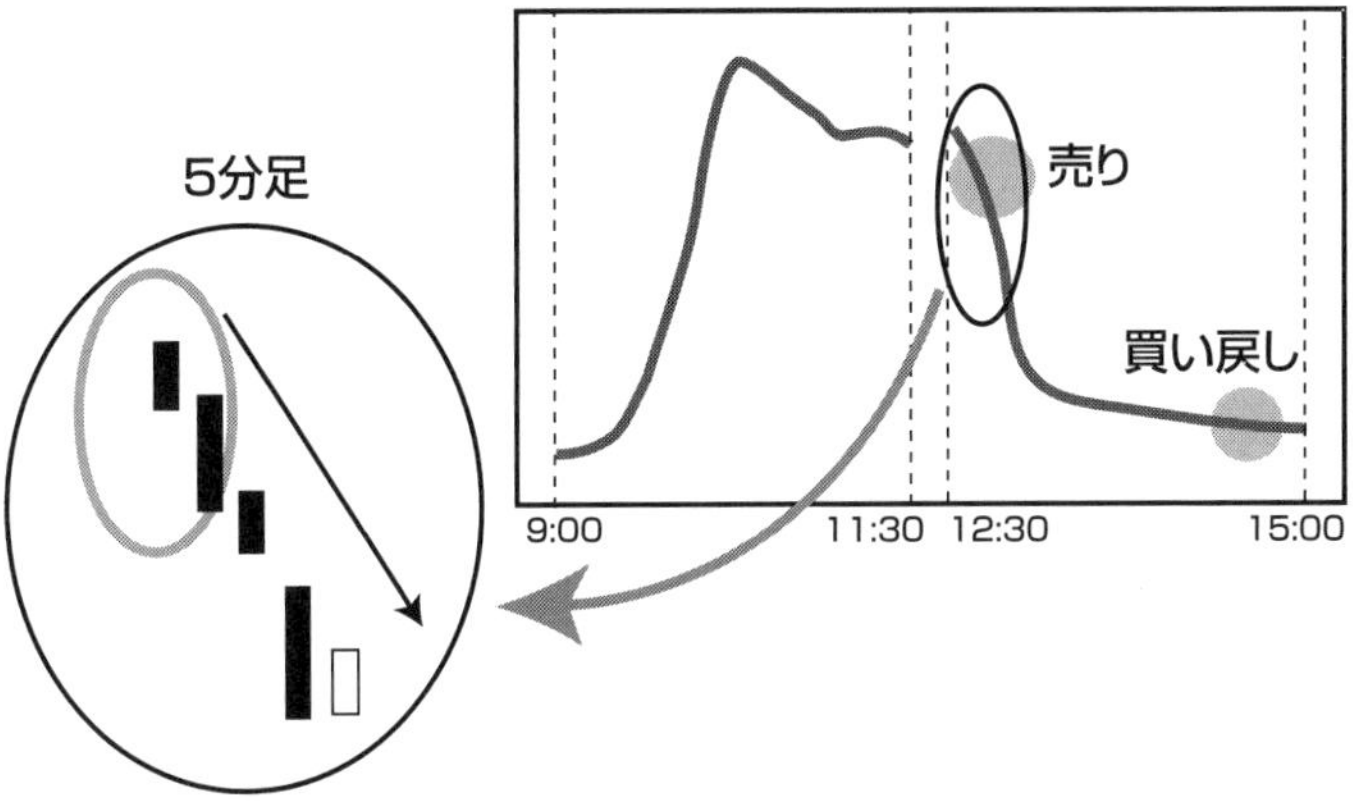

Point!

株価が上げ続けたあと、いきなり陰線が出たら、売り圧迫が強くなるので売り!

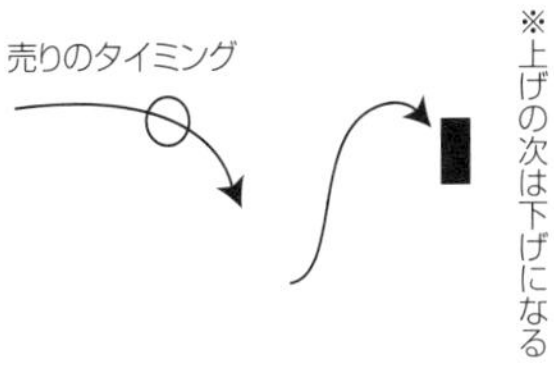

18 寄り付きに出た「陽のはらみ」は売り!

某日の株価は、全体が「調整の局面」[※1]で推移しました。多くの銘柄が、日経平均株価の下げにつられて下げました。

このようなときは「平均株価にひきずられた」という表現が正しいのですが、個々の銘柄のローソク足を見ても、「今日は株価が弱い」[※2]ということがわかります。

その象徴的なシグナルが寄り付きの5分足に現れます。陽線のあとに小さな陰線が出た「陽のはらみ」です。これは株価の先行きが「弱含み」になることを表しています。

その後のローソク足が陰線続きになっていることが、その傾向を鮮明にしています。結果的に、この日の株価は右肩下がりになっています。

この相場では、売りから入るのが妥当であり、決して買いを行なってはいけません。短期の売買を手段とするときは、当日の流れについての的確な判断が要求されます。

デイトレでは、「いかにその日の相場の波動を的確に読むか」が大切な条件になるのです。

株価の方向性が上に向いているか、下に向いているかの波動を読まなければ、的確な判断はできません。

寄り付きでの「陽のはらみ」は下げ

■ヒロセ電機（6806）の日中足

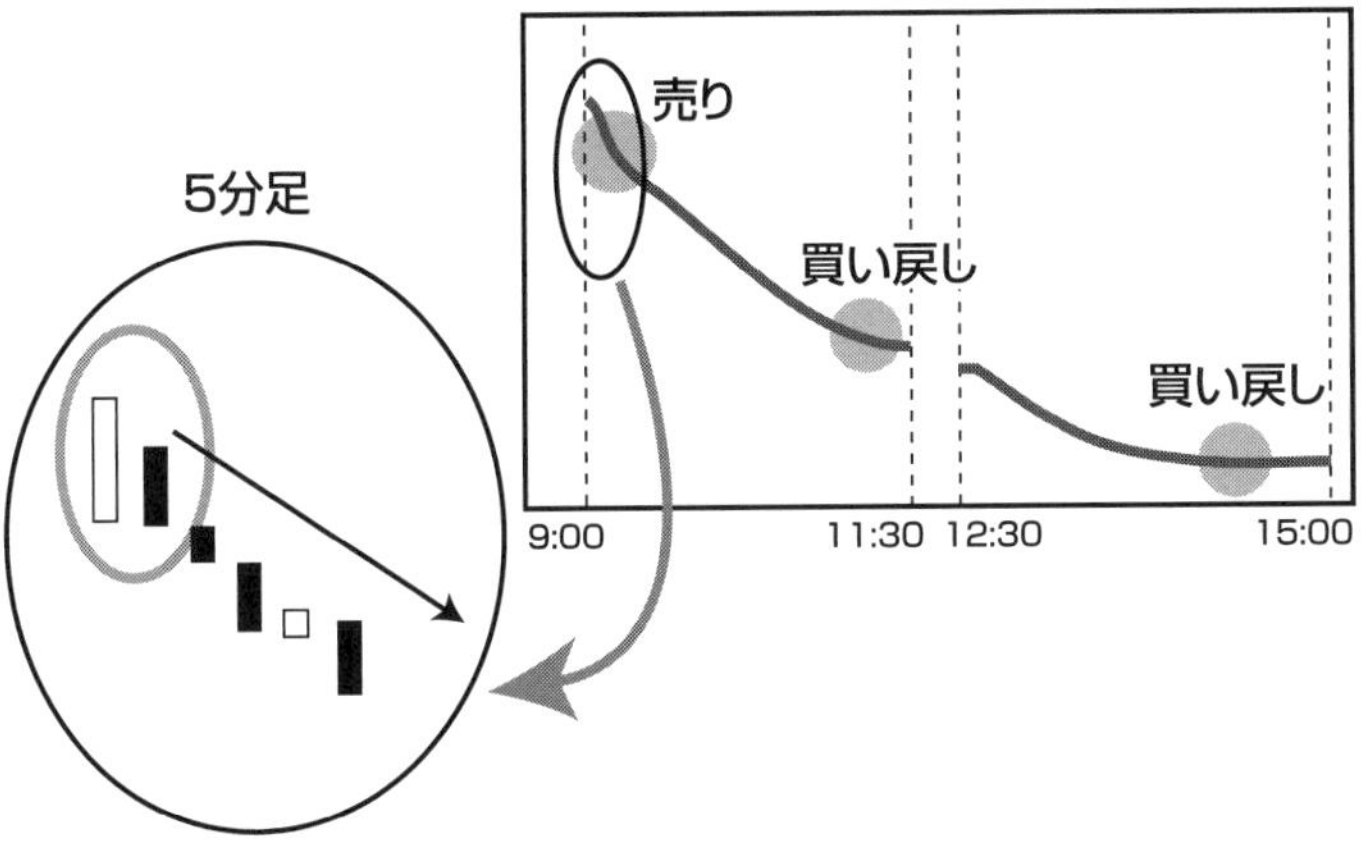

Point!

寄り付きから「陽のはらみ」が出たときには、その後の下げを確認して売る

※1上げのあと、下げに入ること

※2下落傾向のこと

「売り建て」しかない下落の株価

※陽のはらみ

19 前場と後場にまたがった「陽のはらみ」

相場は前場と後場に分かれますが、株価の動きまで前場・後場と明確に分けるのは、賢明な考え方ではありません。

とくに前場の終値と後場の始値は注目されますが、左図のユニデンのように前場と後場を合わせると、「陽のはらみ」が出ていることもあるので注意しなければなりません。

このシグナルが寄り付きで出れば、下落を示していることはすでに述べましたが、それを裏づけるように、その後に大きな急落を見せています。

ここでの素早い売りが成功の鍵です。

株式投資では、「株価は上げばかりではない。下げにいかに対応するか」ということに注視しなければなりません。下げに対して俊敏に対応できる人こそが、株式投資でトータルで儲けることができるのです。

「株式投資は損切りが鍵」といわれますが、損を少なく、儲けを大きくできなければ、最終的に儲けることはできません。大半の投資家の失敗は、このような下げの局面で馬脚を現してしまうのです。

前場と後場に渡った「陽のはらみ」に注目!

■ユニデン(6815)の日中足

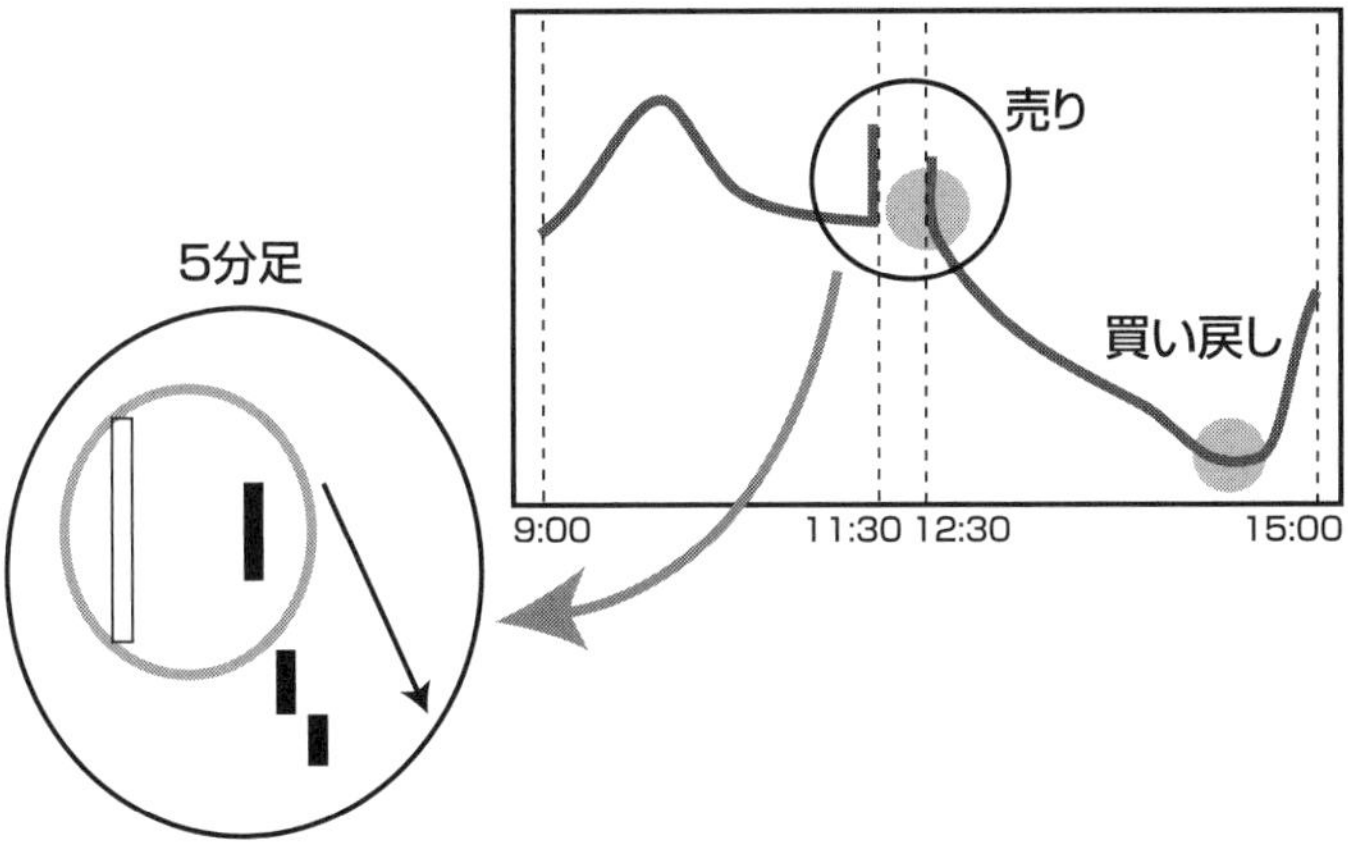

Point!

前場に大きな陽線が出て、後場にはらみの陰線が出れば、下げになる

陽のはらみ

20 後場の株価の急変には細心の注意を！

前場は好調でも横ばいでも、昼休みの間に何があるかはわかりません。引き続き後場も株価の動きに注意を払う必要があります。

左図のアライドテレシスホールディングスの場合は、後場からいきなり陰線続きで下げてきました。最初の陰線は小幅なので、「そのうち反発するだろう」と考えてしまうのが一般的でしょう。ですが、やがて下げ幅が大きくなってきました。これは本格的な下げなので放置はいけません。持ち株は処分、あるいは新たな信用の売りを仕掛けてください。

結果的には、株価はさらに急落し、大引けに向かってどんどん下落しています。

このような株価の動きを読むのは難しいように思われますが、素直に考えれば、特段難儀なことではありません。株式投資で失敗を経験すると、「こうなるかもしれないが、逆もあるかも」と迷ってしまいがちです。するとこれが高値を掴んだり、安値を売ってしまう、という考えられない失敗を犯すことになります。どうしても過去の経験から「裏の裏を考える」ことをしがちですが、素直に株価の流れに沿って考えればいいのです。

前場は横ばいでも後場で下げに転じたら売り

■アライドテレシスホールディングス(6835)の日中足

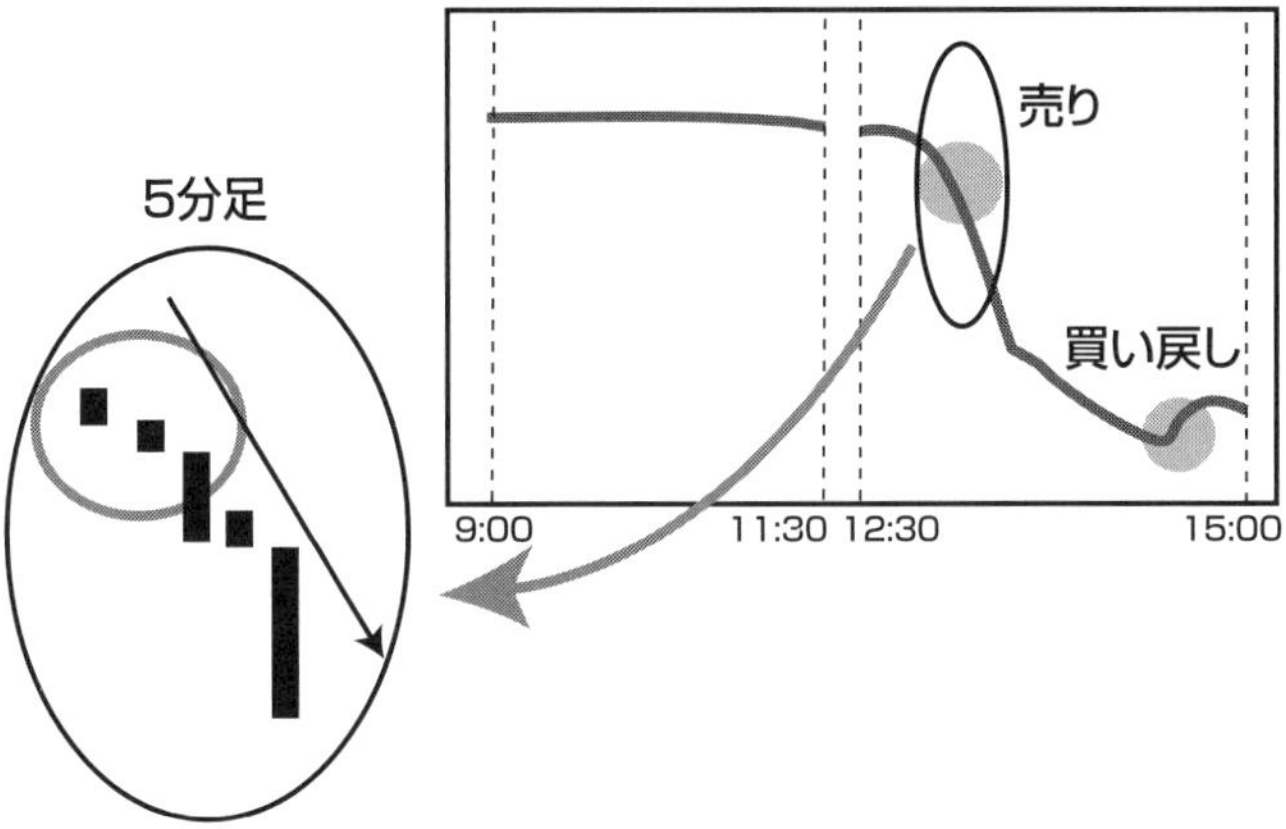

Point!

前場で横に推移していた株価が、後場で下を向き出して陰線が続けば、売り有利になる

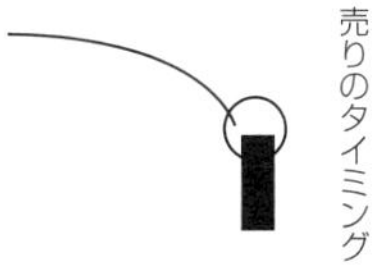

21 天井でなくても長い「上ヒゲ」は冷静に判断する

「天井圏での上ヒゲは、確実に売りのシグナルになる」と述べましたが、「天井圏に限らず変形の上ヒゲ」ともいうべき長い上ヒゲが出たら要注意です。

長い上ヒゲが出たら、株価がどうなるのか、その後の株価の動きを冷静に見なければなりませんが、たいていは「やはり下げに向いたか」と悟ることになります。

これは左図のように、中段で上ヒゲを見せたあとで反発した株価が陰線となり、「窓開け」で下落に転じていることからもわかります。もちろん、このような大型の銘柄は、単独で動くというよりは相場全体の地合いと深い関わりがあることも考えなければなりません。

上げの傾向にあった日経平均株価が後場から下げに転じてくると、個々の銘柄もその雰囲気にのまれて売り先行になります。

このような流れを理解して、日経平均株価の動きもにらみながら、株価の方向性を判断することが肝要です。株価に関係する周辺のさまざまな材料を織り込みながら見ていくことで、チャートのシグナルの読み方はより精度を増していきます。

中段で出た長い上ヒゲは売り

■横河電機（6841）の日中足

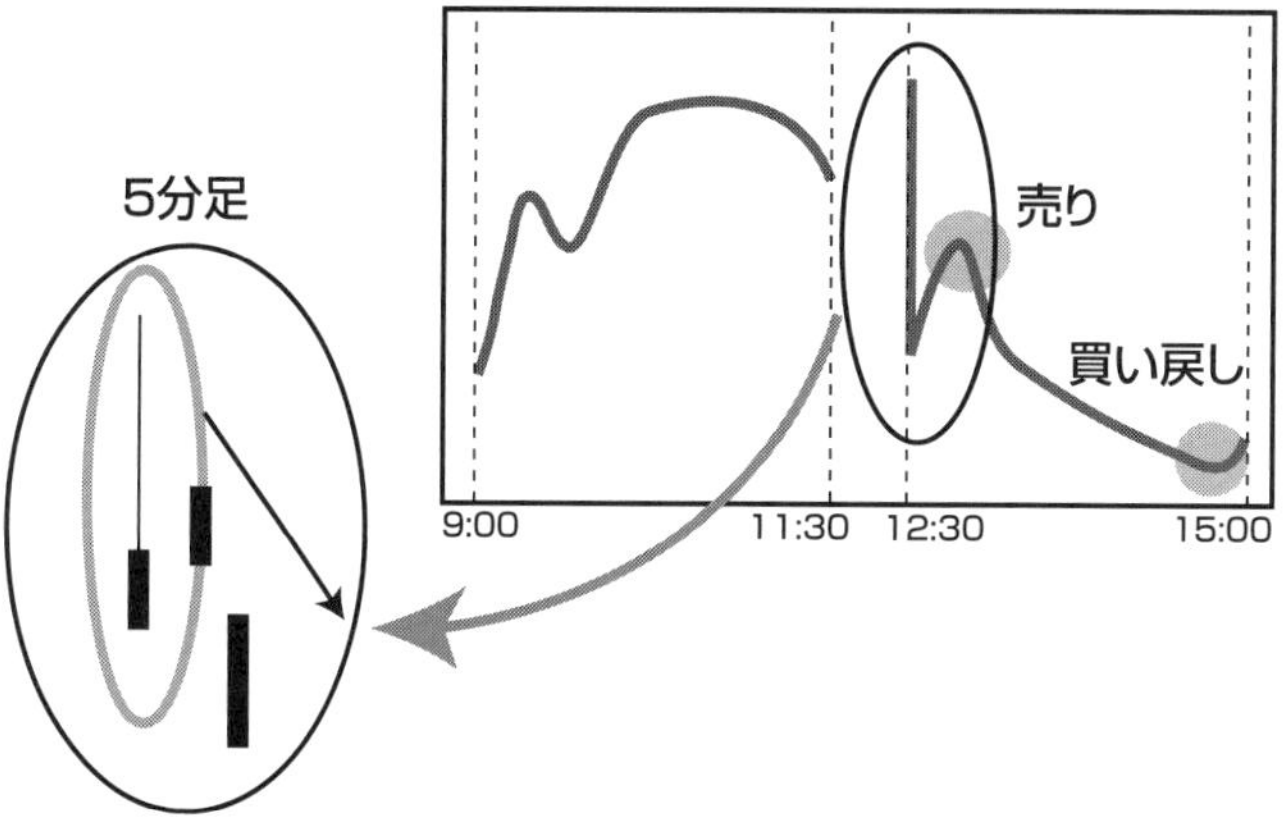

Point!

株価が下げの途中でいきなり長い上ヒゲを見せたら、その後の株価は下がる

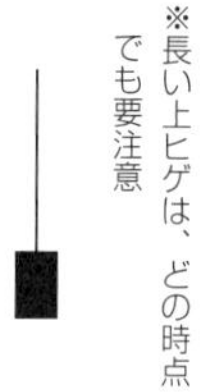

22 大勢の下げのなかでの反発には注意！

小型の銘柄だと、少しの売買のバランスの違いで株価が大きく変動します。左図の日本無線の株価の動きは、トレンドは右肩下がりなのですが、一時的に大きく上に跳んでいます。しかし、これは一時的なもので、いわゆる騙しの株価の動き。ここで買いを入れるのは大きな誤りです。高値を掴まされて梯子をはずされることになるでしょう。上がる直前でうまく買いを入れていれば、利益確定のチャンスをものにすることができるのですが、それは至難の業といわざるを得ません。

株式投資では間違いを起こさない、起こしてもすぐに逃げることが大切です。下落・急騰・下落の動きの流れでは、失敗をしやすいので注意してください。

この銘柄の動きは、5分足で見ると極めて派手な動きになっていますが、日足では単なる陰線が記録されているだけです。

大陽線が売りのタイミングといっても、大半の投資家は間違って株価が急騰に入ったと考えてしまうでしょう。ただ株価には、このように対応が困難な動きもあることを知っておいてください。

下げ過程での大陽線は絶好の売り場

■日本無線（6751）の日中足

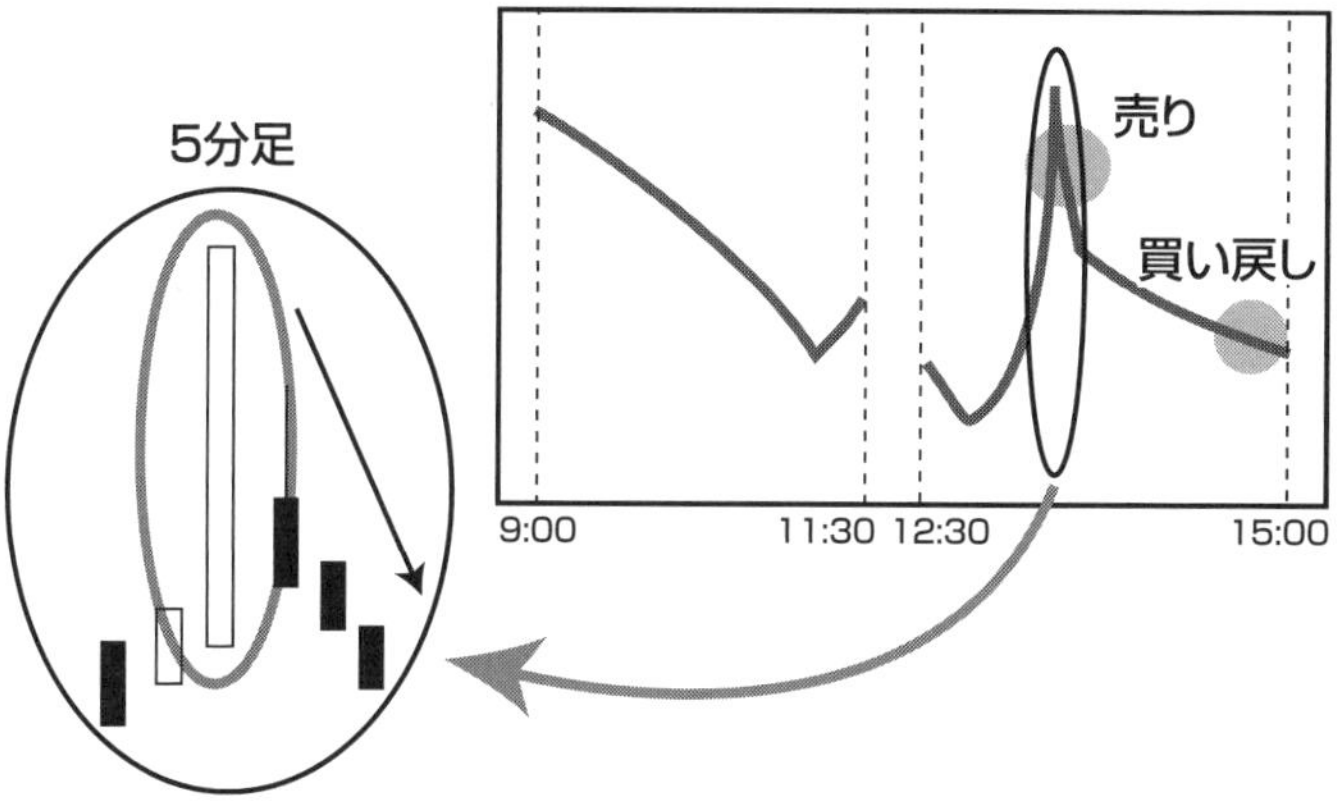

Point!

下げ過程での株価急騰は、素早く売りを仕掛けるのが得策！

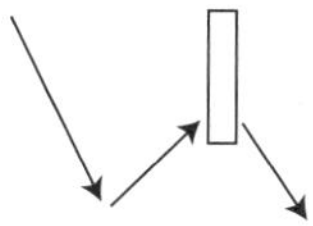

※一本杉のような陽線に、うっかり乗っていけない。

23 大きな「窓開け」では「自律反発」[※1]で売る

前場から後場に向かう時点で、左ページのパナソニックの株価は激しく動いています。昼休みに何か悪い情報が入ったり、後場に全体の株価が強烈な下げに見舞われると、このような動きになりやすいのです。

前場から後場にかけての株価の落差があまりにも激しく、単なる「窓開け」の域を超えています。前場で買った人は、売り場を失って大きな損を抱えてしまっているはずです。これがデイトレの怖さであり、難しさでもあるのです。

ただ株価は大きく下げたあとには、必ずといっていいほど「自律反発」の動きがあります。下げの局面で儲けるとすれば、この反発の時点で売りを仕掛けることです。流れが売りに傾いているときには、多少の反発があってもまた下がるので売りが有利になります。

後場が始まって間もなくして株価が上げに転じていますが、これは2本の陽線の上げのみで、株価は再び下落に転じています。その時点で信用で売れば、株価は下落方向にありますので、利幅が得られます。ただし、大きくは取れません。

激しい動きですが、わずかの変化をしっかりと捉えて儲けたいものです。

大きな「窓開け」は反発で売る

■パナソニック(6752)の日中足

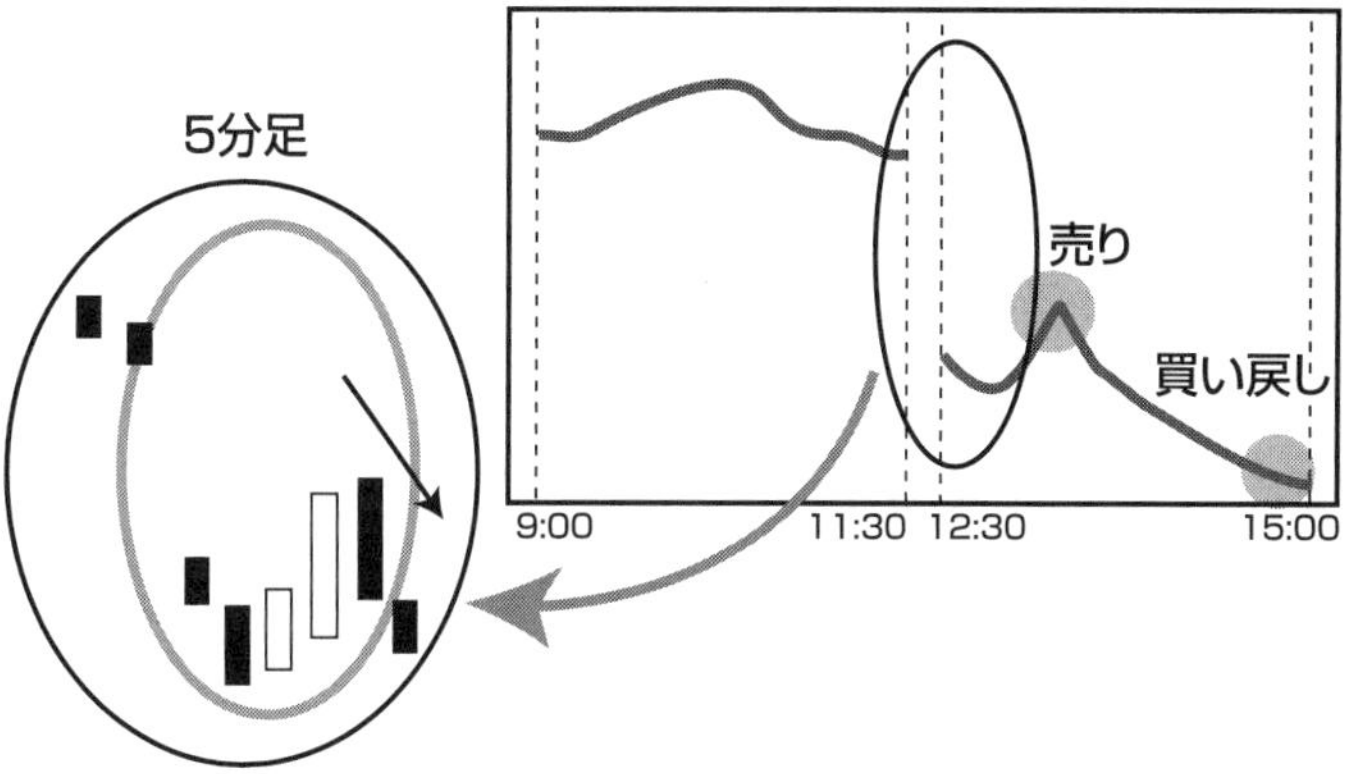

Point!

株価が下げ基調でいきなり下に窓を開けたときは、次の反発が売りになる

※1売られ過ぎで割安感が出て、買いが多く入ること

※パナソニックのようなハイテクの銘柄は、日経平均と連動しやすいのでその画面にも注目する

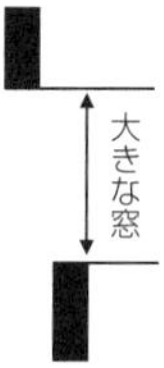

24 下げ場面の出来高急増は投げ売り[※1]だ！

株価の上げ下げでは、さまざまな思惑が働いています。買いと売りのせめぎ合いのなかで、出来高が増えて株価が急落するのは、投げ売りが大きな要因になっています。

その要因は悪材料であったり、「売り方の仕掛け[※2]」であるときもありますが、下落のときに出来高が増えるのは明確な下げの形になりますので、売りを仕掛けるのが妥当です。

上げのときに出来高が伴っていれば「安心買い」となりますが、下げでも同じで、出来高が増えての下げは「みんなが売っている」という点で「安心売り」になります。

ただ出来高急増の売りのあとは、概して「売りの終わり」になりやすいので、左図のＴＤＫのように急激な反発が待っているのが普通です。

そこで、売りのあとではすぐに買い戻しの準備をしておかなければなりません。急落のあとは急上昇、あるいは反発の場面が多くなるのが一般的なので油断は禁物です。

「売り後は高い」といわれますが、慌てて売っている人が多いときには、おおむね「大底[※3]」になりやすいのです。

中段からの出来高急増の下げは売り

■TDK(6762)の日中足

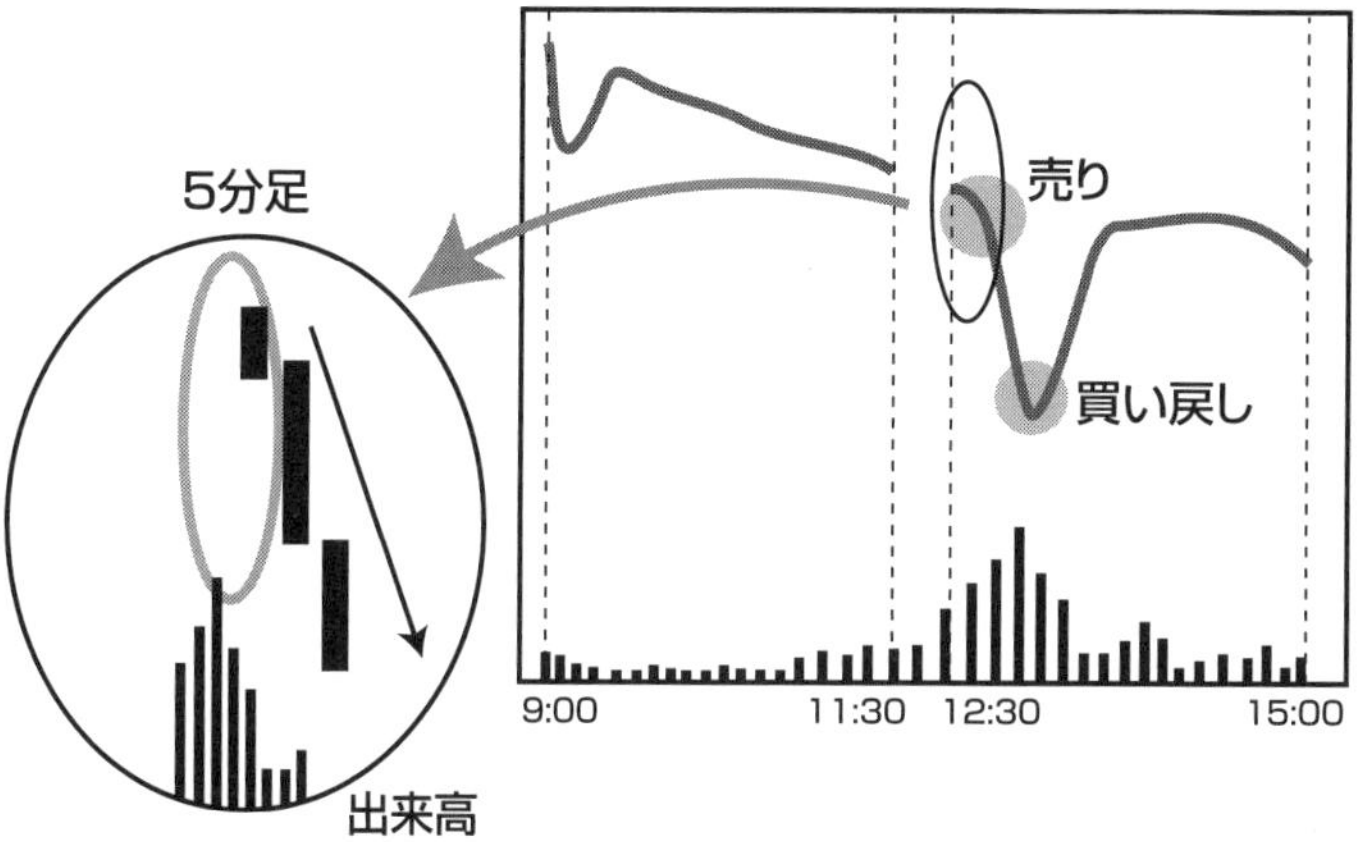

Point!

持ち合いのあと、いきなり出来高急増で陰線が出たときは売り有利になる

※1損を覚悟で売ること
※2株価の下げを狙うこと
※3下げの終局のこと

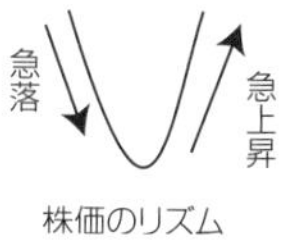

※下げの出来高急増は、「投げ」を意味している。急落の売りのあとに戻すことも多い

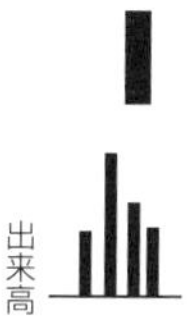

25 反落の勢いで株価の方向性を読む

株価がどの方向に向かっているかは、ローソク足を見ているとだいたいはわかります。

左図のヒロセ電機は、上げては下げを繰り返した後、いきなり大きな陰線が襲ってきて、あとは「売り優先」の形になっています。

左ページのチャートでは、おおむね下落の方向にあるので、余程の買いの材料がないと反発は期待しにくいと考えられます。

このローソク足では、大きな陰線が売りのサインとなっており、ここで売りを仕掛けておけば利益を確保できるでしょう。信用の売りのタイミングとしては最適な場面です。

このような株価の動きをしているときは、相場全体の動きも下落傾向にあることが多く、平均株価の動きも併せて見ておくと、個別の銘柄の動きも割合に読みやすいでしょう。

とくにエレクトロニクス関連は、アメリカのナスダックの影響が強いので、その相場と東京の相場の動きを参考にしていくと、5分足の傾向もある程度は精度の高い読み方が可能になります。

上げた分を帳消しにする陰線が出たら売り

■ヒロセ電機（6806）の日中足

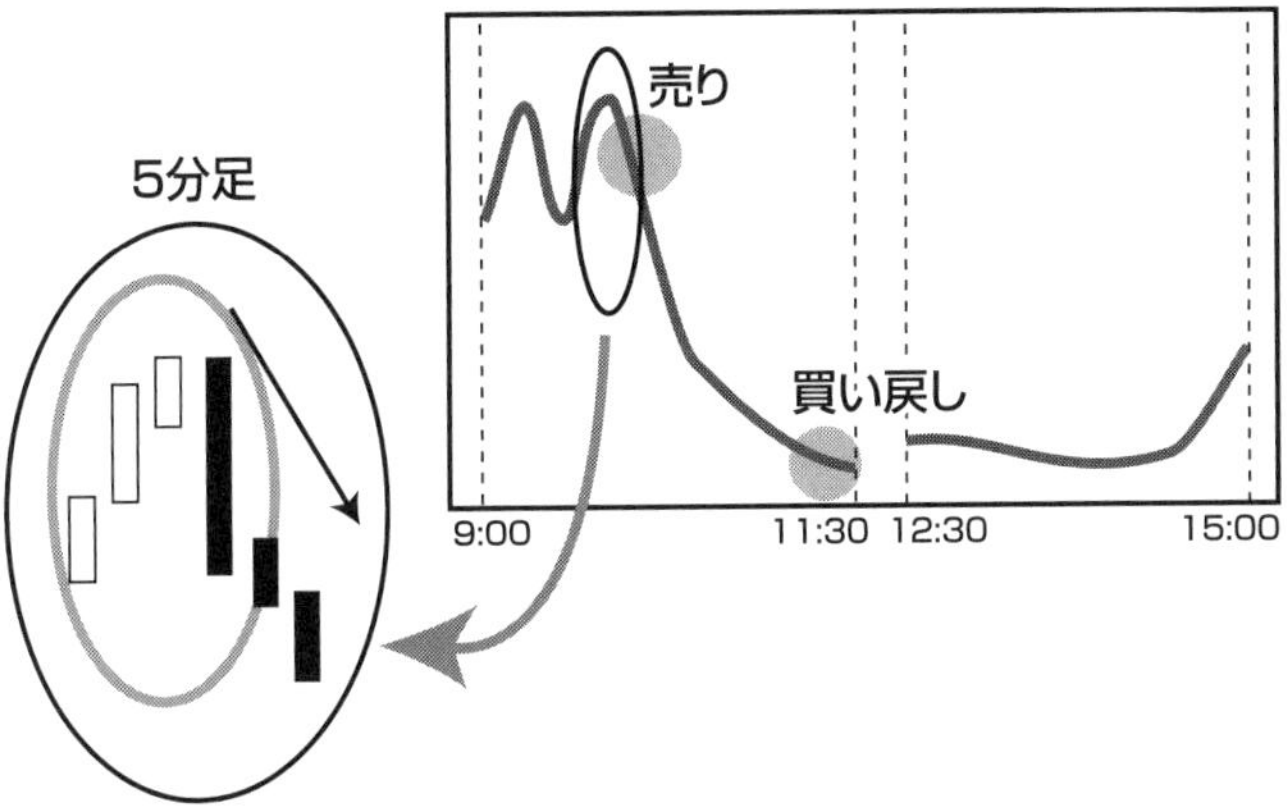

Point!

陽線が続いたあとで、その上げを否定する大きな陰線が出たときは、売り有利になりやすい

26 持ち合いからの下げは売り！

売買のバランスは、出来高が極めて少ないか、あるいは多くてもその数量が拮抗しているときには「持ち合い」になります。ただ、これはバランスが保たれているときであり、往々にして「持ち合い放れ」になったときは、急騰か急落になる可能性が高いのです。

左ページのＴＯＡでは、いきなり大きな陰線が出て、株価は大きく居所を下に変えました。ここは絶好の利益確定や信用の売りのタイミングです。うまくタイミングが合えば、その後の大きな変動幅を取れます。

チャートとしては、このうえなく旨味のある動きです。日足に直せば単なる陰線ですが、横ばいが長く続いたあとの下げであり、そのあとで下値の横ばいが続くので、信用の売りから入る売買は極めてやりやすいといえます。

この形のシグナルでは、陽線のあとに陰線が続いたとき、「窓開け」での気配値に対して売りをぶつけるのがよいでしょう。売買は一か八かでやることになりますが、このように長い横ばいからの「下放れ」[※1]は、勢いが下に向いているので躊躇しないほうが賢明です。

持ち合いを下に抜けた陰線は売り

■TOA(6809)の日中足

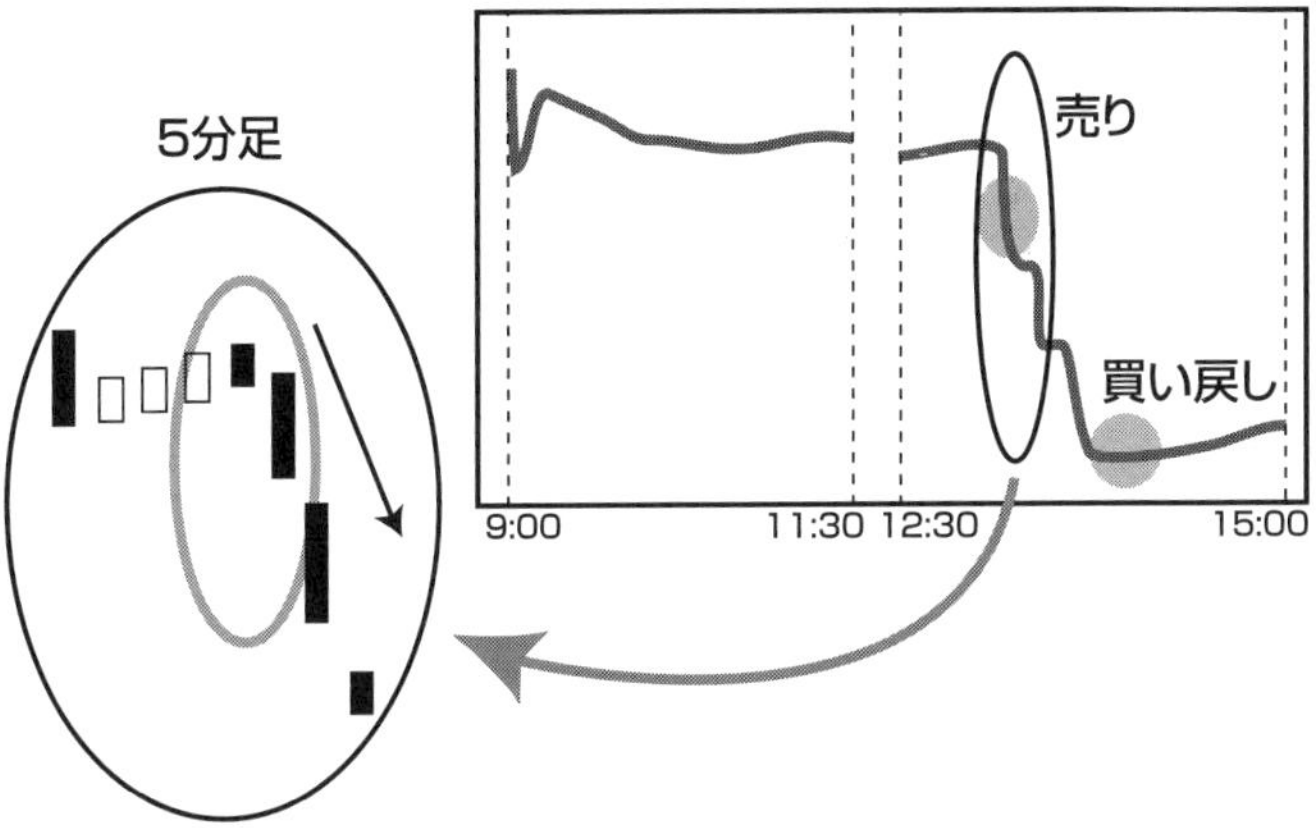

Point!

持ち合いで推移していた株価が、いきなり陰線を見せて下に抜けたときは売り

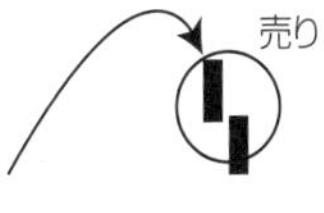

※1 株価が急に下がること

27 寄り付き直後の「窓開け」は売り！

株価の勢いが完全に下に向いているときは、朝の寄り付き直後から「窓開け」で陰線が続きます。この動きは個々の銘柄の事情もありますが、相場全体の動きに「連れ安」[※1]しているのです。「相場が軟調」[※2]なときは、ほとんどの銘柄が下落傾向になりますが、その日の相場の勢いをそっくり反映する左ページのような銘柄は、売りを仕掛ける対象としては最適です。

その日の相場が絵に描いたようなものになるかどうかは結果論であり、最初からわかっているわけではありません。

ですから後講釈になりますが、「窓開け」での強烈な下げでは、株価の方向性がある程度読めるので、早い時点で売りを仕掛けることができればよい成果が得られるでしょう。

株価がどちらに行くかは、最終的には確率が高いと考える方向に一か八かでかけるしかありません。ですが、一度下げ始めたものは、その方向を否定するだけの材料や買い方の出現がなければ、上がることはありません。つまり、勢いについていくのが一番リスクが少なく、結果的に大きな利益を得ることができるのです。

いきなりの陰線の「窓開け」は売り

■ユニデン(6815)の日中足

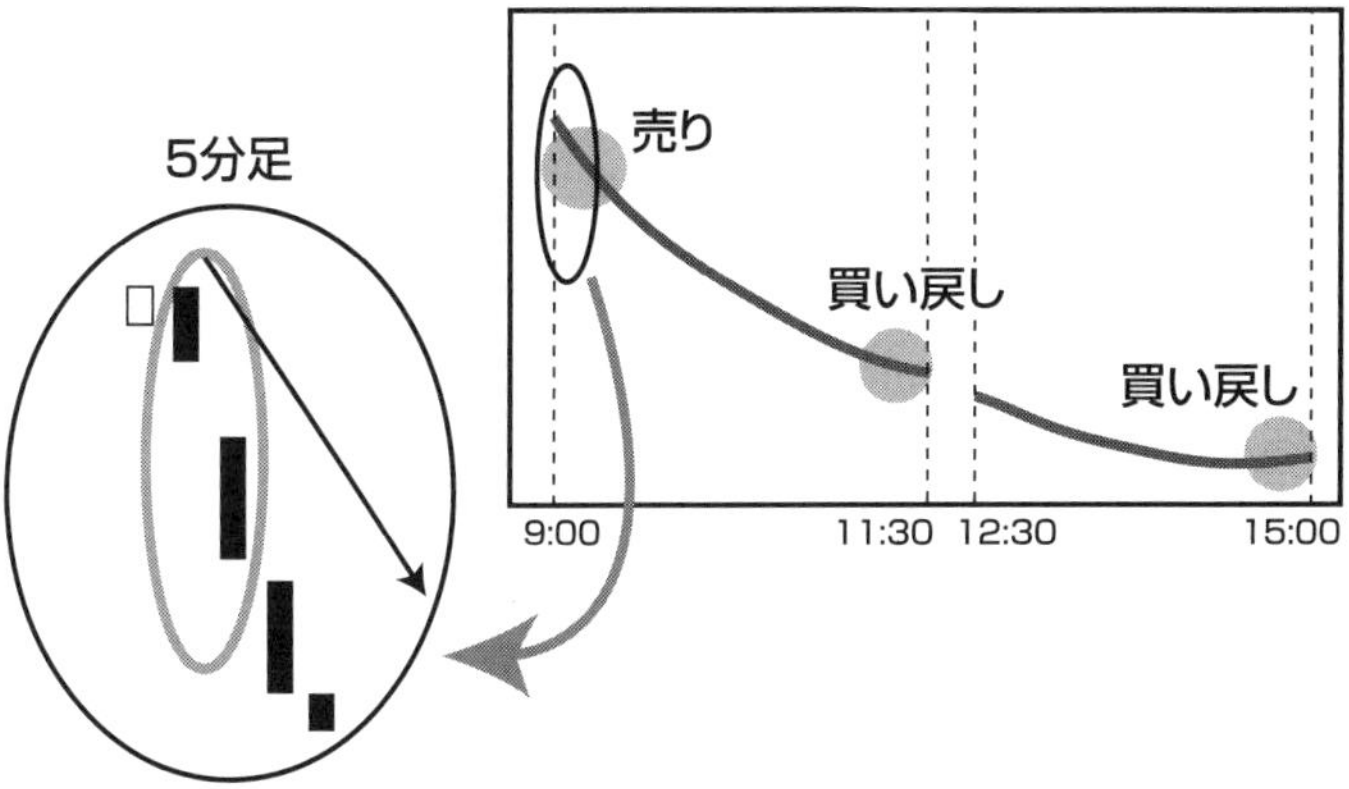

Point!

寄り付きから陰線が出て、下に窓を開けて下げたときは売りのチャンス!

※1影響されて下げること
※2下落傾向にあること

※「窓開け」は慌てて売りなので、早く仕掛ける

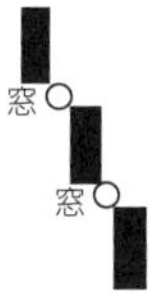

PART4 のまとめ

◎デイトレでの売りシグナルは、信用での売り建てに活用するのがよい

◎上ヒゲは極めて高い確率の売りシグナルだ！

◎「宵の明星」からの陰線も下げシグナルの典型例だ！

◎大陰線が出ると売りが多くなるので、売り有利な展開になる

◎持ち合いからの下げは、「反発の余力はない」と判断！

◎下げへの対応が損を少なくし、利益を多くする

◎株式投資（信用取引）で売りのタイミング、買い戻しのタイミングがわかれば、儲けのチャンスは倍増！

◎売りは反発への恐怖があるので、シグナルをよく見て実行することが大切

PART5

DAY TRADE

「日足」と「5分足」の両方を駆使しよう

1 前日の日足を見て動きをチェックせよ

その日の株価の動きは、前日にどのような動きをしたのかを見ながら読むことが大切です。前日までの日足と当日の5分足を組み合わせて見張ってみます。

左ページのキッツの場合は、前営業日は日足では上げ下げを繰り返し、全体的には下から上に向かう動きになっています。そのため、この日の株価は比較的買いが強く、上に行くような力が働いていると考えて間違いありません。当日の5分足を見ると、朝から若干の調整があったあとで上げに転じ、次第に上値取りになっています。

株価の動きは、正確に読めるとは限りません。それでも勢いの方向に向かうという習性は否定できないのです。

この日も結果的には、陽線となって勢いがますます強まっています。株価の勢いはできるだけ長い傾向から始めて、目先の動きを分析することが大切です。そういう読み方をすれば予測をより正確にしていくことができるからです。

株価はときに予測不能な動きを見せますが、長い間のトレンドを見てから短期の動きを見ると、それらの関連性から今後の傾向が掴めてきます。

日足と5分足との連携で勝率アップ

■キッツ（6498）日足の動き（前営業日）

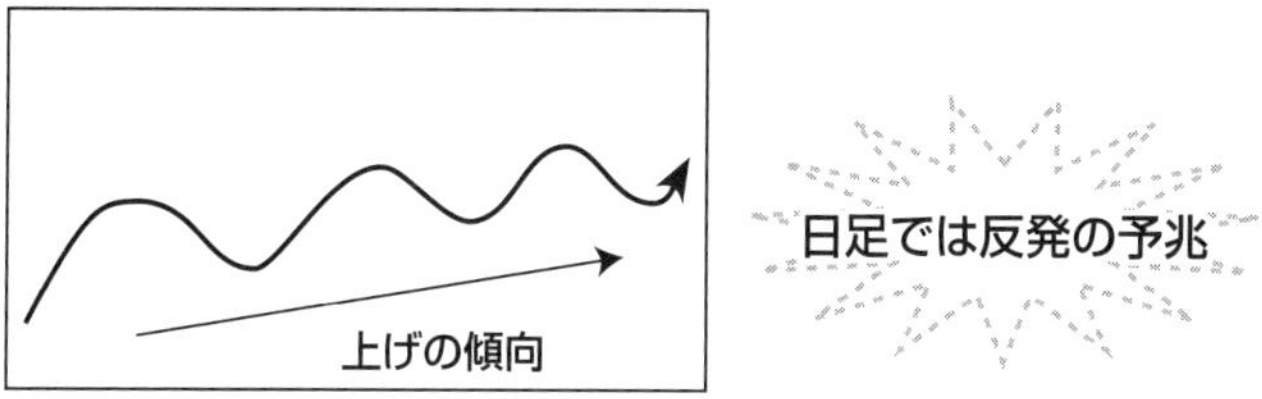

■当日の5分足の動き

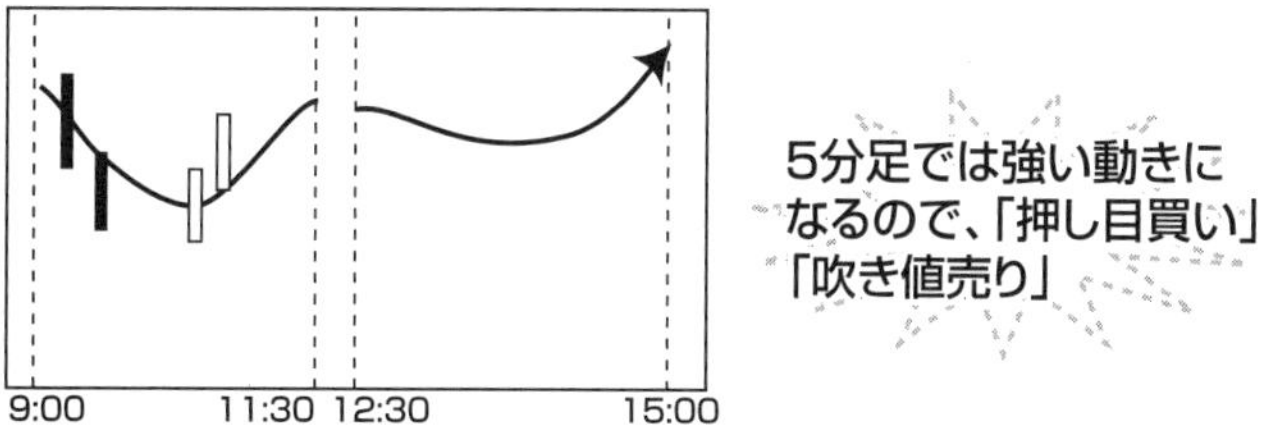

Point!

日足の動きを見て、株価が上を向いていれば、株価は強いことがわかる

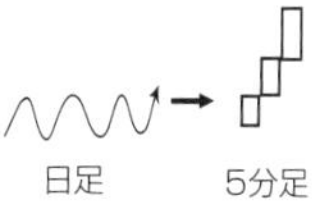

※5分足は、日足の継続と見るのがよい

2 日足での下げトレンドからの反発の勢いを狙う

前日の日足の動向で、「株価が頭を打った」[※1]あとに下落していき、それが限界に達して反発の予兆が出たときはチャンス到来です。すかさず当日の5分足をチェックしましょう。

左ページの大豊工業の5分足を見ると、最後に極めて大きな上げがあります。1本の大きな陽線が買い転換を示しています。小型の銘柄であるがゆえの動きです。

この上げはわずか1本の5分足なので、さらに詳しく見るために1分単位で株価の変動を見ていきます。

気配値を見ながら、売りが少なくなり買いが多くなった時点で買いを入れ、終値近辺の買い気配で売るという「超短期」の投資技術が必要になります。

デイトレでは、「株価の一瞬の動きも見逃さずに買いを入れ、すかさず反対売買としての売りを行なって撤収する」といった超短時間での決着をつけなければなりません。そのためには成り行き注文が基本です。次の場面や翌日の相場でどうなるかはわからないからです。

儲けられるときにきっちり儲ける――。これがデイトレの鉄則です。

日足での予測を5分足で確認

■大豊工業(6470)の日足(前営業日)

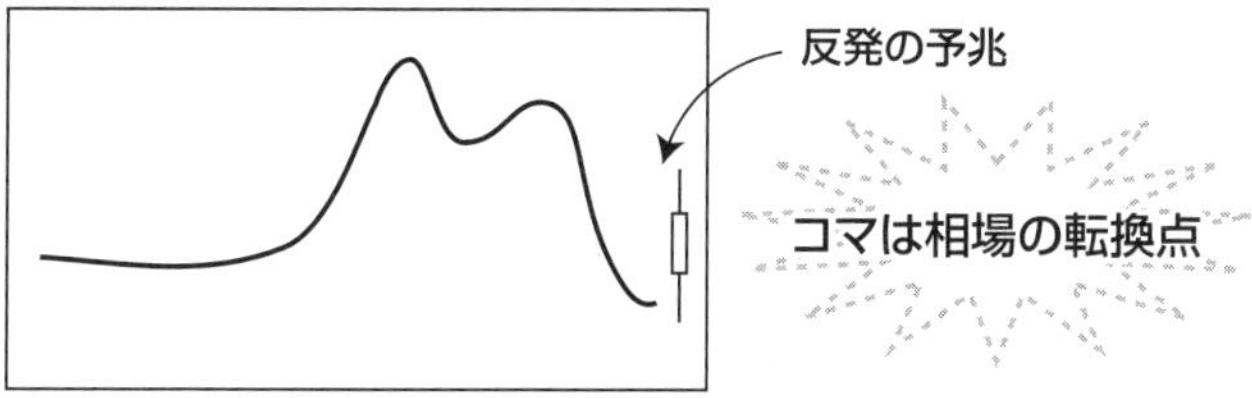

■当日の5分足の動き

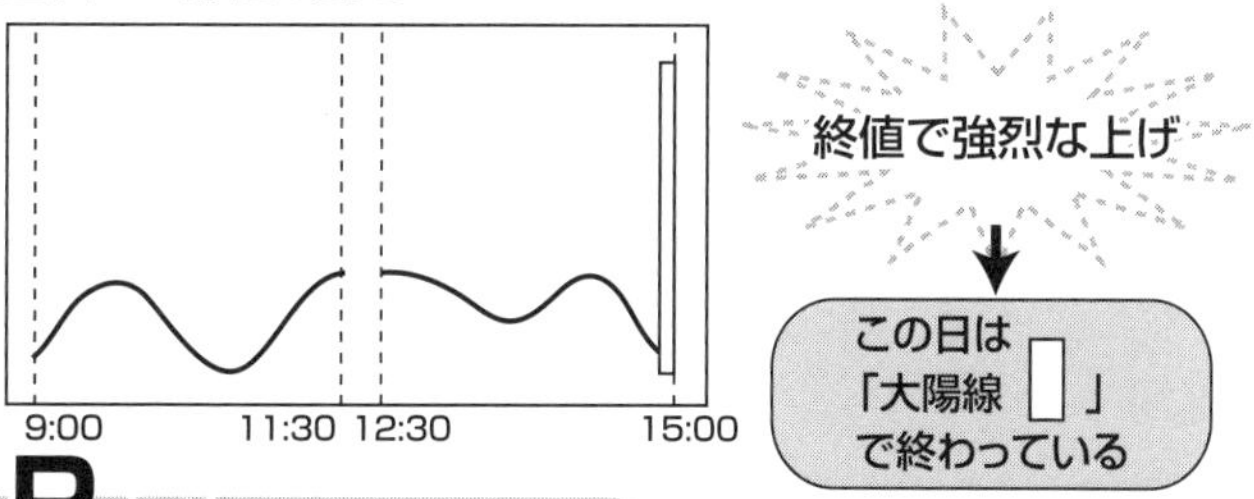

Point!

日足で株価が下落から反発に向かう動きが出たとき、陽線で終われば翌日は期待できる

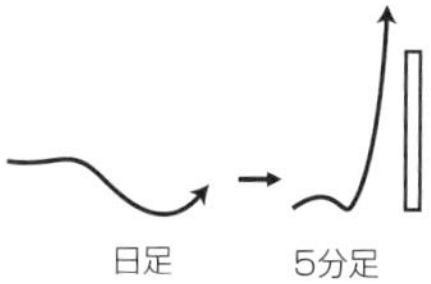

※1 上昇の終わりのこと

3 日足で「下ヒゲ」を見せたときは？

下ヒゲについては何度も述べてきましたが、絶好の拾いの場面です。日足でも5分足でも、その後の株価は上に向かうのが一般的です。

この下ヒゲが出た翌日は、傾向としては「下げては上げ、上げては下げ」を繰り返しながらも、どちらかといえば「上げ有利」に動く場面が多いので、それを基本にしてチャンスをものにしてください。

「今日の株価はどちらに向かうか」という考え方をしっかり持っているのと、そうでないのとでは、投資判断がまったく違ってきます。

左ページのCKDの5分足では、2回ほど「火柱」[※1]状態の陽線が出てきていますので、「下値を拾い、噴き値を売る」[※2]作戦をしたたかに展開していくとよいでしょう。

この日はチャンスが2回ありましたが、どの銘柄にも、反発の地合いでは火柱が出る可能性があるので、したたかに対応していきたいものです。

日足で反発の可能性がある銘柄を集中的に狙って、株価の急騰場面を買う作戦は、割合に確率のよい勝負場面になるものです。

下ヒゲをつけたあとの株価は要チェック!

■CKD(6407)の日足(前営業日)

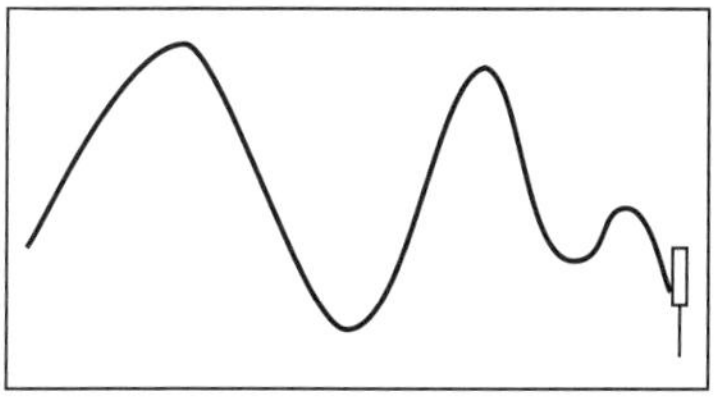

下ヒゲ陽線は株価上昇のシグナル

↓

この日は「下ヒゲ陽線」で終わっている

■当日の5分足の動き

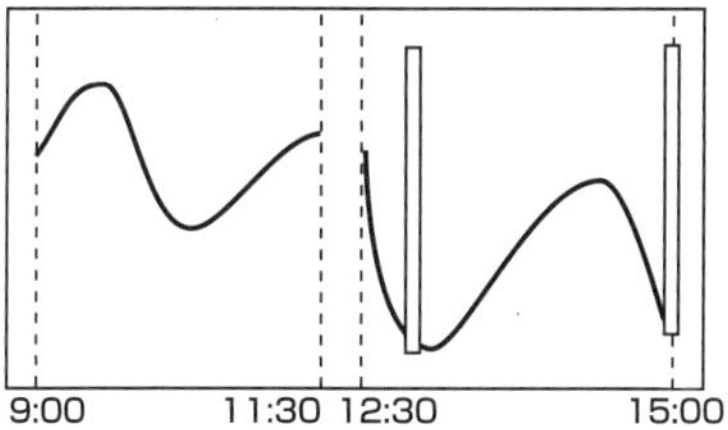

5分足でも反発が見られる

Point!

株価は上に向きやすいので、下値を買えば、その日に反発が見られることが多い

※1 急騰すること

※2 下げを買って、上げを売る

※下ヒゲ(大引け)の翌日は株価が上に行きやすい

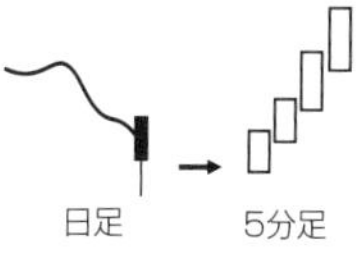

4 下落途中での買いは禁物だ！

株価が下落している途中での買いは、仕掛けるにも迷うところです。しかし、「そろそろ反発があるかな」と、何の根拠もなく仕掛けてはいけません。

買うときは、陽線が出るなど何らかの兆候が見えてからすべきです。単に「安くなったから」という理由だけで買いに出れば、さらなる下値があって、中途半端な株価を掴んでしまい、損を上乗せすることになります。このようなときは、「信用の売り」から入ります。

左ページの芝浦メカトロニクスでは、前営業日の日足から見ると売りのほうが儲けの可能性が高いのですが、明確に下げてしまった時点では遅いので、その日の最高値近辺で売りを仕掛けて、少しでも下値があれば、素早く買い戻す方法が妥当と考えます。

株価が下落、あるいは「調整局面」[※1]に入ると、投資家は様子見に入りますが、これは妥当ではありません。下げの局面では、信用の売りを果敢に仕掛けてこそ利益を得るチャンスを手にすることができます。

買いだけの投資では、上げ予想が狂ったときに対応が難しく損が拡大しやすいのです。下落も対応次第なので、極端に下落を恐れない姿勢で挑みましょう。

「底入れが足りない」[※2]株価の動き

■芝浦メカトロニクス(6590)の日足(前営業日)

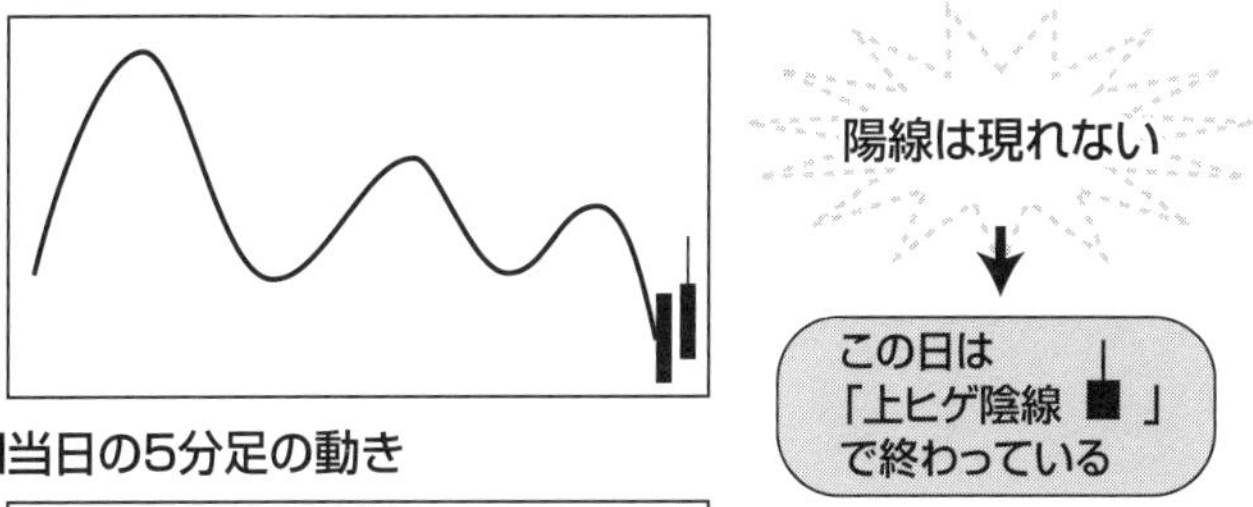

■当日の5分足の動き

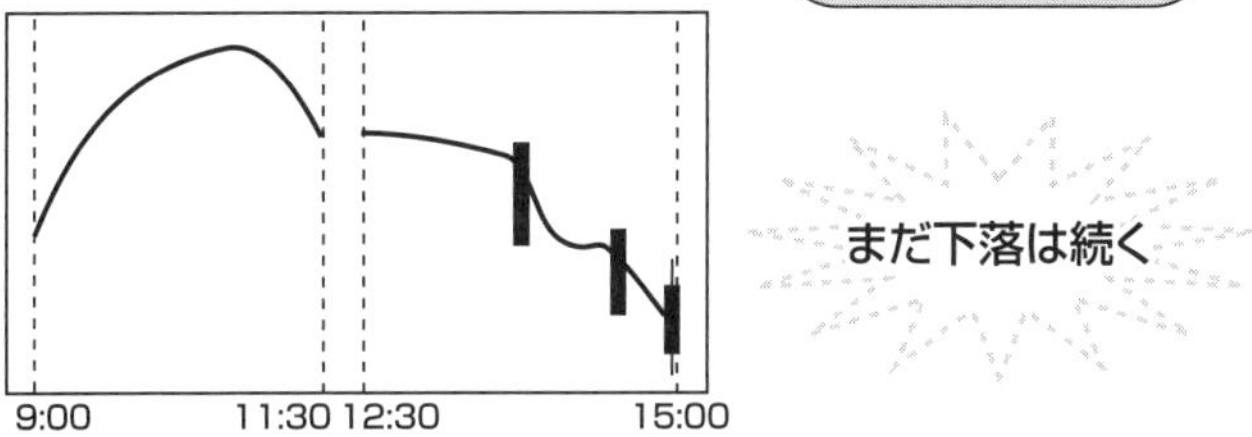

Point!

日足で株価の反発が見られない状況では、5分足でも買いのチャンスは少ない

※1 乖離を是正する動き

※2 下落が止まっていること

※下落途中では、翌日も株価が弱いので買いは不利

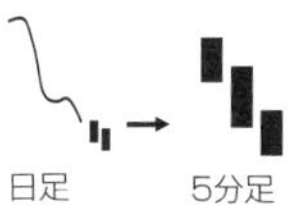

5 引け間際の僅かな兆候にも目を光らせよ

株式投資で儲けるには、上昇トレンドにうまく乗るのが最適なのですが、これがなかなか難しいのが実情です。

明らかな上げトレンドとわかって参戦を決意した頃には、株価が8合目にきていて、その後は持ち合い状態に入るようなことになってしまってはおもしろくありません。どのような優良株でも業績好調株でも、その材料を織り込んだならば株価は当面の天井をつけます。

これでは買いのタイミングとしての成功はありません。できれば調整局面に入り、「上方乖離」[※1]が是正されて、再び株価が上がり出したような局面で、「5分足を見ながら上値を取る」という作戦が好ましいでしょう。

左ページの日本電気は、前営業日の日足で上げ下げの動きを繰り返していますが、大引けで陽線が出て、「翌営業日には上昇に転換するのでは」と期待できます。

需給関係からの上げでは、デイトレも株価の上げを取りやすいので、陽線になったところを捉えて果敢に買いに入りたいところです。とくに朝からの上げをしっかりと掴み、一呼吸[※2]したところで利益確定するのが理想です。

下げ過程の陽線は翌日動き出す

■日本電気（6701）の日足の動き（前営業日）

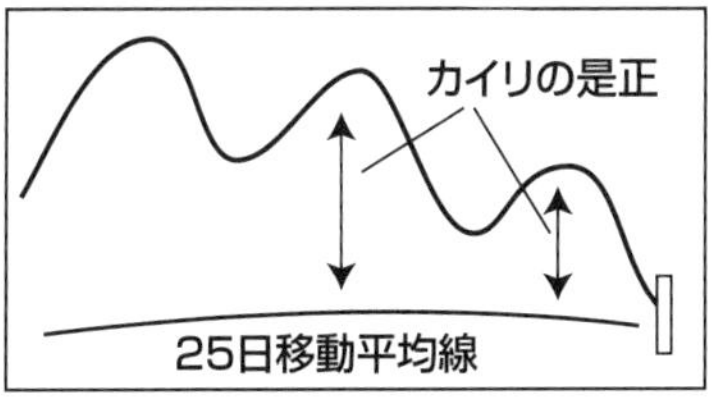

日足では引けに陽線が!

↓

翌日は上昇の可能性がある

■当日の5分足の動き

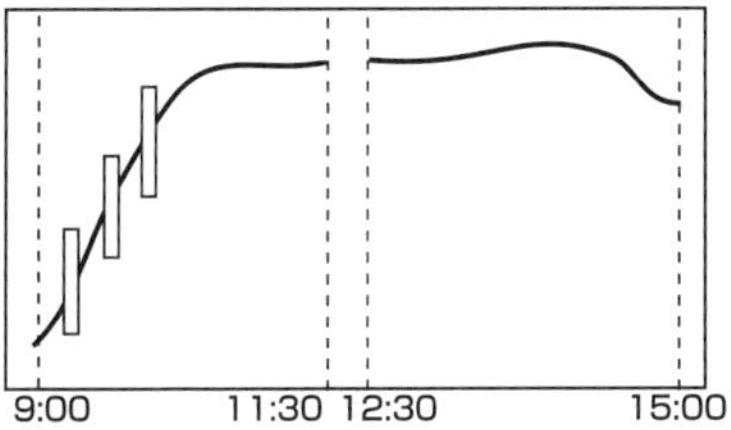

朝から反発の気配に
前日の勢いが残る

Point!

日足で陽線が出たあとには、5分足でも翌朝から反発する可能性が高い

※1 平均的な上げに対して、株価が上に行き過ぎること

※2 一瞬の間を置くこと

6 ボックス圏での動きをうまく活用する

日足で見ると、株価が同じ範囲内で上げ下げを繰り返している銘柄があります。いわゆるボックス圏での持ち合いの動きをしているのです。こういう銘柄を狙うならば、下げが終わり、上げに入ったときに、株価の勢いをうまく活用して買い、上値になったら利幅を取るやり方が効率よく儲けを確保できるといえます。

底値からの反発のタイミングでは、買いのほうに分があると考えられるので、朝一番からの上げをうまく掴んで、さらなる上値があれば、そこで利益確定を行ないたいところです。

左ページでの富士通は、前営業日の日足はボックス圏の動きで、大引けで反発の兆候が見られます。株式投資では、上げ相場でも下げ相場でも、さらには持ち合いの状況でも、これらをうまく活用していかなければ、儲けのチャンスを掴むことはできません。

その意味で、ボックスの形は動きが単純なので比較的仕掛けやすいといえます。

この形での売買は、タイミングさえ間違えなければ、成功の確率が極めて高いので、初心者にもやりやすく、失敗のリスクも少ないでしょう。

ボックス相場で下値で反発したときの翌日

■富士通(6702)の日足(前営業日)

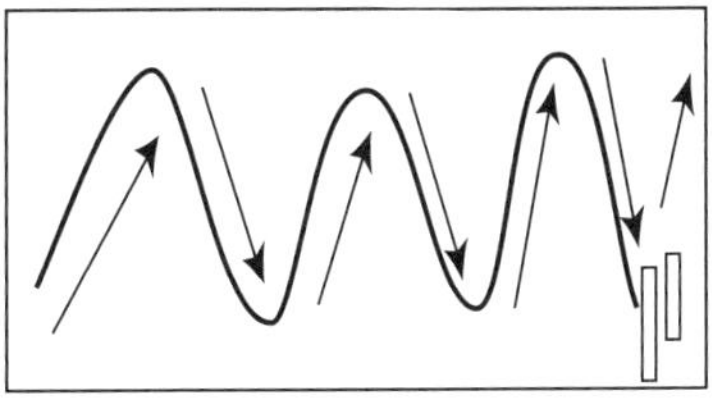

日足で反発が見られた

■当日の5分足の動き

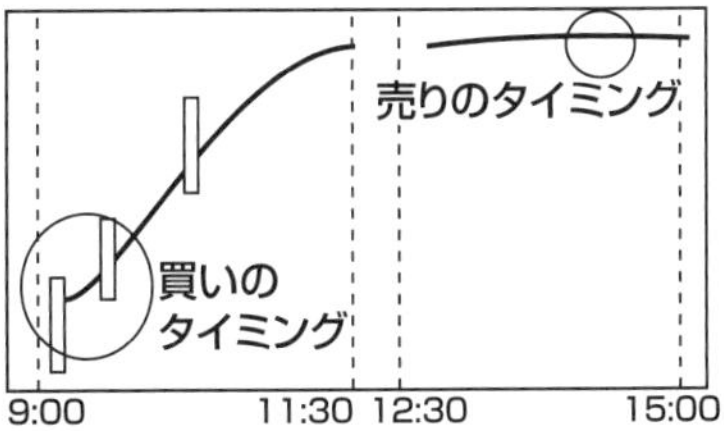

翌日の5分足に、
前日の陽線の強さ
が出る

この日の前場は
「大陽線 」が
続く動き

Point!

日足での株価が持ち合いになっていて底値からの反発場面では、5分足でもチャンスが多い

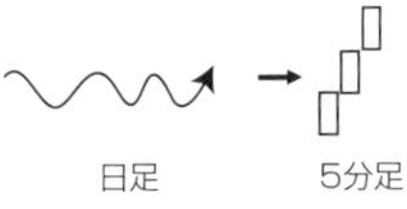

7 右肩上がりの動きは「安心買い」だ！

相場全体に関係なく、個々の銘柄で株価が日足の上で上向いている銘柄は常にあります。この情報は、「ヤフーファイナンス」などで見ればわかりますが、その上がっている銘柄の勢いをうまく活用して儲けることができます。右肩上がりの銘柄の寄り付き時点でうまく買っておいて、株価が上に向くタイミングを狙い、素早く売ります。

株価が上がるのか、それとも下がるのかは勢いで決まります。もちろん、中・長期的には業績などのファンダメンタルズを反映しますが、目先のデイトレでは、勢いにつかなければなりません。

株価は生き物であり、どのような優良な銘柄でも、その銘柄の株価に上げの勢いがないときには仕掛けても儲かりにくいものです。儲けるには、上げの勢いがあるときにうまく乗ることが肝要です。下げを待つならば、勢いが終わったときを狙うしかありません。

デイトレは極めて短時間の商いですが、その銘柄の勢いという、やや中期的な動きも情報としてきちんと入手しておく必要があります。

上げ基調にはチャンスが多い

■武田薬品工業(4502)の日足(前営業日)

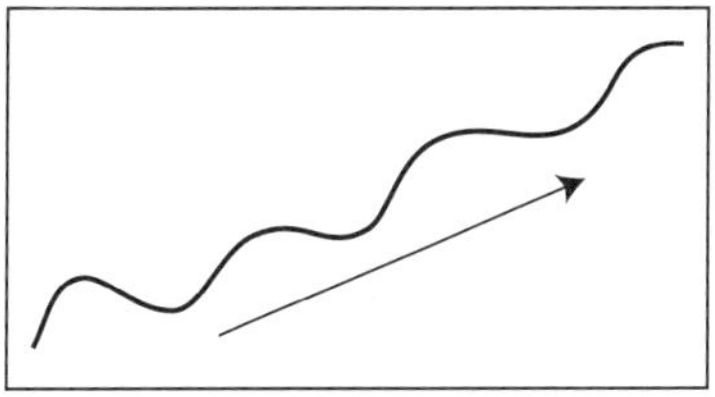

右肩上がりの株価

■当日の5分足の動き

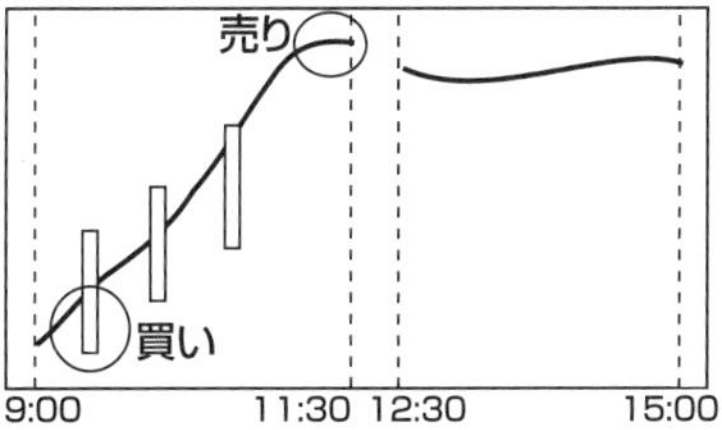

上げのタイミングを狙う

↓

この日は「寄り」にチャンスがあり、前場は「大陽線□」が続いている

Point!

右肩上がりの銘柄は波乱もあるが、上げのチャンスも多いので仕掛けやすい

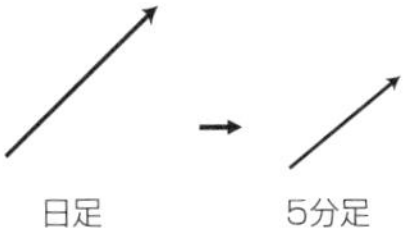

※上げトレンドの株価は、買い。利益確定のチャンスが多い

PART5 のまとめ

◎前日の日足との兼ね合いで５分足を見ると、傾向がより読みやすくなる

◎前日の日足が下げ基調のときは、その下げを引き継ぐことが多い

◎前日の日足が上げ基調のときは、翌日の株価は上昇しやすい

◎前夜のニューヨーク相場の株価の影響もきちんと考えに入れておく

◎上げのときは上げやすく、下げのときは下げやすい。ただし小型株やマザーズ、ヘラクレス銘柄は除く

◎右肩上がりの日足では、買いは失敗が少ない

〈著者紹介〉
小山 哲（こやま・さとし）
◎早稲田大学政治経済学部卒業。
◎新聞記者を経て独立し、投資アドバイザーとなる。
◎株式や金融商品の運用に精通しており、ファンダメンタルズとテクニカル（チャート）分析を駆使した株価予測は超一級。丁寧でわかりやすい解説には定評があり、個人投資家の味方を自認する良心派。
◎主な著書に、『個人投資家は「小型株」で儲けなさい』『「会社四季報」で儲ける！』『株式投資 これができれば百発百中』『株で大儲けできる人損する人』『個人投資家のための株価チャート 読み方の基本』（いずれもベストセラー：小社刊）などがある。

【最新版】デイトレードは「5分足チャート」で完勝だ！

2013年 6月27日 第 1 刷発行
2022年 4月 9日 第10刷発行

著　者――小山 哲
発行者――徳留 慶太郎
発行所――株式会社すばる舎
Subarusya
東京都豊島区東池袋3-9-7 東池袋織本ビル 〒170-0013
TEL 03-3981-8651（代表） 03-3981-0767（営業部）
振替 00140-7-116563
http://www.subarusya.jp/
印　刷――株式会社シナノ

ISBN978-4-7991-0269-5